E. DENIS

L'Allemagne

1789-1810

PARIS
ANCIENNE MAISON QUANTIN
LIBRAIRIES-IMPRIMERIES RÉUNIES
May & Motteroz, Directeurs
7, rue Saint-Benoît

L'ALLEMAGNE

1789 — 1810

BIBLIOTHÈQUE D'HISTOIRE ILLUSTRÉE

Ouvrages publiés :

Ed. Sayous............	Les Deux Révolutions d'Angleterre (1603-1689), et la nation anglaise au xviie siècle.
H. Carré..............	La France sous Louis XV.
P. Monceaux...........	La Grèce avant Alexandre.
Jean-H. Mariéjol......	L'Espagne sous Ferdinand et Isabelle.
F.-T. Perrens.........	La Civilisation florentine du xiiie au xvie siècle.
Maurice Souriau.......	Louis XVI et la Révolution.
A. Lecoy de la Marche.	La France sous saint Louis et sous Philippe le Hardi.
Edgar Zevort..........	La France sous le régime du suffrage universel.
Roger Peyre..........	L'Empire romain.

En préparation :

Maurice Wahl.........	La France aux colonies.
J. Roy...............	La France féodale.

Tous droits réservés.

Cet ouvrage a été déposé au Ministère de l'Intérieur
en avril 1896.

BIBLIOTHÈQUE D'HISTOIRE ILLUSTRÉE
PUBLIÉE SOUS LA DIRECTION DE MM.

J. ZELLER | VAST
Membre de l'Institut. | Docteur ès lettres.

L'ALLEMAGNE
1789 — 1810
(FIN DE L'ANCIENNE ALLEMAGNE)

PAR

E. DENIS

CHARGÉ DE COURS A LA SORBONNE

> Entre nous, je ne haïssais pas les Français, quoique j'aie remercié Dieu de nous en avoir délivrés. Comment pouvais-je .. haïr une nation qui compte parmi les plus civilisées de la terre et qui a tant contribué à mon propre développement?
>
> GOETHE.

PARIS
ANCIENNE MAISON QUANTIN
LIBRAIRIES-IMPRIMERIES RÉUNIES
7, rue Saint-Benoît.
MAY & MOTTEROZ, DIRECTEURS

L'ALLEMAGNE

1789 — 1810

CHAPITRE PREMIER

L'ALLEMAGNE AU XVIII° SIÈCLE

La guerre de Trente ans et ses conséquences. — Relèvement de l'Allemagne. — Causes profondes et nécessaires de son unité. — L'influence française. — Réaction contre le rationalisme. Une nouvelle conception du monde et de l'humanité : l'organisme, ses origines, son développement, son action. Herder et Gœthe. — Obstacles à l'unité. La Constitution impériale. Le particularisme. L'Autriche et la Prusse. — État du peuple. L'opinion publique. — La Révolution française. Comment elle facilite l'unité allemande [1].

Depuis la mort de l'empereur Frédéric II, en 1250, l'Allemagne n'avait plus en réalité de gouvernement central. Pendant longtemps, l'anarchie politique n'atteignit pas cependant les forces vives de la nation. Les inconvénients qui résultaient de l'absence d'une royauté puissante et respectée ne commencèrent à se manifester avec quelque clarté que dans le cours du XVI° siècle, et même alors, l'Allemagne, menacée à

---

[1]. Biedermann, *Deutschland im* XVIII^{en} *Jahrhundert;* Wenck, *Deutschland vor* 1789; Perthes, *Politische Zustænde in Deutschland;* Hettner, *Gesch. der Litteratur im* XVIII^{en} *Jahrh.;* Julian Schmidt, *Gesch. der deutschen Litteratur.* — Hillebrand, *Lectures on german thought.* — Bielfeld, *Institutions,* t. III : de l'Allemagne; Mirabeau, *de la Monarchie prussienne;* A. Sorel, *l'Europe et la Révolution française;* Himly, *Formation territoriale des États de l'Europe centrale;* Rambaud, *les Français sur le Rhin;* Cherbuliez, *Études de littérature et d'art* (Lessing); Crouslé, *Lessing et le goût français en Allemagne;* Caro, *la Philosophie de Gœthe;* Lévy-Bruhl, *l'Allemagne depuis Leibniz.*

l'ouest par les progrès de la France, et à l'est par le réveil des nationalités slaves, resté du moins le foyer d'une vie économique, intellectuelle et morale, très intense. Si l'Italie de la Renaissance prend décidément la direction des esprits, l'Allemagne de la Réforme revendique la conduite des âmes, et Luther ou Mélanchthon n'ont pas une moindre place dans l'histoire de l'humanité que Léonard de Vinci, Michel-Ange ou Rabelais.

L'Église catholique, un moment déconcertée par les conquêtes foudroyantes du protestantisme, reprit bientôt l'offensive, affermit sa domination dans l'Europe de l'ouest et du sud et, au commencement du xviie siècle, se crut assez forte pour soumettre l'Allemagne dont la défaite lui eût rendu la domination du monde. Après une lutte de trente années, une des plus impitoyables dont l'histoire ait gardé le souvenir, elle dut renoncer à son dessein : le traité de Westphalie consomma la ruine de ses espérances.

L'Allemagne avait sauvé son indépendance, mais au prix de cruels sacrifices. Elle gisait sur le sol, pantelante et ruinée. Il est possible qu'il y ait quelque exagération dans le tableau lamentable que nous ont laissé les contemporains ; il est certain dans tous les cas que rarement un pays a traversé d'aussi cruelles épreuves. La France n'avait pas plus souffert pendant la guerre de Cent ans, et du moins elle était sortie de ce terrible duel, fière de sa victoire définitive, plus étroitement unie et comme mûrie par l'adversité pour une nouvelle et plus éclatante fortune. L'Allemagne demeurait morcelée, plus gravement atteinte encore dans sa conscience morale que dans sa richesse publique et privée ; le seul bien qu'elle n'eût pas perdu dans le naufrage, la liberté religieuse, elle le devait à l'intervention étrangère, et les Suédois et les Français conservaient sur elle une sorte de protectorat.

Les batailles, les ravages des armées, la famine, les maladies avaient enlevé au moins la moitié de la population. Dans certaines provinces, les deux tiers, les trois quarts ou même les sept huitièmes des habitants avaient disparu. Pour repeupler le pays, le cercle de Franconie votait toute une série de mesures étranges : défense d'entrer dans un cloître avant soixante ans, permission aux ecclésiastiques de se marier et aux laïques d'avoir deux femmes. Dans le Brandebourg, sur une route de plusieurs lieues, on ne rencontrait ni une chaumière, ni un laboureur. Dans le nord de l'Allemagne, quarante ans plus tard, les deux tiers du sol sont encore incultes. Les quatre cinquièmes des animaux domestiques ont péri. Les bêtes fauves pullulent : en Saxe, les loups pénètrent par bandes dans les villages ; pendant son règne, l'Électeur Jean-Georges tue 203 ours et 3,543 loups. Ailleurs, on doit permettre aux bergers de porter des armes pour se défendre contre les animaux féroces. Comme la misère est générale et la consommation très restreinte, le prix des denrées reste très bas pendant presque tout le xviie siècle, et les paysans parviennent à peine à ne pas mourir de faim. Aussi les progrès sont-ils très lents ; dans une nation si prolifique, un siècle ne suffit pas à combler les vides laissés par la guerre. Certains historiens affirment que l'Allemagne était à peine aussi peuplée en 1850 qu'en 1618.

Sur ces populations clairsemées, dépouillées du capital accumulé par plusieurs siècles de labeur, obligées de recommencer la conquête du sol, la tyrannie féodale, jusque-là relativement douce, retombe plus écrasante. Presque tous les domaines ont changé de mains ; les nouveaux maîtres ne respectent plus les traditions, ne tiennent aucun compte des contrats. Les seigneurs occupent une grande partie des domaines abandonnés, et comme les bras manquent pour les mettre en valeur, ils multiplient les corvées. Très souvent ils n'ont pas été plus épargnés que leurs tenanciers, rongés par l'usure, d'autant plus impitoyables qu'ils sont plus obérés. Pour fuir le spectacle de leurs châteaux ruinés, pour se procurer quelques ressources, par ennui, par écœurement, par ambition, beaucoup cherchent fortune à la cour des princes voisins, n'y trouvent que de nouvelles occasions de dépenses, contractent des habitudes de luxe et de gaspillage, et, pour les satisfaire, augmentent les redevances. L'argent, arraché à la misère du laboureur, est dissipé dans des orgies, des voyages lointains, ou sert à favoriser les manufactures étrangères dont les produits inondent le pays. Contre l'oppression, aucun refuge. Les Diètes ne sont pas convoquées ou n'ont plus d'autorité, et d'ailleurs les paysans n'y pénètrent pas. Presque partout, le souverain achète la soumission de sa noblesse en lui livrant les serfs à merci. Des lois barbares refusent au peuple jusqu'à l'espoir d'améliorer sa condition, et les mœurs sont plus impitoyables que les lois. Dans les âmes, assauvagies par la guerre et la souffrance, une seule idée surnage : la crainte de la force. Ni respect pour le droit, ni sentiment de la dignité humaine, ni même pitié pour la souffrance. Le laboureur creuse son sillon, courbé sous les impôts abusifs, les contributions arbitraires, les corvées absurdes, le mépris et la faim, sans même oser lever un regard de révolte vers le ciel où des pasteurs indignes ne lui montrent qu'un juge implacable, prêt à abattre sa colère sur quiconque oserait protester contre l'ordre de choses établi par sa volonté.

Les murailles des villes ne les ont guère protégées : elles ont dû subir les exigences des vainqueurs, payer d'énormes rançons, nourrir des mercenaires avides ; les emprunts forcés, la mauvaise monnaie, l'arrêt des affaires ont achevé leur ruine ; elle est irrémédiable, parce qu'elles étaient depuis longtemps atteintes dans les sources mêmes de leur prospérité. Les grandes découvertes géographiques du XVI° siècle avaient, en effet, complètement modifié les conditions du commerce européen et n'avaient pas eu de moins funestes effets pour les cités de l'Allemagne méridionale ou centrale que pour celles de l'Italie ; la décadence de la Hanse et les progrès de la Hollande et de l'Angleterre ont enlevé aux ports de la Baltique ou de la mer du Nord la prépondérance qu'ils avaient longtemps conservée en Russie et dans les pays scandinaves. Dans la plupart des cités, le pouvoir s'est peu à peu concentré dans les mains d'une oligarchie jalouse et médiocre; des règlements oppressifs, des monopoles multipliés arrêtent tout esprit d'initiative et d'entreprise; la difficulté des communications, les douanes et les péages innombrables, la rareté des capitaux paralysent les échanges. Le commerce languit et l'industrie est partout incapable de soutenir la concurrence étrangère; les patriciats se consolent de leur misère en augmentant les distinctions vaines ou les privilèges ridicules; la plèbe, sans influence sur le gouvernement, perd le goût du travail. La population diminue dans des proportions énormes. Les mendiants pullulent : à Cologne, un tiers de la population vit de la charité publique.

Les villes avaient été pendant toute la fin du moyen âge le foyer de la vie intellectuelle et morale de l'Allemagne; depuis la guerre de Trente ans, elles semblent disparaître de l'histoire. La classe moyenne, qui a été partout l'agent le plus énergique du progrès, renonce à son rôle de direction. Résignée et servile, insoucieuse des intérêts publics et indifférente aux choses de l'esprit, ignorante et grossière, elle n'a même plus le regret du grand rôle qu'elle a perdu ou la honte de sa décadence.

Cette sorte de prostration, cet abandon de soi-même est le trait le plus général d'une génération qu'ont courbée de trop rudes épreuves. Les conséquences morales de la guerre de Trente ans ont été pires en Allemagne que les désastres matériels, et les traces en sont plus lentes à effacer. Grimmelshausen[1], dans son célèbre roman de *Simplicissimus*, ou Mo-

---

[1]. Né en 1622, mort en 1676. Les précieux renseignements que nous donne sur l'état de l'Allemagne au milieu du xviie siècle le *Simplicissimus* peuvent être complétés par ceux que nous fournissent quelques-unes des autres œuvres de Grimmelshausen, entre autres la *Vagabonde Courage* et l'*Étrange Springinsfeld*. — V. Antoine, *le Simplicissimus*, Paris, 1882.

scherosch[1] nous permettent de jeter un regard dans cet abîme de détresse, et les autres renseignements que nous possédons prouvent qu'ils n'ont rien exagéré. La génération, qui arrivait à l'âge d'homme vers 1648, avait grandi sans religion, sans écoles, abrutie par les privations et la terreur. On raconte que certains hommes vivaient dans les forêts, semblables à des singes, se nourrissant d'herbes et de racines, presque nus, sans autre langue que quelques sons inarticulés. Partout l'ignorance et la brutalité. En Silésie, les jeunes nobles se réunissent en associations pour envahir les maisons particulières, insulter et frapper les habitants, briser les fenêtres et les portes ; ils s'engagent à ne se couper ni les cheveux ni les ongles. Les habitudes d'ivrognerie et de débauche sont générales ; les universités se sont transformées en repaires et en bouges. Au milieu des périls incessants, une seule idée demeure, échapper à la mort et jouir de l'heure qui court. Les sermons des prédicateurs excitent notre dégoût. A quel degré d'immoralité et de bassesse fallait-il que fussent descendus les fidèles pour que de pareils recueils d'inepties ou d'indécences passassent pour édifiants! La langue, si savoureuse et d'une si éclatante santé à l'époque de Luther ou de Hutten, s'altère et s'alambique, à la fois triviale et amphigourique, ampoulée et plate. Les délicats, écœurés, s'en éloignent, parlent latin ou français.

Le malheur est pour les peuples comme pour les individus la véritable pierre de touche. L'Allemagne n'a jamais donné de preuve plus éclatante de son énergie vitale que, lorsque, au lendemain du traité de Westphalie, elle se remit à l'œuvre pour relever sa fortune. Les historiens n'ont pas, en général, payé à ce grand effort le tribut d'estime qu'il mérite, et les jugements qu'ils portent sur le monde germain au

---

1. 1601-1669 ; son *Testament chrétien* (1643) nous retrace un tableau très vivant de la vie des camps et des misères du pays ; Moscherosch, fort hostile à la France, est un des précurseurs du chauvinisme allemand contemporain (*Philander de Sittevald*).

xviiie siècle sont beaucoup trop rigoureux. Ils ont le tort grave de ne tenir compte que des résultats acquis et non du chemin parcouru ; ils n'ont pas sans cesse présent à la mémoire, le tableau de l'Empire, tel qu'il était sorti des guerres de religion. Sans doute, en 1789, la France ou l'Angleterre conservent la supériorité sur bien des points. Mais l'Allemagne a dès lors reconquis une grande partie du terrain perdu, et, s'il est vrai que les premiers succès supposent toujours les plus pénibles efforts et que les éléments de la richesse coûtent le plus de sueurs, la fortune prodigieuse de la race germanique à notre époque est moins remarquable et moins glorieuse que ses modestes progrès du dernier siècle. Entre l'Allemagne de Guillaume II et celle de Frédéric II, la différence, quelque grande qu'elle soit, est moindre que celle qui existait entre l'Allemagne de 1789 et celle de 1648.

C'est qu'une nation, suivant l'expression d'un grand historien contemporain, est avant tout une âme : cette âme peut longtemps végéter dans une sorte de torpeur indécise ; elle ne se dégage que lentement par la collaboration instinctive de millions de volontés qu'animent des aspirations communes et qui peu à peu prennent une conscience plus nette du but qu'elles ont d'abord poursuivi à tâtons. Du jour où ce travail d'éclosion morale est terminé, un peuple nouveau est prêt à la vie : pour arrêter dès lors son développement, pour empêcher que son unité ne se traduise sous une forme politique, il faudrait supprimer complètement cet être vivant, et un peuple ne se laisse pas aisément supprimer, même en supposant chez ses adversaires une résolution assez implacable pour ne pas reculer devant cette pensée abominable d'extermination. L'œuvre du xviiie siècle fut précisément de refaire de l'Allemagne ce qu'elle avait presque cessé d'être, une nation, de lui rendre une âme. Les traités de Westphalie devenaient caducs du jour où, de la poussière d'états qu'ils avaient institués, une volonté commune et une pensée semblable surgissaient.

Les victoires retentissantes au milieu desquelles s'est formé le nouvel Empire prussien ne sont en dernière analyse que la consécration du labeur des philosophes et des poètes du dernier siècle : l'œuvre qu'ils avaient commencée dans le monde des idées, les hommes d'état l'ont terminée dans le domaine des faits; habituée à leur hégémonie intellectuelle, l'Europe s'est trouvée toute préparée à accepter la prépondérance matérielle de la race qu'ils avaient pétrie de leurs mains vigoureuses.

Toute l'histoire de l'Allemagne ou, pour parler plus exactement, de l'Europe contemporaine, a été déterminée par ce grand fait : la main mise par les écrivains d'outre-Rhin sur la pensée moderne. Leur mérite supérieur a été de substituer aux théories jusqu'alors dominantes une conception de la nature et de l'homme plus profonde et plus large et comme une nouvelle formule du monde qui, appliquée aux objets les plus divers, a donné les résultats les plus variés et les plus féconds; ils ont créé ainsi une atmosphère intellectuelle et morale à laquelle les nations étrangères ont plus ou moins adapté leur manière de vivre et de sentir, et fourni au siècle qui s'ouvrait la forme dans laquelle il a versé ses aspirations. Il s'agit là d'un événement assez important pour qu'il soit nécessaire d'y insister et d'en marquer le caractère avec quelque précision.

Les diverses générations qui se succèdent dans la vie grandissent et se développent sous l'empire de quelques conceptions générales à l'action desquelles les esprits les plus indépendants n'échappent pas et qui nouent entre tous les contemporains les liens d'une intime parenté ; puis, au bout d'un temps plus ou moins long, épuisées ou compromises par d'inévitables exagérations, ces idées maîtresses sont remplacées par des théories différentes qui exercent à leur tour le même prestige absolu et passager. Elles ne disparaissent cependant qu'en apparence, puisque les systèmes qui leur succèdent ont été engendrés par elles et les renferment en substance, et l'avènement de chacune de ces conceptions marque ainsi une étape dans le progrès universel et un élargissement de l'esprit humain. Au xviiie siècle, le mot d'ordre autour duquel se ralliait l'Europe civilisée lui venait de la France : les principes de 1789, qui ne sont que le résumé de la philosophie rationaliste, sont bien notre propriété, et de fait personne ne songe sérieusement à le contester.

Le monde moderne est sorti de la Révolution française : elle a transformé les institutions et les âmes ; sa victoire était la condition de tout progrès ultérieur. Mais, dès qu'il est accepté, tout *credo* cesse d'être suffisant : du jour où le rationalisme eut vaincu les résistances qu'il avait d'abord rencontrées, on en aperçut les faiblesses et les limites ; on chercha un autre guide, une autre doctrine, et ce fut l'Allemagne qui devint le Messie du nouvel Évangile. A son tour, elle prit la conduite des âmes. Nous sommes la chair et le sang des encyclopédistes, mais un autre lait nous a nourris.

Sous les influences convergentes de la race, de l'éducation et du milieu, les encyclopédistes, mutilant la nature humaine sous prétexte d'analyse, déchiquetaient la vie morale en la réduisant à une combinaison factice de facultés isolées ; leur vue trop courte, incapable de discerner les instincts mystérieux les plus énergiques de l'âme, n'apercevaient dans nos actes et nos résolutions que le produit de la réflexion et de la volonté. — Les écrivains allemands protestèrent contre cette psychologie superficielle. Ils reconnurent que, si l'analyse révèle en nous des facultés distinctes, elles n'agissent que par un effort commun et une collaboration constante. Parmi ces facultés, la raison, loin d'avoir un rôle prépondérant, est impuissante tant qu'elle n'a pas réussi à pénétrer les instincts plus profonds : elle ne règne qu'à condition d'abdiquer. Au nom du sentiment, de l'intuition, de l'instinct, la raison fut ainsi dépossédée de la domination despotique qu'elle avait usurpée.

Cette simple transposition frappait d'erreur toutes les affirmations des philosophes du xviii° siècle et ruinait leurs audacieuses espérances. Jusqu'à nous, enseignaient-ils, les hommes ont été gouvernés par les préjugés et la superstition; les sociétés qui se sont élevées sur ces bases, sont odieuses et absurdes; essayer de les améliorer serait une entreprise aussi vaine que ridicule; faisons table rase et édifions de toutes pièces un monde radicalement différent, fondé sur les principes de la raison et du sens commun.

Les sociétés, que vous prétendez reconstruire de fond en comble et reconstituer sur des principes abstraits, leur répliquent leurs successeurs, ne sont que le dernier terme d'un long travail historique ; pas plus que les individus, les nations ne sont des abstractions métaphysiques, mais l'expression particulière et déterminée de la vie universelle. Elles sont dominées par le passé, elles représentent un moment de l'humanité qui, dans la marche continue de l'histoire, nous apparaît comme un être organique, se développant par une volonté inconsciente, analogue au mouvement des plantes vers l'air et la lumière. Supposer que les sociétés dans leur forme actuelle ont été établies par le consentement réfléchi des parties et qu'il suffit d'un nouveau contrat pour faire surgir de terre un monde nouveau, c'est une folie dangereuse, née d'une grossière erreur philosophique.

Ce sont là aujourd'hui des vérités courantes, et personne ne songe à en contester l'évidence. Peu importe que, comme toutes les théories, elles soient destinées à disparaître devant d'autres aphorismes également arbitraires ; il est incontestable qu'elles se sont imposées à toute notre époque, et, comme il est certain qu'elles ont pris leur forme définitive de l'autre côté du Rhin et que c'est de là qu'elles ont rayonné sur le reste de l'Europe, l'Allemagne peut justement revendiquer un droit de paternité sur l'œuvre entière du siècle; elle a été l'inspiratrice des pensées, l'initiatrice des efforts, la cause originelle des progrès qui donneront à notre temps sa physionomie particulière.

Sans entrer dans une analyse détaillée qui exigerait un parallèle complet entre le xviiie et le xixe siècle, il est facile et nécessaire d'indiquer les quelques différences fondamentales qui nous séparent de nos pères et qui s'expliquent toutes par la substitution d'une conception organique de la nature et de la vie à la conception mécanique des encyclopédistes.

Le xixe siècle, on l'a souvent remarqué, est le siècle de l'histoire. C'est que pour nous l'histoire n'est pas seulement un objet de haute curiosité, mais que nous voyons en elle la condition même de notre existence. Ce ne sont pas les procédés d'investigation seuls qui se sont améliorés, la méthode surtout a changé et l'esprit qui animait les chercheurs. Nulle part ce déplacement de point de vue n'est plus manifeste que dans le domaine des sciences religieuses. Nous ne sommes pas plus croyants que nos pères, mais nous reconnaissons et nous respectons, dans les systèmes théogoniques les plus divers, l'expression de l'éternelle inquiétude qui tourmente la conscience humaine, incertaine de son but et de son devoir.

Notre siècle, en même temps qu'il est un grand siècle historique, et par cela même, est aussi un grand siècle scientifique. L'homme, en effet, n'est plus à nos yeux que le dernier degré dans l'échelle de la création, et c'est parce que nous sentons vivement l'indissoluble solidarité qui le rattache à la vie universelle que nous essayons, d'une main fiévreuse, de reculer dans une lointaine perspective les voiles derrière lesquels se dérobe le secret de notre destinée et l'explication de notre œuvre.

Les doctrines politiques et sociales, la littérature, l'art, qui ne sont que la traduction dans l'ordre pratique et imaginatif de nos théories cosmogoniques, se sont transformées sous l'influence de la philosophie nouvelle. Nous avons appris que le temps ne respecte pas ce qu'on a fait sans lui, et nous avons renoncé aux espérances hâtives et ambitieuses. A la révolution nous opposons l'évolution. Les rationalistes, en dépit de leur sensiblerie humanitaire, étaient des aristocrates, et leur audace réformatrice se conciliait aisément avec le despotisme éclairé : c'est que la raison est l'apanage de l'élite, et qu'elle a besoin d'être éveillée par l'instruction et développée par la réflexion et le loisir. Tout pour le peuple, rien par le peuple ; nos philosophes trouvaient l'expression de Frédéric II brutale, mais l'idée leur semblait juste. Les plus hardis des terroristes reculent devant le suffrage universel. — Quand en 1848 une autre génération arrive aux affaires, sans hésitation, sans inquiétude, elle remet à la masse du peuple le gouvernement du pays. C'est que ses maîtres lui ont appris que la raison n'est pas la vertu souveraine, qu'ils croient à l'instinct, au sentiment ; que, si tous les hommes ne sont pas égaux par l'intelligence, ils le sont tous par la puissance de souffrir et d'aimer. Que les ignorants et les simples soient désormais les maîtres, pourquoi les disciples de Herder et des romantiques s'en effrayeraient-ils ? N'est-elle pas, cette plèbe, plus voisine de l'état de nature où les facultés intuitives ont gardé leur vitalité primitive ? Cette masse anonyme, elle est la matière de l'humanité en travail, la source profonde dont aucune agitation ne saurait troubler les eaux éternellement pures. Elle a droit, non pas à la pitié, mais au respect et à l'amour : à la charité, qui n'est que l'accomplissement d'un devoir envers soi-même et la forme supérieure de l'égoïsme, on oppose la solidarité, et aux doctrines libérales et individualistes de l'économie classique, le mysticisme socialiste.

Ces glorieux déshérités, embryons de l'avenir, les romanciers les étudient et les poètes les chantent. La littérature à son tour descend des hauteurs : elle perd à se rapprocher de la foule quelque souci de la perfection, mais elle devient plus vivante et, sinon plus vraie, plus complexe et plus émue. Le goût s'élargit et s'étend : la critique se pique de tout comprendre et de tout expliquer. Le dramaturge et le romancier, fatigués d'abstractions, ne se contentent plus de dessiner d'un trait précis et sec la silhouette d'une passion ; ils ébauchent à larges coups de brosse le portrait de l'homme, en chair et en sang, ambigu, multiple, jouet de ses passions inconstantes, ballotté par mille influences contradictoires. La couleur locale et la manie du document humain envahissent à la fois le théâtre et le livre, tandis que les poètes essayent d'atteindre les mouvements les plus obscurs de l'âme ou les réactions mystérieuses de la nature sur la pensée et le sentiment. Pour les traduire, ils trouvent des rythmes inconnus, et l'harmonie de leurs vers, dépassant l'intelligence, réveille dans les cœurs l'intensité mystérieuse de sourdes sensations, tandis que la musique, l'art suprême de notre époque, chante les rêves de notre âme dans la profondeur flottante de ses mélodies.

Sans doute, les diverses nations de l'Europe ne perdent pas leurs caractères distinctifs, et chacune d'elles marque de son empreinte l'œuvre politique, littéraire et artistique qu'elle élabore ; mais, sous ces variétés individuelles, on distingue aisément des tendances communes, des aspirations semblables et une direction identique ; on dirait les élèves d'un même atelier traduisant chacun avec son génie l'enseignement d'un seul maître. Le romantisme affecte partout les mêmes formes générales, le goût et le sens de l'histoire, la passion pour la nature, l'exubérance de l'imagination et du sentiment, la tendresse pour les coupables et les pauvres, les espérances indéfinies, la piété pour les dogmes oubliés. C'est que, Anglais, Russes ou Français, tous, directement ou non, sans le savoir le plus souvent, sont les disciples de Herder et de Gœthe : l'atmosphère ambiante qui les pénètre est partout saturée des effluves d'outre-Rhin. A ce titre, il est permis de dire que l'Allemagne a pris pour un moment la tête de la civilisation ; de ce jour, toutes les autres nations sont devenues ses débitrices, et ses violences ou ses injustices ne sauraient nous le faire oublier. De ce moment aussi, il était à la fois inique et absurde de lui dénier une large part d'influence politique et il était aussi vain que dangereux de chercher à maintenir un régime d'incohérence et de morcellement qui la condamnait à d'incessantes humiliations. « Je pense, donc je suis, » pouvait-elle dire à son tour ; par ce fait seul qu'après avoir longtemps été traînée à la remorque des nations occidentales, elle méritait la [primauté intellectuelle, elle avait commencé cette bataille de l'indépendance qui, une fois engagée, quelles qu'en soient les péripéties, est toujours gagnée.

« Il faut se représenter la nature, écrit Gœthe, comme un joueur qui, devant une table de jeu, crie constamment : au double, c'est-à-dire ajoute à sa mise tout ce que son bonheur lui a donné. Pierres, bêtes, plantes, après avoir été ainsi formés par ces heureux coups de dés, sont de nouveau remis au jeu. Et qui sait si l'homme n'est pas la réussite d'un coup qui visait très haut ? » L'œuvre collective des nations n'est de même que la résultante d'une longue série de tentatives individuelles et d'échecs partiels : quand l'une d'entre elles révèle à l'esprit humain quelqu'une de ces formules dont les corollaires portent si haut et si loin, c'est qu'elle y a été préparée par un travail antérieur énorme, et, pour atteindre le sommet d'où s'ouvrent à ses yeux de plus lointaines perspectives, il ne suffit ni d'un hasard heureux ni de l'effort isolé de quelques écrivains : il faut la poussée commune de tout un peuple.

Le véritable intérêt de l'histoire de l'Allemagne, de 1648 à 1789, est tout entier dans la sourde germination des éléments variés dont la combinaison était nécessaire pour produire l'exubérante moisson de la fin du xviiie siècle. Les anecdotes scandaleuses ou ridicules des cours secondaires exercent sur les chroniqueurs une attraction irrésistible : elles ne méritent que le dédain. Là n'est pas l'avenir. Tandis que les princes dépensent en orgies leur activité sans but, le peuple est à l'œuvre. Ses ambitions sont modestes et ses vues bor-

Leibniz (Godefroy-Guillaume) — 1646-1716.

nées. Il ne songe qu'à sortir de l'abîme où la guerre l'a précipité ; il demande un peu plus de bien-être et de liberté, il rougit et il souffre de son avilissement intellectuel et moral. Il ne songe guère à la patrie commune, mais chacun de ses efforts en prépare la renaissance; il laboure le champ qui, amendé chaque année, se couvrira à la longue d'une admirable frondaison.

Que le travail est dur au début et quels maigres épis ! Le sol est si hérissé de ronces, les ouvriers eux-mêmes si épuisés et si découragés ! Pendant tout le xviie siècle, l'Allemagne ne produit qu'un homme de premier ordre, Leibniz [1], et son influence immédiate et directe est des plus faibles : semblable à un soleil qui n'éclairerait que des déserts, il rayonne et ne féconde pas. Il résume quelques-unes des qualités éminentes de la race, mais précisément celles qui sont le moins favorables à l'action utile; ses idées ne pénètrent réellement dans la circulation que quand elles ont été mises en menue monnaie par Pufendorf [2], Thomasius [3], Wolf [4], Gottsched [5]. Il a

1. Leibniz (1646-1716), un des plus grands noms de l'humanité; il dispute à Newton la gloire de la découverte du calcul différentiel, donne l'exemple de la méthode historique la plus rigoureuse, fonde l'Académie de Berlin (1700), est un des inspirateurs de la création des *Acta eruditorum* qui paraissent à Leipzig en 1682; croyant sincère et spiritualiste ardent, il n'accepte le joug d'aucune orthodoxie, et à sa pensée, sinon toujours à sa doctrine, se rattache tout le mouvement de la pensée allemande au xviiie siècle; animé d'un très vif patriotisme, il rêve de rendre à l'Allemagne son influence en réorganisant l'Empire.

2. Le juriste Pufendorf (1632-1694), continuateur de Grotius, affranchit la science politique de la théologie, réclame la liberté de conscience et défend contre l'Église les droits de l'État (*Elementa jurisprudentiæ universalis, de Jure naturæ et gentium*).

3. Thomasius (1655-1728) est un véritable précurseur des encyclopédistes; il en a l'horreur des préjugés et le culte de la raison, l'amour de l'humanité, l'humeur batailleuse et aussi le dédain du passé et la platitude de la pensée; il introduit l'usage de la langue allemande dans le haut enseignement (1677) et publie la première revue scientifique et littéraire en allemand (1688); sous son inspiration, l'université de Halle devient un moment le centre du mouvement progressiste, et elle reste pendant tout le xviiie siècle la pépinière de l'administration prussienne.

4. Christian Wolf (1679-1754), penseur médiocre et philosophe superficiel, abaisse à la portée de tous les idées et surtout les méthodes de Leibniz ; son rationalisme vulgaire induit tous les contemporains en tentation de raisonnement et les habitue à rejeter le joug de la tradition et de l'orthodoxie.

5. Gottsched (1700-1766), le *grand pédagogue* de l'Allemagne, le dictateur du goût jusqu'au moment de la fameuse querelle avec les Suisses (1740).

donné le premier élan, indiqué le but; ses disciples, servis par leur médiocrité même, approprient ses idées à la débilité de leurs lecteurs, réveillent peu à peu le goût de la réflexion et la curiosité de l'esprit, combattent l'ignorance, l'intolérance et la superstition. Les rationalistes de la fin du xvii° et du commencement du xviii° siècle apportent à cette œuvre d'émancipation, — à défaut de talents supérieurs, qui n'y étaient pas nécessaires, — du courage, de l'application, une persévérance que rien ne lasse. Grâce à eux, le progrès s'accomplit avec une rapidité relative; dès 1740, l'Allemagne commence à se sentir majeure; les orthodoxies, catholique ou luthérienne, en face des résistances de l'opinion publique, hésitent et commencent à douter de la justice de leur cause. A partir de l'avènement de Frédéric II, le mouvement se précipite : les victoires de la Prusse ne produisent une impression si générale et si profonde que parce qu'elles paraissent assurer la défaite de la superstition et de l'obscurantisme; au siècle des ténèbres succède le siècle des lumières : c'est le triomphe de l'*Aufklärung*. En 1780, la philosophie monte sur le trône des Césars avec

GOTTSCHED (Jean-Christophe) — 1709-1766.

Joseph II, et Charles-Quint a pour successeur un disciple des encyclopédistes.

La liberté de penser et la tolérance étaient après tout, en Allemagne, des traditions qu'une courte interruption n'avait pas suffi à prescrire et qu'il n'avait pas été trop malaisé de renouer. Il était moins difficile d'affranchir les esprits que de régénérer les âmes, de rendre aux générations chez lesquelles la guerre avait ruiné toute dignité morale, le respect d'elles-mêmes et le goût de la spéculation scientifique. Encore au milieu du xviii° siècle les moralistes ont beau jeu à nous parler des habitudes d'ivrognerie et de débauche, de la servilité et de l'ignorance des bourgeois, de l'insolence et de la légèreté des nobles, de la licence des étudiants et de la pédanterie des professeurs. Mais les moralistes sont presque toujours des calomniateurs. Pas plus que les peuples heureux, les honnêtes gens n'ont d'histoire. Rien de plus commode, à n'importe quelle époque, que d'entasser des citations et des anecdotes dont la réunion forme le plus écœurant tableau ; il reste seulement à expliquer comment des sociétés aussi gangrenées ont subsisté et nous ont légué les vertus sereines du haut desquelles nous les condamnons.

En réalité, le progrès intellectuel et moral, un moment ralenti par le divorce qui s'est produit entre la masse du peuple et les classes supérieures qui cherchent leur inspiration et leurs modèles à l'étranger, est cependant dès lors incontestable. Les seigneurs ne sont pas rares, au milieu du xviiie siècle, qui prennent plus au sérieux leurs devoirs, et sans doute leur bonne volonté n'est pas toujours très heureuse ou très persévérante, mais les excès ou les maladresses de leur zèle n'en témoignent pas moins d'un effort sincère d'amélioration. La bourgeoisie est moins servile et plus curieuse des choses de l'esprit ; la pédagogie devient à la mode et, çà et là, quelques maîtres distingués combattent la routine et les méthodes surannées ; les revues morales pullulent : fort ennuyeuses en général et médiocres, elles créent du moins un public qui, recruté dans toutes les classes, se passionne pour les problèmes de philosophie pratique ; les habitudes deviennent moins grossières et les relations plus aimables. Les liens de famille se resserrent, et les enfants trouvent chez leurs parents assez souvent de bonnes leçons et quelquefois de bons exemples. Cette rénovation morale, lente sans doute et incomplète, mais réelle, avait trouvé un précieux appui dans le *Réveil chrétien*, qui, à la fin du xviie siècle, coïncide d'une façon si curieuse avec les progrès de l'esprit de discussion philosophique et de liberté rationaliste.

Les écrivains qui combattaient alors le fanatisme et l'intolérance se défendaient fort contre tout soupçon d'impiété. Malgré tout, les croyants secouaient la tête, et leur défiance n'allait pas sans motif. Si Leibniz met au service du christianisme les ressources infinies de son apologétique, chez lui les convictions les plus sincères ne sont pas pures de tout calcul, et puis, pour faire un fidèle, est-ce assez des meilleures intentions et d'une foi réelle? L'orthodoxie est une méthode avant d'être une doctrine, et elle exige, avant tout, l'esprit de soumission aveugle et d'abandon passif. Les âmes pieuses et simples pressentent vite des hérétiques dans ces apôtres trop ingénieux que l'orgueil du sens propre semble condamner à la révolte. Les continuateurs et les disciples de Leibniz, Thomasius, Wolf, tout en affichant leur respect pour le christianisme, en sapaient les fondements, puisqu'ils ne voyaient pas en lui la condition nécessaire de la perfection morale et se contentaient d'une doctrine de parade, purement extérieure, édulcorée et vidée de toute sa substance divine.

La race germanique cependant a toujours été profondément religieuse, tourmentée par les problèmes métaphysiques, angoissée par le mystère de la vie humaine. Au xviie siècle, cette religiosité naturelle était encore accrue par l'instinct du danger que courait le protestantisme et le pressentiment que sa ruine compromettrait à jamais l'avenir de la nation. La Réforme, en effet, et quelles qu'aient pu être les inconséquences ou les défaillances de certains de ses représentants, permet aux Allemands de concilier deux sentiments qui semblent s'exclure, la curiosité audacieuse de la pensée et le besoin ardent d'adoration et de foi; supprimez-la, et vous supprimez, sinon l'Allemagne, du moins les traits essentiels de son tempérament. Or, en dépit des clauses du traité de Münster, l'Église catholique gagnait du terrain. Encore emportée par l'impulsion que lui avaient imprimée les jésuites, soutenue par son organisation et sa majestueuse unité, servie par des prêtres instruits et convaincus, elle ne désespérait pas d'accomplir par la politique ce qu'elle avait vainement tenté par les armes. Elle dissimulait ses espérances de conquête sous la forme de projets d'union; mais que pouvait être cette union, sinon une soumission déguisée des dissidents? En attendant, elle faisait d'importantes recrues, ramenait repentants quelques-uns des chefs reconnus de la révolte, l'électeur de Saxe entre autres (1697) et l'électeur palatin.

Les causes extérieures n'expliquent qu'en partie ces succès du catholicisme. Le protestantisme, inconséquent et timoré, après avoir réveillé des besoins avides de libre croyance et de foi intime et personnelle, était revenu par un détour aux principes mêmes de l'Église romaine. Un quart de siècle à peine après la mort de Luther, ses médiocres disciples restauraient dans son intégrité le pouvoir du prêtre, et, rattachant le salut à un *credo* et à l'usage des cérémonies, excommuniaient sans miséricorde tous ceux qui ne souscrivaient pas aux formules concordataires. Sous leur direction, la théologie était vite retournée aux subtilités scolastiques; oublieux de leur beau nom de pasteurs, les directeurs ecclésiastiques ne demandaient à leurs ouailles que d'assister régulièrement aux offices; un vent de tiédeur et d'indifférence soufflait dans cette Église réformée, qui avait pris pour devise à l'origine la communion de l'âme et de Dieu.

Mieux eût valu certes, pour un si piètre résultat, ne pas déchirer la robe sans couture et ne pas détruire l'unité chrétienne! Les fidèles le sentaient. Il n'est pas si aisé d'ailleurs, après avoir soulevé les vagues profondes de la conscience humaine, d'en calmer les agitations. Et quand avait-on eu plus soif de consolation, d'espoir et de foi vivante que durant cet âge de fer? Au milieu d'épreuves qui courbaient toutes les têtes, un long cri d'agonie montait vers le ciel. Un frisson religieux courait dans le monde entier, dont les tristesses s'exhalaient en pieuses éjaculations. Nulle part l'appel vers Dieu n'était plus fervent qu'en Allemagne, parce que nulle part les besoins mystiques ne sont aussi impérieux et que les souffrances y étaient plus atroces. Qu'offrait à tous ces affamés de certitude et d'espoir la théologie officielle? — Des formules, des discussions, des querelles! Jamais on ne fut plus las de toutes ces puérilités oiseuses. On voulait boire à longs traits à la source de repos et de vie, revenir à l'Évangile, retrouver dans le Christ le consolateur que rien ne lasse. Les imaginations se révoltaient contre la sécheresse du culte public; les doctrines chiliastiques, qui avaient toujours compté dans le peuple d'assez nombreux adhérents, se répandaient; des prophètes couraient le pays; la poésie affadie et banale retrouvait avec P. Gerhardt [1] une sincère émotion pour rendre les appels de l'âme qui bramait vers l'Éternel.

Un Alsacien, Spener, né en 1635 [2], rassembla tous ces vagues désirs dans un effort commun, modéra ces aspirations

1. Paul Gerhardt (1607-1676), le premier des grands lyriques allemands et le seul poète véritable du xviie siècle. Orthodoxe, il vivifie la doctrine luthérienne par une profondeur de sentiment et une sincérité d'émotion religieuse qui font de lui le véritable précurseur de Spener et de Zinzendorf.

2. Les *Pia Desideria* sont de 1675. De Halle, où Spener, chassé de Leipzig, s'était réfugié avec ses disciples Francke et Schade, le piétisme rayonna sur tous les pays germaniques. Au mouvement piétiste se rattache Zinzendorf, l'organisateur de *Confréries moraves* (vers 1720).

qui se perdaient dans le rêve ou l'utopie ; il offrit aux hommes de bonne volonté un asile et un centre dans les *collèges de piété*, et il leur montra le but à atteindre, la régénération de la volonté par la libre adoration de la parole divine. Les railleries ne manquèrent pas : on affubla par dérision du nom de piétistes les compagnons de Spener et ses amis ; on opposait à leur ascétisme morose et à leur orgueil sectaire la bonne humeur et la largeur de pensée de Luther ; le maître ne les avait-il pas prévus et condamnés, en fouaillant cette fausse espèce de christianisme qui consiste à porter des habits grossiers, à jeûner, à baisser la tête et à damner son voisin ? Leurs prédicateurs prêtèrent trop souvent le flanc à ces sarcasmes par l'intempérance de leur zèle ou leurs brutales exagérations. « Si Dieu, par miracle, disait à Frédéric-Guillaume Ier mourant un pasteur piétiste, voulait sauver Votre Majesté, ce dont nous n'avons encore aucun exemple, vous n'auriez avec votre caractère que peu de joie dans le ciel : votre armée, vos provinces, vos trésors restent ici ; vous ne serez pas suivi non plus par des serviteurs sur lesquels vous puissiez assouvir votre colère ; dans le ciel, il faut des dispositions célestes. »

Ce qui était plus grave chez les piétistes, c'était leur dégoût de la vie politique et l'indifférence lassée dans laquelle se réfugiait trop souvent leur âme endolorie. Leur piété, née du désespoir, n'était qu'une abdication. Très inférieurs à ce point de vue aux puritains ou même aux jansénistes, qu'ils rappellent cependant par bien des côtés, ils s'efforçaient d'oublier les devoirs que Dieu a imposés à l'homme en le plaçant sur la terre, et leur activité platonique s'épuisait en élans mystiques ou en puériles divagations. Le piétisme ne pouvait ainsi représenter qu'une crise, un moment, dans la formation de la conscience germanique. Mais cette crise était nécessaire. « De même que Socrate avait ramené la philosophie du ciel sur la terre, Spener ramenait la religion dans son temple véritable, qui est le cœur de l'homme. » La tradition menaçait de tuer la foi vivante, et la formule avait remplacé la prière; le piétisme, plus tard si étroit et si matérialiste, rendit à la Réforme la saveur qu'elle avait perdue; le protestantisme, régénéré par Spener, redevint ce qu'il avait failli cesser d'être, une religion vivifiante et un incomparable élément de reconstitution nationale.

Chassés par les orthodoxes de l'université de Leipzig, les continuateurs de Spener acceptèrent l'asile que l'électeur de Brandebourg leur offrait dans sa nouvelle université de Halle (1694); le philosophe Thomasius dut s'exiler avec eux; il avait exaspéré ses collègues, en raillant leur pédantisme et en réclamant la liberté de discussion et de recherche. Ce n'était pas une simple coïncidence qui englobait dans la persécution les rationalistes et les mystiques : les uns et les autres combattaient le même combat; apostats ou rebelles, ils étaient également les vrais continuateurs de Luther, les apôtres du sens propre, les libérateurs de l'Allemagne que prétendait asservir une orthodoxie méticuleuse et étroite. L'action de Spener seulement fut beaucoup plus générale que celle des philosophes rationalistes, parce qu'elle répondait mieux à la nature du peuple et qu'elle était moins entachée d'exotisme. Un quart de siècle après la fondation de l'université de Halle, les piétistes obtenaient à leur tour du roi de Prusse, Frédéric-Guillaume Ier, un décret d'expulsion contre Wolf (1723). Mais, en dépit de leurs inconséquences et malgré qu'ils protestassent contre les résultats imprévus de leurs prédications, les piétistes n'en étaient pas moins les véritables pères de la jeune génération qui s'ouvrait à la vie, frémissante de désirs inconnus et impatiente de parcourir la carrière qu'ils avaient ouverte.

Comme deux grands courants qui, mêlés dans un même lit et inséparables, conservent cependant leur physionomie distincte, la vie publique et privée en Allemagne n'a jamais cessé, depuis, d'être agitée par le flux et le reflux des théories philosophiques et religieuses, mystiques et rationalistes, qui s'étaient un moment rapprochées à Halle. Ce sont les pôles entre lesquels oscille la pensée germanique ; entre les deux écoles, dont l'une est plus ouverte aux influences étrangères tandis que l'autre se proclame exclusivement nationale, la première, raisonneuse et critique, la seconde, sentimentale et lyrique, se partagent suivant leur tempérament ou le hasard des circonstances les hommes qui prétendent être les conducteurs du peuple ; Wieland et Klopstock au XVIIIe siècle, Schiller et Gœthe plus tard, au XIXe siècle les romantiques et la Jeune Allemagne, représentent l'opposition de ces deux tendances, et, jusque dans l'Allemagne contemporaine et les partis qui divisent le nouvel empire, on poursuit la persistance de ces théories ou plus justement de ces instincts opposés, — opposés seulement et non pas isolés. De même qu'un enfant, même lorsque le type d'un des parents prédomine chez lui, a toujours à la fois quelque chose de son père et de sa mère, on retrouve toujours dans le philosophe le plus radical d'outre-Rhin des réminiscences religieuses, et l'orthodoxe le plus farouche y est incapable de certaines abdications. Les deux éducations, pieuse et libérale, se complètent en se combattant, et elles donnent à la pensée nationale son caractère prédominant de richesse complexe et trouble et d'infinie variété.

Les mystiques et les rationalistes de la première heure sont aujourd'hui fort oubliés, et, si cet oubli témoigne de beaucoup d'ingratitude et d'une réelle injustice de l'histoire, il s'explique aisément par leur complète nullité esthétique. La lecture des élucubrations des disciples de Spener est insoutenable ; les longs et lourds volumes dans lesquels Wolf, à grand renfort de dialectique, exposait dans un ordre pédantesque les preuves de l'existence de Dieu et les règles de la civilité, sont plus insupportables encore. Leur succès avait été prodigieux à l'origine ; un disciple enthousiaste avait même voulu faire profiter de tant de science la légèreté française et mettre à notre portée la parole du maître ; il fut bien réduit à s'avouer que Wolf n'était pas très commode à présenter aux lecteurs de Voltaire. Elle ennuie d'abord, écrivait modestement l'ingénieux traducteur de la « Belle wolfienne », mais elle satisfait l'esprit (1741).

WIELAND (Christophe-Martin) — 1733-1813.

Chez Wolf malheureusement, le talent ne répondait pas à la bonne volonté. Mais les grands écrivains ne sont que la fleur charmante d'une civilisation lentement conquise. Les hommes qui admiraient Gottsched ou qui se passionnaient pour *les Pensées raisonnables de Wolf*, avaient raison de leur être reconnaissants ; ils en recevaient la nourriture dont ils avaient besoin : pour défricher le sol, arracher les ronces et mêler à la terre l'engrais fécondant, mieux valait des ouvriers que des artistes. Que le temps s'écoule désormais, la nature accomplira son œuvre, et, quand le printemps reviendra, il suffira d'un rayon de soleil pour que l'arbre s'épanouisse et pousse vers le ciel ses rameaux verdoyants et chargés de fruits. La terre ici ne trompa pas l'espoir des laboureurs. Vers le milieu du xviiie siècle, l'œuvre de préparation entreprise par les rationalistes et les piétistes peut être considérée comme finie; affranchie et régénérée par eux, la nation reprend une part active au mouvement littéraire et scientifique européen, elle se dégage peu à peu des influences étrangères et elle élabore, morceau par morceau, les divers éléments qui, lentement développés et combinés, deviendront une théorie complète de la nature et de l'esprit humain.

Dans un quart de siècle environ, de 1740 à 1770, cinq hommes surtout, dans les genres les plus divers et avec des talents fort inégaux, ont une part prépondérante dans le travail d'enfantement de cette idée germaine. Deux d'entre eux, Klopstock et Wieland, ne sont encore que des précurseurs assez indirects; si cependant leur rôle, comme celui de Gottsched et de Wolf, se réduit surtout à éveiller les esprits et à préparer à leurs successeurs un public capable de les comprendre et de les soutenir, ils leur sont très supérieurs par le talent littéraire, et la langue qu'ils parlent non moins que le retentissement de leurs écrits montrent que nous sommes déjà sortis de l'ère des premières luttes et des tâtonnements. En apparence, ils sont fort différents l'un de l'autre. Wieland[1], disciple de Voltaire, charme ses lecteurs par une légèreté facile et aimable, relevée çà et là d'un piquant relent de sensualité; Klopstock[2], après avoir cherché en Angleterre ses maîtres, prétend donner à sa patrie une littérature nationale et guinde son génie assez court jusqu'à une épopée en vingt chants, qui fait battre le cœur de toutes les Charlottes d'Alle-

1. Wieland (1733-1813) : *Don Sylvio de Rosalva ou le Triomphe de la nature sur le mysticisme*, 1764; *Agathon*, 1766; *Musarion ou la Philosophie des Grâces*, 1768; appelé à Weimar, où la grande-duchesse Amélie lui confie l'éducation de son fils; fonde le *Mercure allemand*, 1773-1789; *Histoire des Abdéritains; Obéron*, 1781.
2. Klopstock (1724-1803) : *la Messiade*, 1749-1773; premier recueil des *Odes*, 1771; *les Bardites* (drames patriotiques) : *la Bataille d'Hermann*, 1769; *Hermann et les princes*, 1784; *la Mort d'Hermann*, 1787.

magne. Ils ont connu depuis les mêmes revers de la fortune : toujours admirés et vantés, on ne les lit plus guère. Ce sont des classiques, mais des classiques oubliés. Cette indifférence impartiale nous permet mieux aujourd'hui de comprendre comment le spirituel et sceptique auteur d'*Agathon* et le barde lyrique dont l'enthousiasme a engendré l'ennuyeuse légion des poètes teutomanes et des chantres d'Arminius, ont collaboré, chacun selon ses forces et ses moyens, à une œuvre commune. Ils sont les pères de la langue moderne; l'allemand, obscur et plat, ampoulé et lourd, redevient, sous la plume de Klopstock, coloré et sonore, éloquent et pathétique, et, sous celle de Wieland, élégant, souple et clair. « Sans ces puissants précurseurs, disait Gœthe, notre littérature ne serait pas devenue ce qu'elle est; à l'époque où ils parurent, ils étaient en avance sur leurs contemporains et ils les ont, pour ainsi dire, soulevés avec eux. »

KLOPSTOCK (Frédéric-Gottlieb) — 1724-1803.

Klopstock et Wieland ne sont plus que de grands noms; Winckelmann et surtout Kant et Lessing vivent encore, puisque leurs écrits n'ont pas cessé d'être une des sources où s'alimente la pensée moderne. Chacun d'eux mériterait une longue étude.

Winckelmann[1] a transformé les arts plastiques. En opposant au style inquiet et maniéré de l'époque le calme et la simplicité grecs et en soumettant à des règles uniformes la peinture et la sculpture, il a créé le néo-hellénisme et renouvelé l'idéal artistique. David, Canova, Ingres, Thorwaldsen, pour ne citer que quelques noms, ont subi son influence et se sont formés à son enseignement. En littérature, son action, plus indirecte, le plus souvent combattue par des forces contraires, n'en est pas moins très réelle : ce n'est que justice de lui attribuer une part dans la métamorphose qui fit du poète de *Gœtz de Berlichingen* l'auteur d'*Hermann et Dorothée*, et il est probable que, sans son *Histoire de l'art dans l'antiquité*, nous ne posséderions pas cette *Iphigénie en Tauride,* qui est une des plus merveilleuses créations du génie humain.

KANT (Emmanuel) — 1724-1804.

Kant[2] domine toute la philosophie du siècle. En dépit de la forme, confuse et obscure, sa doctrine a conquis le monde.

---

1. *Pensées sur les imitations des œuvres grecques dans la peinture et la sculpture,* 1754; *Histoire de l'art chez les anciens,* 1764.
2. Emmanuel Kant (1724-1804) : *Considérations sur le sentiment du beau et du sublime,* 1764. Les grands ouvrages, — d'une inspiration très différente, — dans lesquels il fonde le *Criticisme,* sont d'une époque postérieure : *la Critique de la raison pure,* 1781; *la Critique de la raison pratique,* 1788 ; *la Critique du jugement,* 1790.

Il a rendu à l'humanité l'idée du devoir, fort obscurcie au xviiie siècle. Ce sera un de ses élèves, Fichte, qui, après l'écrasement de la Prusse, prêchera le premier à une génération énervée le dévouement et le patriotisme, et, lui versant à pleines coupes l'ivresse de la liberté et du sacrifice, fera des capitulards de Magdebourg les vainqueurs de Gross-Beeren et

MAISON DE KANT.

de Leipzig. Les Allemands aiment à répéter que c'est l'impératif catégorique qui a vaincu Napoléon, et il est incontestable que presque tous les hommes qui ont préparé ou conduit la guerre de l'indépendance étaient imprégnés jusque dans leurs moelles de la doctrine du professeur de Königsberg.

Lessing enfin a poursuivi et terminé l'affranchissement de l'esprit allemand. Gœthe nous raconte qu'à l'âge de seize ans il avait sollicité, avec un de ses amis, l'honneur d'être présenté à Gottsched; Gottsched, qui fut en Allemagne le grand pontife littéraire de la première moitié du xviiie siècle, avait mis ses compatriotes au régime de Boileau, leur avait composé, d'après les règles garanties de l'*Art poétique*, des tragédies et des comédies classiques, et leur avait enseigné des procédés faciles et sûrs pour écrire des épopées supérieures à l'*Iliade*. Voltaire, qui ne le lisait pas, l'accablait d'éloges, et ces éloges étaient mérités au moins par l'humilité de Gottsched et son esprit de servile imitation. « C'était un homme grand et fort, nous dit Gœthe; il portait une robe de chambre en damas vert, doublé de taffetas rouge. Mais sa tête énorme était chauve et sans coiffure. On allait y pourvoir à l'instant, car nous vîmes accourir par une porte dérobée un domestique, qui portait sur le poing une longue perruque à allonges, dont les boucles lui tombaient jusqu'au coude et qu'il présenta à son maître d'un air effrayé. Celui-ci, de la main gauche, enleva la perruque du bras de son serviteur et, en même temps qu'il la jetait très adroitement sur son crâne, il appliqua de la main droite un soufflet au pauvre diable, qui s'en alla, comme dans les comédies, en pirouettant jusqu'à la porte. » Gottsched avait un moment emperruqué toute sa génération; mais il y a dans le génie des deux peuples voisins des différences irréductibles, et l'Allemagne, après avoir terminé ses humanités à l'école de la France, devait prouver qu'elle avait fini ses études en rejetant le joug de ses précepteurs. Même après les Suisses et Klopstock, une sorte de vénération cependant demeurait pour les règles classiques, et l'ombre de Boileau planait sur le pays, pareille à un éteignoir fantastique qui menaçait les lueurs tremblotantes d'une aurore incertaine. Lessing refusa de s'incliner devant ces lois prétendues inviolables; il eut le « génie de l'irrévérence »; il donna à l'insurrection ses principes et son programme, et par là il rendit impossible tout retour en arrière.

On l'a appelé le Luther du xviiie siècle, et de Luther il a en effet l'audace et la fougue, la fièvre de la vérité, le goût des horions et cette faculté suprême, — qui seule fait les hommes véritablement supérieurs, — de pressentir les besoins de son

Lessing (G.-E.) — 1729-1781.

temps et d'incarner en lui l'âme de la nation. A grands coups de boutoir, il met en lambeaux le filet dans lequel quelques grammairiens obscurs avaient réussi à emprisonner l'esprit créateur, et en libérant l'Allemagne, il rend du même coup sa liberté au monde entier : sans Lessing, ce n'est pas seulement Gœthe et Schiller qui disparaissent, mais Manzoni, Byron et tous les romantiques. Il prêche d'exemple, et ses œuvres, plus encore que ses pamphlets, si savoureux pourtant et d'une langue si agile et si éloquente, assurent le triomphe de ses théories. Dans *Émilia Galotti* (1772), il donne un modèle du drame plus poignant et plus serré qu'il prétend substituer à la tragédie française, alanguie et édulcorée; en traduisant sur la scène, dans *Minna de Barnhelm* (1767), l'enthousiasme universel soulevé par les victoires de Frédéric II, il prouve que le meilleur moyen de régénérer une littérature anémique est de se rapprocher de la réalité vivante et de chercher son inspiration dans le peuple. Notre admiration sans doute reste toujours un peu gênée par ce qu'il y a dans ses créations, même les mieux venues, de réfléchi et de voulu. Dans la folie tudesque, a dit Heine, il y a de la méthode; Lessing porte au plus haut point cette qualité germanique de raisonner ses œuvres; il n'était pas né poète, et il ne l'est devenu qu'à force de volonté. — Et cela fait qu'il n'est pas un poète de premier ordre, mais cela fait aussi qu'il est un critique incomparable. Nul n'a eu plus que lui le goût de la discussion et la passion de la liberté. On cite de lui certains mots qui sont caractéristiques : si Dieu, disait-il, tenait la vérité dans sa main droite, et dans sa gauche, la fièvre de la recherche jamais satisfaite et qu'il me dise : choisis; dussé-je me tromper éternellement, je prendrais la gauche en lui disant : « Père, la vérité n'appartient qu'à toi seul. » Sa vie tout entière ne fut qu'un combat contre l'oppression et les préjugés, et l'ardente sincérité de son culte pour la raison trouva sa digne récompense dans cette tragédie de *Nathan le Sage* (1779), qu'elle lui inspira, son œuvre la plus haute, tout embaumée d'un parfum de sérénité et de tolérance. Lessing ne fut pas, comme on le répète trop souvent, le premier Allemand majeur, mais c'est bien à lui que revient l'honneur d'avoir mis définitivement l'Allemagne hors de page.

Lessing, Winckelmann et Kant, si grands par eux-mêmes, le sont plus encore par ce qu'ils préparent : par divers côtés, ils arrivent à l'idée du développement organique de l'humanité ; ils dégagent en détail les divers éléments de la philosophie que Herder va prêcher et dont Gœthe assurera le triomphe. En 1766, Herder publie ses *Fragments,* un des livres les plus riches d'avenir qui aient jamais été écrits : *les Forêts critiques, l'Origine du langage,* les *Lettres sur l'étude de la théologie,* enfin *les Idées sur la philosophie de l'histoire de l'humanité* se suivent à des intervalles assez rapprochés. — Après les précurseurs, le prophète. L'homme, dit Herder, est une part de la création et, même quand il obéit à ses passions et se laisse entraîner aux plus violents excès, il obéit à des lois qui ne sont pas moins belles que celles qui président au mouvement des globes célestes. L'histoire de l'humanité tout entière ressemble à celle du ver, qui est étroitement dépendante de celle du tissu qu'il habite; c'est un des chapitres de l'histoire naturelle, l'histoire des forces et des instincts humains déterminés par le temps et le lieu. Essayer de rompre les liens qui rattachent l'homme au monde qui l'environne et le domine est une entreprise aussi puérile que d'essayer de le faire respirer hors de l'atmosphère. Le progrès n'est que la résultante des conditions antérieures : il est provoqué par nos besoins plutôt que réalisé par notre volonté; les facultés de raisonnement et de réflexion n'ont qu'un rôle, non pas secondaire, mais indirect : elles modifient l'instinct, qui seul est véritablement actif. L'homme n'est réellement grand que par l'exercice intuitif de ses facultés essentielles : l'époque des grandes inventions n'est-elle pas celle où, plus rapproché de la nature et plus étroitement mêlé à la vie du monde, il accomplissait sans prétention son rôle de comparse?

Et que l'on ne dise pas que ce sont là des morceaux détachés de Montesquieu, de Diderot, de Rousseau et de Buffon, puisque aussi bien la gloire de Herder est précisément d'avoir rapproché ces fragments, de les avoir éclairés par ce contact et d'avoir déduit tout un système d'hypothèses qui, isolées, n'avaient eu qu'un retentissement passager, et qui, combinées par la divination d'un voyant, illuminaient d'une clarté imprévue le passé et l'avenir de l'humanité. La philosophie de Herder, dans le fond comme dans la forme, est directement opposée à celle des rationalistes du xviii° siècle et de la Révolution française : en face de la doctrine des encyclopédistes, abstraite et raisonneuse, méthodique et superficielle, étroite dans sa précision et intolérante dans sa générosité, elle nous frappe par son obscure complexité et sa mystérieuse profondeur. C'est un acte de foi plutôt que d'espérance. Herder ne songe pas à transformer le monde, mais à le comprendre. Qu'auraient pensé de cette loi de l'évolution continue, dans laquelle les individus et les nations halètent sous l'héritage écrasant du passé, nos Constituants héroïques, qui entendaient balayer d'un coup la souffrance et le vice et proposaient aux nations les plus diverses le code de la raison et du sens commun! Dès ce moment apparaissent nettement les causes du conflit qui éclatera entre l'Allemagne et la France. A se placer au point de vue le plus élevé, le soulèvement de 1813 contre la tyrannie napoléonienne n'est qu'un épisode du duel entre Voltaire et Herder.

L'émotion produite par les ouvrages de Herder fut extraordinaire. Il lui fallut longtemps pour débrouiller ses idées, il n'y réussit jamais tout à fait. Son esprit s'illuminait d'éclairs qui éblouissent, sans toujours éclairer. Ses livres ont toujours quelque chose d'inachevé et de décousu. Il le savait, et, comme il ne parvenait pas à se régler, il érigeait ses défauts en manière.

A toutes les époques, un peu de charlatanisme, même sincère, n'a pas nui aux inventeurs. La superbe de Herder, sa foi en lui-même, les images bizarres et grandioses de son éloquence, la part que laissaient à l'imagination du lecteur la fuite des perspectives et la confusion des aperçus, accrurent sa force de fascination. Il enivra et il bouleversa les âmes plus qu'il ne convertit les esprits. Il eut des séides plutôt que des disciples, parce qu'il prêchait une religion nouvelle. Les raisons les plus fermes ne résistèrent pas à l'entraînement et gardèrent toujours l'éblouissement des horizons entrevus. « Oh ! écrivait Gœthe cinquante ans plus tard, que

Herder (1744-1803).

je voudrais écrire l'histoire de ce temps que personne n'a pu connaître mieux que moi. La noblesse, se sentant talonnée par la bourgeoisie, se mettait en course pour ne pas être dépassée; le libéralisme, le jacobinisme et toutes ces diableries s'éveillaient; une nouvelle vie commençait. Nous étudiions, nous écrivions, nous aimions, nous brûlions la chandelle par tous les bouts... Quel printemps où tout bourgeonnait et poussait ! »

Cette période « d'orage et d'assaut » a produit plus de tentatives avortées que d'œuvres glorieuses, et les « génies », dans leur course vers l'immortalité, ont trébuché dès les premiers pas; mais c'est au milieu de cette fièvre que l'Allemagne moderne a grandi, et elle s'est incarnée dans Gœthe.

Herder[1] est à peine l'aîné de Gœthe; il avait cinq ans en 1749, au moment où Gœthe naissait. La *Philosophie de l'histoire* paraît en 1774, la même année que *Werther*. Gœthe n'en représente pas moins une autre génération. Il réalise, s'il est permis de parler ainsi, les doctrines du Prophète, et il les consacre par son génie. Il est vraiment le Messie attendu, et dans sa gloire tous les autres s'effacent. Schiller et Kant, dont l'action sur leurs contemporains fut si profonde, ne sauraient sans injustice lui être comparés, et sans doute, s'ils n'eussent pas existé, la littérature allemande compterait quelques grandes pages de moins, mais sans Gœthe elle ne serait pas. C'est que si Kant et Schiller ont été touchés de l'esprit nouveau, — et rien ne montre mieux la puissance du mouvement que l'ébranlement qu'en éprouvent les natures les plus rebelles, — ils n'en demeurent pas moins par essence les héritiers du xviiie siècle français et des rationalistes impénitents : les héros de Schiller, amoureux de progrès, pleins de foi dans la force de la vérité, raisonneurs et raisonnables, éloquents et abstraits, ne déconcertent pas les lecteurs de Corneille, et moins encore ceux de Voltaire; avec plus de sincérité et moins d'entente de la scène, plus de poésie et moins de variété, il n'est que le Voltaire du théâtre allemand.

---

1. *Les Forêts critiques*, 1769; *Sur l'origine du langage*, 1772; *Philosophie de l'histoire pour l'éducation de l'humanité*, 1774; *les Voix des peuples*, 1778; *l'Esprit de la poésie hébraïque*, 1782; *les Idées pour la philosophie de l'histoire de l'humanité*, 1784-1791.

L'ALLEMAGNE AU XVIIIᵉ SIÈCLE. 37

Gœthe[1] a mieux connu la France que Schiller et il lui a conservé une affection plus constante. Mais sa nature, très malléable, était d'une trempe si pure que les réactions extérieures la modifiaient, mais ne l'altéraient pas. Qui l'aurait saisi au milieu de ses transformations infinies et serait parvenu à dégager sa personnalité vraie sous ses avatars multipliés, aurait le secret du peuple allemand tout entier. Mais comment essayer de fixer cette figure dont les traits varient sans cesse, si la physionomie reste toujours la même, et résumer en quelques lignes ce génie ondoyant et multiple comme la nature elle-même, qui finit par les subtilités du second *Faust* après avoir commencé par les œuvres les plus vibrantes peut-être et les plus émues qui aient jamais mis en feu les imaginations, et qui, entre ces coups de folie passionnelle ou métaphysique, donne *Hermann et Dorothée* et *Iphigénie en Tauride*, ces chefs-d'œuvre de clarté paisible et de sérénité? Comment exprimer la souplesse et la magnificence de ce « fils de Dieu »? Emporté par toutes les passions et supérieur à tous les préjugés, buvant l'ivresse à toutes les coupes de la vie

GŒTHE (à vingt-cinq ans) — 1749-1832.

---

1. Gœthe (1749-1832). Les deux grandes œuvres de Gœthe jusqu'à son voyage d'Italie (1786) sont *Gœtz de Berlichingen*, 1773, et les *Souffrances du jeune Werther*, 1774. Mais dès cette époque, malgré les différences de manière, il est ce qu'il sera toute sa vie.

sans jamais perdre la maîtrise de soi, sollicité par toutes les curiosités et les dominant, il ne nous surprend pas moins dans sa *Théorie des couleurs* que dans ses *Élégies romaines*, ou dans sa *Métamorphose des plantes* que dans *Wilhelm Meister*, et, après tant d'œuvres admirables, nous laisse encore l'impression d'une âme qui n'a pas donné sa mesure.

« Je veux m'en tenir à la nature, écrit Werther, elle seule est d'une richesse inépuisable, elle seule fait les grands artistes. » N'est-ce pas le programme de Herder? mais Gœthe montre tout ce qu'il contient. A une littérature rongée par l'abus de la réflexion et desséchée par la critique, la nature rendra la couleur et la passion ; elle rapprendra la joie de vivre et le goût de l'action aux désabusés qui se fatiguent à la poursuite d'ombres vaines et de chimères décevantes ; elle leur révélera ses secrets les plus mystérieux et les mettra en garde contre des procédés abusifs de dissection et d'analyse où le cœur se dessèche et où l'imagination se tarit. Ouvrons les yeux et les oreilles, faisons appel à toutes nos facultés, c'est le seul moyen de pénétrer les mystères qui nous enveloppent, et si, dans notre élan furieux vers le bonheur et la science, nous nous blessons à des barrières infranchissables, la nature encore pansera nos blessures en nous enseignant la résignation et la confiance. Les œuvres de Gœthe sont souvent poignantes, mais nous en sortons apaisés et raffermis. Bien peu d'écrivains aussi bien que lui nous font éprouver cette purification des passions, que les anciens regardaient comme le but suprême de la poésie. Heureux ceux qui connaissent encore les ivresses de la foi ; mais tous ceux que ne satisfont pas les solutions précises des religions révélées peuvent demander à Gœthe la suprême consolation possible, qui n'est que dans la contemplation sereine des lois nécessaires et l'humble et active soumission à un ordre immuable. « Ame du monde, répètent-ils avec lui, viens nous pénétrer. Pour se retrouver dans l'infini, l'individu s'évanouit volontiers. Là se dissipent tous les ennuis, les chagrins, les brûlants désirs, les impatiences et les colères de la fougueuse volonté. S'abandonner dans l'infini est une ineffable jouissance. » — « Quel poète que ce sage, quel sage que ce poète ! » a dit le critique français qui a le plus aimé Gœthe, le seul peut-être qui ait parlé de lui comme Gœthe aurait désiré qu'on le fit.

« Un changement se prépare dans les esprits, disait Frédéric II en 1780. Depuis peu, nos écrivains ont pris le courage d'écrire dans leur langue maternelle et ils ne rougissent plus d'être Allemands. La fierté nationale élève sa voix, on a l'ambition d'égaler ses voisins, et l'on veut s'ouvrir sa route vers le Parnasse comme vers le temple de l'histoire. Nous aussi nous aurons nos classiques. Chacun voudra les lire et en jouir. Nos voisins apprendront l'allemand, les cours le parleront au dehors, et il peut arriver que notre langue, affinée et ennoblie, s'étende d'un bout à l'autre de l'Europe. » Curieuse preuve de pénétration de ce roi qui parlait lui-même l'allemand comme un palefrenier, et qui n'avait pas lu ou n'avait pas compris les œuvres destinées à fonder cette suprématie littéraire qu'il prédisait ! « Ces beaux jours, continuait-il, ne sont pas venus, mais ils approchent. Je vous l'annonce, ils vont éclore. Je ne les verrai pas, mon âge me le défend. Je suis comme Moïse ; j'aperçois de loin la terre promise, mais je n'y entrerai pas. »

Cette terre bénie que le vainqueur de Rosbach promettait à l'Allemagne dans un lointain avenir, elle la touchait déjà d'un pied triomphant. Un siècle lui avait suffi pour se relever du marasme où l'avaient plongée d'incomparables désastres, se dégager de l'oppression théologique, secouer les influences étrangères, produire toute une légion de hardis penseurs et de poètes inspirés ; comme à la veille de la Réforme, elle était prête à s'écrier avec Hutten : « Les sciences fleurissent, les esprits s'éveillent, c'est une joie de vivre. » La doctrine de l'évolution allait transformer le monde ; elle le pressentait avec orgueil, et sa fierté était légitime. Elle entendait prendre une éclatante revanche du mépris dans lequel on l'avait tenue, et, fière du bouillonnement d'idées qu'elle sentait tressaillir en elle, elle affichait une insolence dédaigneuse pour les peuples qui l'avaient précédée. Elle se prouvait à elle-même son émancipation récente en jugeant sévèrement la France dont elle avait si longtemps accepté la tutelle. Elle opposait à la corruption welche la candeur germaine; aux exigences étroites de notre goût, la large sympathie et l'ouverture d'esprit des écrivains du cru. Nos défauts étaient réputés crimes et nos qualités, faiblesses; l'antiquité de notre civilisation passait pour une preuve de décadence, notre politesse n'était que duplicité et notre esprit que légèreté.

Cet enthousiasme patriotique des disciples étonne d'abord si l'on réfléchit combien l'instinct national était encore vague chez les maîtres. A l'exception de Klopstock, dont les dithyrambes en l'honneur des Chérusques et d'Arminius sont bien ampoulés et d'une inspiration bien peu sincère pour avoir eu dans les cœurs un retentissement très durable, les écrivains qui ont marqué leur trace en Allemagne au xviiie siècle font assez bon marché de l'idée de patrie. Leur pensée redoute les limites, quelles qu'elles soient, et si leur gloire est cosmopolite, c'est que leur génie a commencé par l'être. On a vu dans Minna de Barnhelm la glorification des victoires de la Prusse; — mais quelle part dans cette interprétation revient à Lessing, et quelle à la disposition générale des esprits ou aux critiques postérieurs? Il n'est pas si facile de le démêler. Et, en admettant même la thèse convenue, il y aurait plus que de l'exagération à conclure de cet accès de fièvre prussienne à une tendance générale du poète. De fait, il n'avait pas eu à se louer de Frédéric II, et ne lui pardonnait pas ses dédains; n'était-ce pas en pleine guerre de Sept ans et au lendemain de Rosbach qu'il écrivait à Gleim : « Je n'ai aucune idée du patriotisme et je n'y vois tout au plus qu'une héroïque faiblesse dont je me passe très volontiers. » Herder, par définition en quelque sorte, est citoyen du monde. « A quoi bon, dit Gœthe, nous efforcer inutilement de nous élever à un sen-

MONUMENT DE FRÉDÉRIC II, A BERLIN.
Inauguré en 1851. (OEuvre de Rauch.)

timent que nous ne pouvons ni ne voulons avoir et qui n'a été et n'est chez certains peuples que le résultat de diverses coïn-

cidences heureuses... Le patriotisme romain? Dieu nous en préserve, comme d'une taille de géant! Nous n'aurions pas de chaise pour le faire asseoir, pas de lit pour le coucher. »
A quoi bon insister pour démontrer une vérité qui n'est plus guère contestée; si quelques historiens contemporains essayent d'en appeler d'une cause qui peut paraître jugée, il suffit, en opposition aux quelques boutades qu'ils citent, de se souvenir de la conduite que tinrent pendant la période suivante les directeurs intellectuels de la nation. Ni les défaites humiliantes ne troublent leur quiétude, ni les traités désastreux ne les détournent de leurs travaux. Les sonneries de clairon des poètes de l'insurrection excitent chez Gœthe une surprise dédaigneuse. Quand on s'étonne de sa réserve, qu'on se demande pourquoi cette trompette éclatante qui avait sonné le réveil des esprits n'a pas aussi entonné l'hymne de délivrance, il hausse les épaules : « Je n'ai jamais rien affecté en poésie; ce que je n'avais pas vécu, ce qui ne m'avait pas brûlé les ongles, je ne le mettais pas en vers. Je n'ai fait de poésies d'amour que lorsque j'aimais. Comment aurais-je pu écrire des chants de haine, n'ayant pas de haine? »

Et pourtant, malgré qu'ils en aient et bien qu'ils ne s'en souciassent guère, ces cosmopolites impénitents sont bien les véritables pères du patriotisme allemand. En premier lieu, ils ont fourni aux populations, — qu'unissait à peine jusqu'alors la similitude de langue et que tout divisait, les traditions et les gouvernements, les ambitions et la foi, — un fonds commun de sentiments et d'idées, et créé par là la matière d'un peuple. La base véritable et indestructible de la nationalité, c'est la fusion des cœurs dans des aspirations identiques, l'instinct que dans l'histoire de l'humanité on travaille ensemble à une besogne distincte de celle des races voisines. Préparée par la royauté, la nation française n'acquiert sa trempe définitive que le jour où les sujets des Bourbons deviennent les apôtres des Droits de l'homme. Ce qu'ont fait pour nous les Constituants, les cosmopolites allemands l'ont fait pour leurs concitoyens : ils leur ont donné l'orgueil de leur mission. Dès ce moment, tous les événements travailleront sourdement à hâter l'unité extérieure.

Remarquons d'ailleurs qu'au xviiie siècle le cosmopolitisme était une transition indispensable pour arriver au patriotisme allemand. La patrie, pour Lessing, c'eût été la Saxe; le Wurtemberg pour Schiller, et, pour Gœthe, la ville impériale de Francfort. Mais la disparition de la Saxe, des villes libres et du Wurtemberg était la condition préalable de la formation de l'Allemagne.

Enfin, l'école nouvelle, née d'une insurrection contre les doctrines étrangères, en substituant à l'idéal classique un idéal infiniment plus varié et plus complexe, ramenait le peuple à ses traditions primitives et au culte de son passé. Là où le xviiie siècle français ne voyait que mauvais goût et barbarie, Herder découvrait les manifestations d'un admirable génie : il s'intéressait aux anciennes épopées, aux chevaliers contemporains de Gœtz de Berlichingen, aux chants populaires, aux monuments du moyen âge. Chaque progrès du sentiment esthétique était en même temps un hommage rendu à la gloire de l'Allemagne. A mesure que le sens critique s'affinait, la résolution d'être devenait plus générale et plus intense.

Cette volonté d'indépendance n'était pas seulement légitime, elle était digne de respect et de sympathie; les révolutionnaires français en eurent l'instinct et ils ne s'émurent pas du bouleversement politique qu'allait entraîner l'apparition au centre de l'Europe d'une nation de trente millions d'hommes. Très optimistes parce qu'ils étaient très convaincus, leur courage était trop haut pour s'effrayer de dangers lointains ou pour prévoir les revers. Ils avaient refondu la France, ils ne redoutaient pas de remettre l'Europe au creuset. Leurs procédés furent souvent violents et injustes, mais leurs intentions étaient pures, et, ne songeant qu'à elles, ils se pardonnaient volontiers leurs torts. Ils désiraient sincèrement le bonheur de l'humanité, ne supposaient pas qu'on suspectât leur bonne volonté, et n'admettaient pas qu'ils pussent rencontrer autour d'eux la rancune et la haine. Vis-à-vis de l'Allemagne, ils se considéraient comme des frères aînés qui peuvent bien bousculer quelque peu leurs cadets, puisqu'ils ne pensent qu'à leur être utiles, et sans rien perdre pour cela de leur amour reconnaissant.

Que de services l'Allemagne n'avait-elle pas déjà reçus de la France, depuis le moment où la rude main de Charlemagne avait implanté chez elle le christianisme et la civilisation gréco-latine! C'était la France qui avait changé en chevaliers les batailleurs saxons et soufflé aux poètes du moyen âge la matière de leurs épopées ou de leurs chants d'amour. Par deux fois l'Allemagne avait été sauvée par elle du plus grand danger qu'elle ait jamais couru, quand, au lendemain de Mühlberg, Henri II s'était allié à Maurice de Saxe pour déjouer les projets de Charles-Quint, et lorsque, à la diète de Ratisbonne, Richelieu avait brisé dans les mains de Ferdinand II l'épée victorieuse de Waldstein. Et, depuis lors, la France avait-elle marchandé à sa voisine ses conseils, ses exemples et son appui? Pour que son œuvre fût terminée, il ne lui restait plus qu'à l'initier à la liberté, et les révolutionnaires comptaient bien ne pas s'arrêter avant d'avoir accompli leur devoir jusqu'au bout.

Ils ne soupçonnaient guère la sourde colère et l'incurable défiance qu'avait laissées notre intervention constante et tracassière dans la politique d'outre-Rhin. L'Allemagne obéissait à cette loi inexorable qui condamne à l'ingratitude et à l'injustice les générations nouvelles, en attendant qu'elle en connût à son tour les tristesses. Néophyte de la religion de la patrie, elle devait apporter dans sa foi une ardeur provocatrice et une méfiance haineuse. Chez elle, l'évolution nationale avait été irrégulière et singulièrement pénible. Déjà la configuration du sol, sans opposer à l'unité d'obstacles insurmontables, est plutôt favorable au maintien d'un certain nombre de groupes distincts, et l'opposition des régions du Nord et du Sud a longtemps passé pour irréductible, parce qu'elle provenait de causes physiques et ethnographiques. L'ambition gigantesque et fantasque des empereurs, leurs projets de domination universelle et les luttes avec la papauté qu'ils provoquèrent, les dangers que créaient au pays sa situation géographique et la nécessité de faire face à la fois à l'Occident et à l'Orient, la Réforme et les guerres religieuses, une interminable série de fautes et de malheurs avaient maintenu le pays dans un état d'infériorité marquée vis-à-vis des nations occidentales. La misère politique, dont le peuple n'avait qu'une obscure sensation, lui fut signalée tout d'abord par des théoriciens, poètes ou philosophes, et comme ils n'avaient pas été assouplis par l'habitude des affaires ou le maniement des hommes et qu'ils n'étaient pas contenus par le sentiment de responsabilités directes, ils allèrent aussitôt jusqu'au bout de leurs désirs ; peu satisfaits d'être affranchis, ils réclamèrent la domination universelle et, pour se protéger contre l'intervention de la France, ils songèrent aussitôt à l'asservir ou à la supprimer.

Quelques politiques prévoyants se préoccupaient dès le xviiie siècle des dangers qui pouvaient naître de cette tendance. Mirabeau, à plusieurs reprises, revient sur la nécessité de maintenir sous la forme que lui avaient donnée les traités de 1648 l'Empire germanique, « qui ne pourrait paraître peu important pour la tranquillité de l'Europe et même pour le bonheur de l'espèce humaine qu'à ceux qui ne connaissent pas cette inappréciable contrée ». — « Sait-on, dit-il ailleurs, jusqu'où pourra aller celui qui sera une fois maître de l'Allemagne? » Il n'était ainsi du reste que le fidèle interprète de la vieille école diplomatique française, qui avait toujours regardé comme une de ses tâches essentielles la défense « des libertés germaniques ». Mais ces préoccupations ne pénétraient pas dans la foule et paraissaient devoir rester longtemps purement spéculatives ; elles servaient de textes à des discussions académiques, plutôt qu'elles ne traduisaient une crainte précise et rapprochée. Et, de fait, les apparences rejetaient dans un avenir fort éloigné la transformation en un bloc homogène d'un des agrégats les plus complexes qu'aient jamais produits à la fois les traditions historiques et la science des diplomates.

Le tableau de l'anarchie allemande au xviii° siècle a tenté bien des écrivains ; et, malgré tout, leur patience ou leur talent n'ont pas épuisé le sujet. — C'est qu'il est inépuisable. La réalité ici dépassait l'imagination. Rien de plus extraordinaire, de plus confus, de plus incohérent que l'Empire. Les formes politiques les plus diverses s'y coudoient et s'y mélangent : des chefs d'ordres ecclésiastiques, des évêques, des chevaliers qui règnent sur quelques milliers de sujets et font aisément en quelques heures le tour de leurs domaines, ont les mêmes prétentions et souvent les mêmes droits que les rois de Prusse ou les électeurs de Bavière. On dirait un de ces résidus étranges qui se combinent dans le fourneau du chimiste et où se trouvent associés les éléments les plus divers. Sur ce sol, l'histoire s'est déposée en couches successives et, à chaque pas, affleurent à la surface des témoins des diverses époques disparues. L'Allemand, par timidité, par paresse, par principe aussi et respect du passé, est conservateur ; il n'éprouve pas ce goût de logique, ce besoin d'ordre et de clarté si impérieux chez les peuples latins ; il se plaît aux contradictions et aux complications. Avec lui, rien n'est jamais terminé. Personne ne s'étonnait de voir subsister à côté des organismes politiques modernes les traditions de l'empire des Hohenstaufen ou les souvenirs de l'époque féodale. La constitution germanique déconcerte tous les efforts des publicistes qui cherchent à la définir ; ils ne s'accordent que sur un point, c'est qu'elle est sans analogue au monde ; c'est « un monstre politique » qui, tenant à la fois de l'aristocratie et de la monarchie, n'est cependant ni une confédération, ni une royauté limitée, ni un empire, mais une espèce intermédiaire, sans nom comme sans précédent.

L'Allemagne n'a même pas de frontières. Personne ne saurait dire où elle commence et où elle finit. Elle revendique le cercle de Bourgogne, mais s'est interdit de le défendre contre la France; elle s'est réservé certains droits sur l'Alsace en même temps qu'elle la cédait à Louis XIV. La Diète compte toujours parmi ses membres un vicaire du royaume d'Italie et un vicaire du royaume d'Arles, et on continue, au moment du vote, d'appeler le duc de Savoie : prétentions surannées qui ne trompent personne. La Poméranie et la Silésie sont également soumises au roi de Prusse, mais la première fait partie de l'Empire et non pas la seconde. Les rois de Bohême sont électeurs et ne sont pas représentés à Ratisbonne.

« Soit que l'on admette, comme c'est ordinairement le cas, dit J. Moser, que la paix de 1648 a établi pour la première fois avec précision et nettement confirmé la souveraineté territoriale des états, ou qu'on prétende qu'elle n'a fait que reconnaître solennellement et confirmer une situation acquise, peu importe : il y avait auparavant des situations douteuses; les états de l'Empire avaient-ils la haute souveraineté ? L'avaient-ils tous? L'avaient-ils au même degré? Désormais aucune incertitude ne demeurait. » Malgré tout, les empereurs déchus de toute autorité réelle ont gardé le souvenir de leurs vastes espoirs et la défiance qu'ils inspirent a survécu à leur puissance. Pour conserver la couronne, les Habsbourgs doivent promettre de ne rien faire pour sortir de la situation réduite où ils sont acculés : en vertu des Capitulations, toute entreprise contre le régime existant dégage *ipso facto* les princes de leur serment de fidélité ; par une suprême ironie, la dernière prérogative des empereurs consiste à maintenir les prérogatives de leurs vainqueurs. Leur consolation, —

un peu vaine, — c'est qu'ils n'ont abdiqué au profit de personne, ce qui leur permet de compter sur les surprises de l'avenir.

Les diplomates de Münster et d'Osnabrück, pressentant ce qu'il y avait d'anormal dans un instrument de paix qui supprimait le passé sans rien établir à sa place et instituait le conflit comme moyen de gouvernement, avaient laissé à la Diète le soin de fixer les droits de chacun et d'établir une constitution. Le moment venu, tout le monde s'était récusé. Plutôt que de consentir les sacrifices mutuels qui eussent été la condition nécessaire d'une entente, il avait paru plus simple de se résigner au gâchis permanent. Depuis un siècle et demi on vivait dans cette inextricable confusion, on tâtonnait dans ces ténèbres ; en se prolongeant, l'incohérence s'était légitimée et les réformateurs passaient pour des perturbateurs. Des publicistes, qui ne manquaient ni d'érudition ni de finesse, s'efforçaient de représenter comme une réalité vivante cette entité diplomatique que l'on nommait par tradition et par dérision le Saint-Empire romain germanique, et les rouages de cette machine décrépite continuaient par habitude à tourner dans le vide en grinçant lamentablement.

La Diète tenait régulièrement ses séances, recevait gravement les notes qu'on lui présentait, et votait même de temps en temps quelques *recez*. Personne ne prenait au sérieux ses délibérations solennelles, et elle ne s'en offensait même plus. Les princes veillaient à ce qu'aucune entreprise indiscrète ne limitât leur indépendance et, docile à leurs désirs, elle ajournait les questions épineuses, usait le temps à des débats puérils ou à des querelles d'étiquette. Elle ne ressemblait en rien à un parlement moderne, mais à un congrès diplomatique, et ses membres, depuis longtemps convaincus qu'ils chercheraient en vain à concilier les intérêts trop divers et trop complexes qui se trouvaient en présence, bornaient leur ambition à éviter le moindre heurt, tremblant qu'une secousse imprévue ne réduisît en miettes ce miracle d'équilibre qui ne se soutenait que par habitude.

Dieu sait pourtant quel besoin on aurait eu d'un pouvoir central respecté au milieu de tous ces appétits à l'affût. De quelque côté que l'on tourne les yeux, ce ne sont que jalousies, rancunes, convoitises : ouverte ou cachée, la guerre est partout, de voisin à voisin, comme de classe à classe. Les chevaliers, guettés par les princes dans le territoire desquels leurs pauvres domaines sont enclavés, détestés par leurs sujets, raillés par tous, se cramponnent à une « immédiateté » qui n'a plus de raison d'être. Les villes libres, ruinées, sans crédit, partagent la décadence et les terreurs de la noblesse souveraine. Les ecclésiastiques regardent du haut de leur tonsure les princes laïques, « dont la tête chevelue ne saurait donner un aussi libre passage à la Divinité », et les laïques refusent de reconnaître des égaux dans ces abbés ou ces évêques de noblesse récente ou d'origine suspecte. Seule la pénurie générale entretient une paix apparente : les haines éclatent en récriminations amères, en susceptibilités ombrageuses, en intrigues compliquées. Les rancunes ne se prescrivent pas plus que les ambitions. Après deux siècles, la branche Ernestine de la maison de Saxe n'a pas pardonné à la branche Albertine de lui avoir escroqué l'électorat; depuis la succession de Juliers, le Brandebourg et le palatin de Neubourg n'oublient pas leur mutuelle déception. Les frontières mal tracées, les parentés compliquées, l'entre-croisement inextricable des parcelles, les traités de succession justifient toutes les défiances, parce qu'elles rendent possibles toutes les ambitions. Rien de définitif et rien de stable. Le passé a légué au présent un immense et obscur héritage de prétentions qui ne désarment pas. Et au milieu de ce fourmillement d'intérêts contradictoires, dominant ces inimitiés et les exaspérant, la religion, « partout ailleurs le plus solide ciment des âmes », brise l'Allemagne en factions irréconciliables.

Rien de ce que nous confesse, sur les vices de l'organisation de l'Allemagne avant 1789, l'orgueilleuse satisfaction des historiens contemporains, fiers d'être partis de si loin, n'est exagéré. Mais si les détails sont vrais, et s'il serait aisé de les multiplier à l'infini, il n'est pas sûr que l'impression qu'ils laissent réponde à la vérité réelle. Une photographie peut donner une image fausse : trop souvent elle souligne les rides et voile l'âme. Les institutions officielles, par cela même que personne ne les prenait plus au sérieux, étaient bien encore une gêne ; elles avaient cessé d'être un obstacle : à l'abri de cette fiction, des changements radicaux s'étaient opérés. Dès lors la très grande majorité de la nation était réunie en un nombre relativement faible de souverainetés. Parmi les dix-huit ou dix-neuf cents états qu'énumère la géographie politique, une quinzaine seulement avaient réussi à grouper autour d'eux des intérêts sérieux et faisaient quelque figure dans le monde. Pour tous les autres, quelque bruyantes que fussent leurs revendications, comme elles ne répondaient à rien de réel, ils devaient s'évanouir au premier choc, sans que leur disparition laissât de regrets ou causât de scandale. En les rayant de la carte du monde, l'histoire se bornera à constater une mort déjà ancienne.

Il n'en était pas autrement de la Constitution impériale : elle avait été si souvent déchirée qu'elle ne formait plus qu'une loque, dont le moindre coup de vent devait disperser les lambeaux aux quatre coins de l'horizon. La « misère impériale » n'excitait même plus la pitié et les observateurs les plus superficiels suivaient au travers le travail de sourde végétation qui s'accomplissait jour par jour et qui tendait à substituer à un organisme fini un être nouveau, capable de longs pensers et de vastes desseins.

Seulement, et là était la véritable difficulté, bien plus que dans l'éparpillement de la souveraineté et l'émiettement du pouvoir, si l'ancien Empire n'était plus guère gênant, divers héritiers se disputaient sa succession, avant même qu'il fût enseveli; l'embarras venait, non pas des restes du passé, mais des matériaux de l'avenir. Dans cette espèce d'intérim qui durait depuis plusieurs siècles, des ambitions contradictoires s'étaient éveillées et des forces opposées avaient grandi, et, si toutes prévoyaient et désiraient une révolution, chacune la poursuivait à son profit. L'Autriche, la Prusse, les états secondaires, c'est-à-dire, en somme, ceux auxquels tout espoir de durée n'était pas interdit, comprenaient la nécessité d'un changement qui, en assurant à l'Allemagne un gouvernement central respecté, des finances régulières et une armée permanente, lui rendrait sa légitime influence en Europe; mais ils comptaient surtout faire leurs affaires en faisant celles du pays et que leur patriotisme leur servît. Leur rapacité inquiète et jalouse s'effrayait du moindre pas tenté vers un but qu'ils surveillaient eux-mêmes, mais qu'ils voulaient être les seuls à atteindre. Moins désireux encore de mettre la main sur la proie convoitée que de sauvegarder leurs espérances en déjouant les projets de leurs adversaires, leurs compétitions avaient prolongé jusque-là l'existence du Saint-Empire, et elles semblaient devoir assez longtemps encore lui assurer, sinon beaucoup d'autorité, du moins quelque sursis. On n'était plus ici en présence de fantômes, mais d'êtres jeunes, sanguins et robustes, qui ne se sacrifieraient pas sans révolte sur l'autel de l'unité, et dont les résistances seraient redoutables, parce qu'elles étaient dans une certaine mesure légitimes. La concentration de l'Allemagne ne commença à paraître possible que lorsque des catastrophes sans exemple dans l'histoire eurent brisé les anciennes barrières, brouillé les traditions et rapproché dans un moment d'épouvante et un transport de haine les ennemis les plus acharnés.

En attendant ces bouleversements que personne ne prévoyait et cette réconciliation contre l'envahisseur étranger, chacun bâtissait ses châteaux en Espagne et méditait son rêve.

Les princes secondaires furent les premiers à démontrer par leur conduite l'inanité de la constitution et à en précipiter la ruine par leur imprévoyante avidité. Leurs ressources étaient modestes, puisque le Wurtemberg ne comptait guère que 650,000 habitants, et que les électeurs de Bavière et de Saxe, de beaucoup les plus puissants, ne commandaient qu'à 2 millions de sujets, mais ils avaient eu chacun leur jour d'importance, et ils en gardaient comme un éblouissement. La Saxe se rappelait qu'elle avait un moment dominé toute l'Allemagne septentrionale, et le temps n'était pas éloigné où ses princes régnaient à Varsovie ; la Bavière avait joué à diverses reprises dans les affaires de l'Europe un rôle presque décisif, et elle se parait de la vieille amitié de la France dont les complaisances ne s'étaient pas démenties depuis près de deux siècles. Les Guelfes de Brunswick, la lignée de Hesse, les princes de Wurtemberg ou de Bade, les électeurs palatins, pour ne citer que quelques noms, possédaient tous parmi leurs ancêtres quelque illustre aventurier dont la gloire les consolait de leur médiocrité présente, ou quelque riche alliance qui leur ouvrait de brillantes perspectives. Ils étaient depuis longtemps dupes de l'ardeur avec laquelle les souverains étrangers briguaient leur alliance et de la largesse avec laquelle on leur prodiguait les subsides; et ils avaient été fascinés par le coup de théâtre qui avait transformé l'électorat de Brandebourg en une monarchie de premier ordre. Il leur manquait la ténacité persévérante et la rigide économie qui avaient fondé la puissance des Hohenzollern, mais ils n'en étaient que plus disposés à compter sur les caprices du hasard et à courir les entreprises lucratives.

Ils faisaient bon marché de leurs devoirs envers l'Empire, mais ils voulaient le simplifier, en annexant les états minuscules, et non le supprimer, parce qu'il était pour eux une garantie contre les envahissements de l'Autriche ou de la Prusse. Trop nombreux encore, trop divisés et trop médiocres pour accepter franchement l'idée d'une véritable confédération, trop égoïstes et trop dominés par le passé pour se résigner à une abdication même partielle, leur politique était obscure, incertaine et contradictoire. Ouvriers inconscients de l'unité nationale, chacun de leurs progrès était un acheminement vers la ruine qui les attendait, et ils repoussaient avec épouvante l'idée d'une évolution que leurs convoitises ne pouvaient s'empêcher de hâter.

Ils avaient réussi à créer autour d'eux une sorte de patriotisme local, fait surtout d'habitude, de paresse et d'intérêts égoïstes, mais assez réel encore pour gêner la naissance d'un patriotisme plus large et plus actif. — Non pas que les sujets de ces petits princes eussent en général fort à se louer de leurs souverains. Depuis longtemps la plupart d'entre eux n'apportaient sur le trône que des talents bornés et des âmes vulgaires, et leurs défauts naturels étaient développés par la situation fausse et mesquine dont leurs pauvres agitations ne parvenaient pas à les tirer. Leur tyrannie était à la fois plus dure parce qu'elle s'exerçait de plus près, et plus odieuse parce que les maux qu'elle imposait aux peuples n'étaient pas compensés par la grandeur des résultats poursuivis. Leur histoire a fourni à la chronique une ample récolte d'épisodes odieux ou ridicules, et, si l'on rencontre parmi eux quelques souverains animés d'un amour sincère du bien public, on y compte aussi nombre de fantoches fantasques ou repoussants.

Malgré tout, cependant, le temps avait fait son œuvre, groupé peu à peu les habitants autour de la dynastie, et les excès des princes n'avaient pas tué le loyalisme. Les souvenirs accumulés, les souffrances supportées en commun, le voisinage, les habitudes commerciales, l'identité des dialectes, avaient revêtu tous les sujets d'un même souverain d'une patine pareille, et, sans créer de véritables unités politiques, en donnaient au moins l'illusion.

Le tableau navrant que nous tracent les détracteurs des

petites cours germaniques est d'ailleurs poussé au noir, et leur sévérité ne tient pas assez compte des services rendus et des velléités louables. Tous les princes n'avaient pas méconnu leurs devoirs. A la suite de la guerre de Trente ans, beaucoup s'étaient courageusement attelés à en réparer les désastres, et les habitants leur étaient reconnaissants du très réel allègement de leurs misères. Depuis le milieu du xviii° siècle, sous l'influence des doctrines philosophiques, et plus encore de l'exemple donné par Frédéric II, le nombre des souverains éclairés avait augmenté : presque partout les princes fondaient des écoles, encourageaient l'agriculture, favorisaient le commerce et l'industrie. Leur autorité demeurait fort lourde, parce que leur intelligence était étroite, et leur intervention tracassière; mais elle ne soulevait aucune objection de principe, et les peuples ne marchandaient pas la reconnaissance à leurs bonnes intentions. Par une de ces contradictions qui fourmillent dans l'histoire de l'Allemagne au xviii° siècle, il se trouvait que l'amendement de ses petits princes lui devenait plus fâcheux que n'avait été leur despotisme fantaisiste, et qu'ils n'avaient jamais été plus dangereux pour la grandeur de la patrie que depuis qu'ils prenaient au sérieux leur mission souveraine.

Ils sentaient malgré tout le terrain vaciller sous leurs pieds et ils surveillaient avec une inquiétude croissante les deux grands états dont l'ambition guettait leur faiblesse. Placés entre l'Autriche et la Prusse également menaçantes, ils ne se maintenaient que par la jalousie de leurs ennemis communs; leur diplomatie, habile aux brusques revirements, passait tour à tour du côté où le péril semblait moins imminent, et se berçait de l'espoir que la rivalité des Hohenzollern et des Habsbourgs leur fournirait un jour l'occasion de se tailler une indépendance complète.

Dans cette lutte sourde, les Habsbourgs avaient un sérieux avantage : ils effrayaient moins. Par tempérament, par situation aussi, ils étaient moins agités, plus soucieux des traités et plus respectueux des droits acquis. Leur condition était assez bonne pour que, sans renoncer à l'améliorer, ils la prissent en patience. Quelque réduits que fussent les titres de la couronne impériale, elle leur conférait certains avantages

FRANCFORT. — LE RÖMER.

appréciables. Le choix des électeurs dans le Römer de Francfort faisait de l'archiduc d'Autriche le premier souverain de l'Europe, et la complaisance docile des clients qui soutenaient sa politique à Ratisbonne suppléait aux droits que lui refusait la constitution. Les chevaliers, les seigneurs ecclésiastiques, les villes, tous ceux qui bornaient leur ambition à prolonger quelque peu leur vie précaire et falote, acceptaient volontiers la protection de l'Empereur; la noblesse immédiate lui fournissait des officiers excellents, des généraux et des ministres; ses racoleurs levaient sur ces petits territoires des recrues fidèles et nombreuses. Ces sympathies, précieuses pour le moment, plus encourageantes pour l'avenir, étaient entretenues par l'Église, dont les Habsbourgs avaient partagé la fortune et qui maintenait encore sous son autorité une grande partie de l'Allemagne méridionale et occidentale. Ils n'avaient qu'à ménager prudemment les transitions; s'ils n'effarouchaient pas maladroitement les hésitants et les timides, un beau jour l'Allemagne, comme un fruit mûr, tomberait d'elle-même dans leurs mains, et ils disposaient de forces suffisantes pour écraser les résistances qui se produiraient.

Les historiens prussophiles, presque aussi sévères pour les Habsbourgs que pour les Bourbons, ont tracé une liste interminable de leurs péchés d'action ou d'omission contre l'Allemagne. Il est certain qu'ils étaient engagés dans des affaires trop lointaines et trop diverses pour ne pas mettre de temps en temps au second rang les rancunes ou les revendications de la race germanique. L'Allemagne était pour eux un moyen, non une fin, et, accomplie par leurs mains, l'unification eût pris des allures de conquête étrangère. Bien qu'ils n'eussent jamais témoigné une tendresse spéciale à leurs sujets slaves ou magyars, ils avaient laissé passer l'heure où il eût été peut-être possible de les germaniser, et, pour calmer les colères que suscitaient leurs essais tardifs de centralisation, ils durent consentir à des concessions successives qui accentuèrent encore le caractère hybride et composite de leur monarchie. Pour résister à cette poussée sourde qui les éloignait de l'Allemagne, ils ne trouvaient à peu près aucun appui dans leurs sujets d'origine germanique. Liés à l'Église romaine par leurs intérêts et leurs traditions, ils avaient pris à tâche de préserver leurs domaines de la contagion protestante ou libertine, et leur despotisme patriarcal avait eu aisément raison des molles résistances d'une population douce, aimable et gaie,

L'ALLEMAGNE AU XVIIIᵉ SIÈCLE.

mais dont les besoins intellectuels ont toujours été assez bornés. Vienne était dès lors une ville de plaisirs faciles, de grâces légères, que les soucis de la politique ou les problèmes de la philosophie tourmentaient peu : elle se consolait de la nullité de ses écrivains par la gloire de ses musiciens ; mais Haydn et Mozart lui-même expriment dans leurs œuvres charmantes la grâce imaginative et l'enjouement de peuples déjà à demi orientaux, et non les sublimes envolées d'une race de métaphysiciens, éprise d'idéal et d'action [1]. Les Habsbourgs comprenaient eux-mêmes la difficulté de fondre dans une même domination des pays dont le temps accusait toujours plus nettement les divergences et les haines ; mais, si la prudence leur recommandait, comme aux princes secondaires, une tactique de ménagements et d'attente, leur ambition ne s'en accommodait pas toujours, et leur politique, faite de brusques poussées et de retraites hâtives, les compromettait souvent sans profit.

HAYDN (François-Joseph) — 1732-1809.

---

1. Haydn (1732-1809); Mozart (1756-1791) : les Noces de Figaro, 1786; Don Juan, 1787; Cosi fan tutte, 1790; la Flûte enchantée, 1791. Comparez ces œuvres, qui sont comme le sourire de la musique, à celles des musiciens de l'Allemagne septentrionale : Bach, 1685-1750; Hændel, 1685-1759 (la Messiade, 1749).

L'attitude de la Prusse était plus nette, parce que sa situation était plus simple. Bien qu'elle affectât par occasion beaucoup de pruderie conservatrice, quand il s'agissait de s'opposer aux empiètements de l'Autriche, elle n'avait aucun goût pour la constitution impériale, dont chacun de ses triomphes avait nécessité la violation ou dénoncé la faiblesse. On le savait si bien qu'on finissait par excuser comme une nécessité de sa condition les entorses qu'elle donnait aux lois et aux traités, et on lui tenait moins rigueur de son effronterie qu'à l'Autriche de son hypocrisie. Dans ce pays peu favorisé par la nature, où l'Elbe, l'Oder et leurs affluents errent au milieu de marécages et de sables, sous ce climat rude et triste, sur ce sol maigre et pauvre, la race, déjà trempée par les longs combats dans lesquels elle avait arraché les Marches aux Slaves, leurs premiers habitants, et renforcée par les solides éléments qu'elle avait empruntés aux diverses tribus germaniques, avait exagéré ses qualités natives d'opiniâtreté hautaine, d'endurance et d'énergie. A plusieurs reprises, son œuvre avait été complètement rasée, sans que jamais la persistance du malheur lassât son acharnement. Nulle part la guerre de Trente ans n'avait

Mozart (1756-1791).

plus profondément raviné le sol, plus complètement ruiné la fortune publique : grâce à la ferme et adroite intelligence du Grand Électeur, à l'application têtue et à l'étroite économie de Frédéric-Guillaume, l'état s'était relevé avec une rapidité inouïe. Mais sa prospérité était en partie artificielle et devait longtemps exiger des soins spéciaux : création de ses princes, elle avait besoin d'être entretenue par un effort constant de leur volonté.

Sous Frédéric II, la conquête de la Silésie et l'annexion des provinces polonaises avaient plus que doublé la population de la Prusse et son territoire, mais ne lui avaient pas donné de frontières. Éparpillés de l'Occident à l'Orient, ses membres épars, qui, dans la pensée de ses rois, étaient autant de points d'attache et de postes d'attente, en leur permettant d'exercer leur action à la fois sur le Rhin et sur la Vistule, l'exposaient aux multiples attaques. Menaçante pour tous, elle était aussi menacée par tous; elle se savait condamnée sans cesse aux luttes suprêmes, — et c'était une de ses forces, — mais elle risquait d'y périr. Son armée, célébrée par les écrivains et copiée par les autres états, devait ses succès à la surveillance minutieuse de son roi plutôt qu'aux mérites intrinsèques de son organisation. Le budget était en équilibre, mais à condition d'épuiser les forces des contribuables et sans ces réserves latentes qu'assurent aux pays riches le bien-être général et l'industrie de leurs habitants. On eût dit qu'une secousse violente devait suffire pour abattre cet édifice : cette grandeur, poussée trop vite, avait quelque chose de factice et de malsain. Les admirateurs de la Prusse comme ses adversaires apercevaient le défaut de la cuirasse; on admirait sa vaillance, mais on augurait mal de ses destinées. Quand il s'agit d'elle, la comparaison qui revient le plus souvent est celle d'un météore, qui, après avoir brillé dans un ciel d'orage d'un éclat fulgurant, disparaîtra brusquement sans laisser de trace.

Un avenir prochain parut justifier ces prévisions pessimistes; en face de l'Autriche, que ses revers grandissaient et qui décourageait le malheur par son obstination, la Prusse, après une seule défaite, s'effondra lourdement et sembla réservée à servir de texte aux prédicateurs désireux de rajeunir le sermon classique sur la vanité des choses humaines. Le malheur lui fournit l'occasion de prouver que la rude école à laquelle ses maîtres l'avaient soumise n'avait pas été perdue. Par leurs exemples, comme par leurs exigences, les Hohenzollern avaient forgé plus qu'un état, un peuple. De tous les pays allemands, la Prusse était le seul où l'idée de patrie fût autre chose qu'une abstraction sonore et une banalité de rhétorique : à tous les degrés de la société, l'idée du bien public avait plus ou moins pénétré les âmes, et, si elle aspirait à l'hégémonie, c'est parce qu'elle sentait en elle assez de dévouement et d'avenir pour en assumer les devoirs. Ses hautes ambitions soulevaient autour d'elle quelque raillerie, mais on les jugeait prématurées plus que ridicules. Bien qu'elle comptât dès lors parmi ses sujets bon nombre de Polonais, elle n'était pas comme l'Autriche une puissance à demi slave, et ses conquêtes, où elle ne se perdait pas, lui étaient un titre de plus à la reconnaissance de la race germanique. Ses voisins ne l'aimaient guère et l'alliance qui soumettra les peuples du Sud à cette nation rude et impérieuse, batailleuse et réaliste, ne sera jamais qu'un mariage de raison et non d'inclination, mais on en discutait la pensée sans scandale.

On comptait d'ailleurs sur un long répit. L'opinion générale, — fort vraisemblable, — était que le *statu quo* serait maintenu par l'équilibre des intérêts qui en poursuivaient la ruine. Une révolution radicale paraissait nécessaire et impossible. Le développement et les progrès d'un certain nombre d'états viables, après avoir été une condition préalable de l'unité, en empêchaient la réalisation : l'histoire aboutissait à une impasse. L'anarchie traditionnelle semblait incurable, parce qu'elle avait pour garants les jalouses susceptibilités des puissances qui n'en réclamaient la réforme que pour fonder ainsi leur propre domination. L'Allemagne risquait d'étouffer au milieu de ce bourgeonnement maladif de convoitises et de projets : elle périssait de pléthore et non d'anémie. Sa vie politique présentait à ce point de vue une remarquable ressemblance avec sa vie intellectuelle, et s'expliquait de même par le tempérament de la race, « plus capable d'invention que de règle », et le caractère de l'époque, où, suivant les paroles de Mme de Staël, « il y avait trop d'idées neuves et pas assez d'idées communes ».

Ces difficultés n'étaient pas insurmontables et elles furent en grande partie résolues le jour où du conflit des intérêts se dégagea nettement la volonté populaire. Mais, en 1789, comment cette volonté se serait-elle manifestée, puisqu'il n'y avait pas encore de peuple? Malgré les progrès de la richesse publique, l'immense majorité des habitants végétait dans l'ignorance et la misère, trop méprisée pour que ses désirs obscurs pesassent de quelque poids dans la balance, trop absorbée aussi par les soucis de l'existence matérielle pour se préoccuper beaucoup des questions générales. Les timides efforts des quelques princes, qui avaient essayé d'améliorer la situation des populations rurales, avaient presque absolument échoué contre les résistances de la noblesse; le servage était encore la règle dans une grande partie du pays, et là même où il avait disparu, la condition des paysans n'était guère plus favorable. Non seulement ils n'ont pas conquis la propriété du sol qu'ils labourent, mais leur liberté individuelle est soumise aux plus odieuses restrictions. Les redevances et les corvées accablantes, les ravages du gibier, les caprices de la législation, le poids et la mauvaise répartition des impôts, l'incertitude et l'inégalité de la justice, l'état déplorable des routes, les monopoles et les douanes multipliés arrêtent les échanges et paralysent tout esprit d'entreprise; les famines ne sont pas rares; la cherté de 1771 et 1772 enlève en Saxe 150,000 personnes, un douzième de la population. Les villes étouffent sous l'abus de la réglementation, les fantaisies économiques des princes, les privilèges des patriciats et l'égoïsme inquiet des corporations. L'avant-garde du peuple a marché d'un pas trop rapide : la masse s'essouffle à la suivre et y renonce, trop éloignée pour la renforcer et presque indifférente à sa gloire. Et sans doute à toutes les époques, les révolutions sont préparées et accomplies par les classes dirigeantes, mais encore faut-il qu'elles soient comprises et soutenues par la foule. Or que représentait, pour ce troupeau, esclave de ses ignorances, de ses préjugés et de ses misères, l'Allemagne, son indépendance et son unité?

Où sont d'ailleurs les chefs qui l'instruiront et l'entraineront? — Herder comparait la littérature de son temps à ces oiseaux de paradis qui n'ont pas de pieds et qui sont condamnés à planer dans les airs. Tout enivrés par la beauté entrevue des horizons lointains, les grands écrivains du xviii° siècle craindraient de dégrader leur idéal en le ramenant vers la terre ; leur génie dédaigne de s'abaisser aux questions politiques, et ils se croient quittes envers les masses profondes, dans lesquelles ils vénèrent la permanence des instincts primitifs, en incarnant en eux-mêmes les forces naïves qu'elles recèlent.

L'avenir de l'Allemagne à la fin du xviii° siècle restait donc encore obscur et incertain. A la fois objet d'admiration et d'ironie, elle donnait au monde le spectacle extraordinaire d'un magnifique développement intellectuel et d'une complète impuissance politique. Elle ne pouvait être délivrée de l'anarchie où elle languissait que par le triomphe d'un des états qui avaient grandi à l'ombre de l'Empire, et leurs rivalités les réduisaient à une politique équivoque d'hésitations et d'atermoiements. Ces rivalités, une opinion publique nettement consciente les aurait conciliées ou écartées, mais une opinion publique suppose des groupes organisés, des chefs reconnus et une nation soucieuse des intérêts publics, et rien de tout cela n'existait. Avec la puissance d'être libre, elle n'en avait pas la volonté : ce fut la Révolution française qui la lui donna.

Perthes l'a dit avec raison : « Lorsque le vent d'automne souffle à travers la forêt, ce qu'il emporte, ce sont les branches mortes et les rameaux desséchés, et ce n'est pas à la violence de l'ouragan que les bourgeons de l'année suivante doivent leur sève. » La faculté crée le besoin. L'unité politique de l'Allemagne était une conséquence fatale de son unité morale, et la Révolution française n'en a ni l'honneur ni la responsabilité. Ce qui demeure, c'est qu'elle en facilita et en précipita l'éclosion. Elle fut l'accoucheuse de cette nationalité, mûre pour la vie.

Avant tout, par l'exemple, par la secousse prodigieuse qu'elle imprima à l'humanité. A la Déclaration des droits de l'homme, un frisson d'espérance et de foi fit tressaillir l'Europe entière ; puis, comme l'ancien régime, un moment déconcerté, n'accepta pas sa défaite, la Révolution, menacée, prit l'offensive et porta loin des frontières de la France le fer, la flamme et la liberté. L'émotion première, qui sans cela fût promptement tombée, fut entretenue par cette longue période de combats. La destruction des principautés infimes déblaya le terrain, et les remaniements incessants de territoires substituèrent à un particularisme étroit l'idée nationale. Écrasés sous le même joug, les Prussiens et les Saxons, les Bavarois et les Autrichiens, les Hessois et les Souabes communièrent dans une haine commune contre l'étranger.

Sans doute, au lendemain même de la victoire, les jalousies reparurent ; mais certains souvenirs sont inoubliables et les combinaisons des diplomates au congrès de Vienne ne parvinrent pas à les effacer. La constitution fédérale de 1815 eut beau multiplier les précautions pour assurer l'autonomie des divers états, elle ne supprima pas Leipzig. La main de l'envahisseur avait été trop lourde, l'humiliation de la conquête trop insupportable ; on était bien résolu à ne plus subir pareille misère ; la vague unité morale qui rattachait jadis les peuples de l'Empire avait fait place à des désirs concrets. On voulait une armée redoutable, des forteresses, un chef unique, respecté et craint au dehors.

« Une conquête, dit Montesquieu, peut détruire les préjugés nuisibles et mettre une nation sous un meilleur génie. » Ce fut précisément l'œuvre de la domination française en Allemagne. S'il est vrai, comme il le dit encore, « que la loi soit l'expression nécessaire des rapports qui dérivent de la nature des choses », il était contraire au droit que le peuple de Kant, de Herder et de Gœthe fût réduit à un rôle insignifiant ou ridicule; le jour ne pouvait pas être éloigné où il renverserait d'un coup d'épaule les barrières dans lesquelles avait prétendu l'enfermer une diplomatie trop adroite. « La conquête laisse toujours au conquérant une dette immense à payer pour s'acquitter envers la nature humaine. » La France sanctifia ses victoires en balayant les derniers obstacles qui arrêtaient encore le développement politique de l'Allemagne ; elle les justifia en donnant au monde un peuple nouveau.

Elle avait cependant le devoir et le droit de réserver sa propre sûreté ; les dons qu'elle apportait à l'Allemagne étaient assez magnifiques pour qu'elle fît ses conditions. La pensée des Conventionnels, telle qu'elle se dégage des hésitations qu'expliquent assez les chances des combats et les ressouvenirs des anciennes traditions diplomatiques, était d'unir dans une sainte alliance des peuples l'Allemagne transformée et la France agrandie ; elle était réalisable à ce moment, parce qu'elle ne lésait aucun droit réel et que les annexions françaises n'eussent laissé ni au dedans ni au delà des frontières des haines inapaisables. Le malheur des révolutionnaires et leur faute furent de ne pas prévoir Napoléon. Les destinées de l'Europe eussent été changées si, dans une heure fatale de fatigue et d'abdication, les représentants de la France ne se fussent laissé jouer par Bonaparte.

CHAPITRE II

L'ALLEMAGNE ET LA RÉVOLUTION FRANÇAISE

Enthousiasme provoqué en Allemagne par la Révolution française : premières désillusions. — La propagande française. — Les difficultés diplomatiques : l'émigration, la question d'Alsace. — Les cabinets et la situation politique en 1789 : la Prusse, Frédéric-Guillaume II, M. de Hertzberg et les Rose-Croix. — L'Autriche, Joseph II et Léopold II. — La guerre de Turquie et la convention de Reichenbach. — La rupture avec la France : les responsabilités. — L'armée prussienne, le duc de Brunswick et la bataille de Valmy [1].

Jamais l'Europe n'a subi avec une complaisance plus manifeste qu'au moment de la Révolution « la magistrature » que la France a si souvent exercée sur elle. Dans un élan de foi, le monde civilisé se prosterne devant les prophètes de la liberté et de l'égalité. Leur *credo* était si simple qu'il subjuguait les esprits les plus lents, si vaste qu'il séduisait les cœurs les plus hauts : il satisfaisait les besoins essentiels de la nature humaine, le besoin de comprendre et celui d'espérer. Leur conviction était si ardente qu'elle ne supposait pas la discussion, et, par là, la supprimait. L'âme humaine, toujours tiraillée entre l'instinct de notre grandeur et le sentiment de notre misère, que se disputent sans cesse la passion de la foi et l'horreur de l'abdication, tressaillait à l'appel de ces sec-

---

[1]. Sybel, *Gesch. der Revolutionszeit* (il a paru une traduction française, mais la dernière édition allemande renferme d'importantes rectifications); Häusser, *Deutsche Geschichte vom Tode Friedrich's des Grossen bis zur Gründung des deutschen Bundes;* Treitschke, *Deutsche Geschichte im neunzehnten Jahrhundert,* t. Ier. — Albert Sorel, *l'Europe et la Révolution française.*
Pour ce chapitre, consulter en particulier : Wenck, *Deutschland vor hundert Jahren et Deutschland während der Revolutionszeit;* Philippson, *Gesch. des preussischen Staatswesens;* Sorel, *la Question d'Orient au* XVIIIe *siècle;* Hüffer, *Lombard und die Kabinetsregierung in Preussen;* Chuquet, *les Guerres de la Révolution.*

taires qui, convaincus d'être affranchis de tout dogme et de tout système et se vantant de ne puiser qu'en eux-mêmes leurs lumières et leurs ressources, remplaçaient par le culte de la Raison les idoles renversées.

Nulle part l'enthousiasme ne fut aussi spontané et aussi universel qu'en Allemagne. Depuis plus d'un siècle et demi, elle s'était habituée à demander à la France les règles de sa vie comme les formules de son goût ; Frédéric II avait en vain essayé de mettre en garde ses compatriotes « contre cette passion qui, portée jusqu'à l'excès, dégénère en fureur ». Singulier scrupule chez cet admirateur de Voltaire ! On suivait son exemple plus que ses conseils. Il est vrai que, depuis le milieu du siècle, en même temps que les fautes de notre diplomatie compromettaient notre influence politique, les chefs de la nouvelle école littéraire protestaient avec acrimonie contre l'hégémonie étrangère ; mais on ne secoue pas aisément une déférence si ancienne. En dépit des bravades d'une indépendance affectée, le français ne perd pas ses droits outre-Rhin : nos livres traînent partout, dans le cabinet des diplomates comme dans les chambres des savants ou les boudoirs : c'est en français que Kaunitz donne ses instructions aux ambassadeurs autrichiens, et Marie-Thérèse, ses conseils à ses filles. Même après Rosbach, les princes cherchent à Versailles, en même temps que des subsides, des leçons et des exemples; ils font venir de France leurs artistes, leurs danseurs, leurs maîtresses ; les aventuriers français trouvent dans les cours germaniques une sympathie nuancée de respect, donnent le ton, dictent la mode, raillent les souverains, dont la hauteur s'humanise devant leur insolence.

L'entraînement gagne de proche en proche, la bourgeoisie après la noblesse et les sujets après les maîtres. Montesquieu, Voltaire, Diderot, Raynal, Mably, Rousseau sont dans toutes les mains ; on s'imprègne de leurs méthodes, on s'échauffe à leurs ardeurs ; traduites, commentées, leurs œuvres sont le

VIENNE. — MONUMENT DE MARIE-THÉRÈSE.

fonds commun où puisent les écrivains, romanciers, pamphlétaires, auteurs dramatiques; mises à la portée de toutes les intelligences, adaptées à la situation respective des divers pays, elles se glissent insidieusement dans les classes les mieux fermées, dans les esprits les plus rebelles, et, bien longtemps avant la crise décisive, elles préparent la complicité de l'opinion. Tout conspire à favoriser l'expansion des idées nouvelles, les bizarreries d'un régime qui semble un défi au sens commun et autorise le désir de tous les bouleversements, le morcellement de l'Empire et l'enchevêtrement des territoires qui rendent à peu près impossible une surveillance rigoureuse, les réformes des princes éclairés, qui, pompeusement annoncées et incomplètes, entretiennent une exaltation générale sans la satisfaire. Le ton des polémiques s'échauffe et s'élève. Pourquoi, au milieu de la poussée unanime des peuples vers l'avenir, l'espoir serait-il interdit à l'Allemagne seule? Sur cette eau stagnante, des risées courent; agitation toute de surface encore, mais qui peu à peu atteindra les couches plus profondes.

La vigilance des gouvernements n'arrête pas aux frontières l'esprit d'indépendance qui agite le monde entier. Dans la seconde moitié du xviiie siècle, quelques diètes protestent çà et là contre les empiètements des princes et, bien qu'elles ne représentent le plus souvent qu'une caste privilégiée, la foule salue en elles la liberté qu'elles défendent. Les philosophes et les poètes parlent au peuple de ses droits. Pour Kant, l'histoire universelle se résume dans l'effort de la nature pour rapprocher toujours plus les hommes d'une constitution libérale et juste; les premières pièces de Schiller, *les Brigands, Fiesque, Intrigue et Amour*, sont nettement révolutionnaires; Gœthe prend pour héros, après *Gœtz de Berlichingen, Egmont*, l'adversaire du despotisme politique et religieux de Philippe II.

La presse est fort jeune, inexpérimentée, soumise aux caprices intermittents d'une censure ombrageuse. Le secret dont s'entourent les journalistes, les complaisances par lesquelles ils achètent l'incertaine et dédaigneuse tolérance des princes, le nombre « de mystères d'état » dont il leur est interdit de s'occuper, leurs craintes de voir se rompre « le fil de soie » qui retient l'épée toujours suspendue sur leur tête, montrent assez combien le despotisme est susceptible et inquiet. — Malgré tout, les pamphlets se multiplient, les feuilles périodiques deviennent plus hardies et, plus intéressantes, sont lues avec plus d'attention. Les critiques de la *Correspondance* et des *Annonces politiques* de Schlözer inspirent une terreur salutaire aux petits potentats; Justus Möser, Schubart, Weckerlin, Ch.-Fréd. Moser étendent peu à peu les limites de leurs audaces.

En dépit des différences que créent entre les divers publicistes le caractère, la situation et les tendances, ils travaillent tous à une œuvre commune, et cette œuvre est la même que celle qu'ont entreprise les Encyclopédistes; c'est à Paris qu'ils cherchent le mot d'ordre, et on croirait que leur rôle se borne à adapter aux goûts et aux besoins de la province le programme de la capitale; des deux côtés du Rhin, ce sont les mêmes passions, les mêmes axiomes, les mêmes lacunes, les mêmes procédés de raisonnement. L'union des pensées est si intime entre les deux peuples que c'est en Allemagne que les idées françaises arrivent à leur expression la plus adéquate. « Un trait de plume de votre main, dit le marquis de Posa à Philippe II, et le monde est de nouveau créé; Sire, vous aurez fait ainsi de votre peuple le plus heureux de la terre et votre devoir alors sera de subjuguer l'univers. » A la lumière des vers de Schiller, nous entrevoyons toute la foi des Constituants et la politique de la Convention.

Au milieu du bouillonnement général, deux grands courants. — L'école rationaliste et idéaliste a son poète inspiré dans Schiller et son théoricien dans Kant; très sévère pour les abus de l'ancien régime et dédaigneuse de la tradition, elle s'inspire directement des Encyclopédistes, dont elle partage l'audace réformatrice, la confiance dans la volonté humaine, le culte

Schiller (Jean-Frédéric) — 1759-1805.

des principes généraux et des axiomes tranchants, la générosité naïve et impatiente ; ses goûts littéraires mêmes, qui se plaisent aux pensées sonores et aux images grandiloquentes, sont agréablement chatouillés par la phraséologie déclamatoire des révolutionnaires français. — L'école de Herder et de Gœthe, dont la psychologie est moins enfantine et qui comprend mieux l'influence que conservent les souvenirs anciens,

MAISON DE SCHILLER, A WEIMAR.

éprouve, au contraire, une instinctive défiance pour les bouleversements radicaux; mais ses chefs les plus illustres n'ont pas encore une vue bien claire de leurs propres principes, qui ne se préciseront que plus tard, lorsque la Révolution française aura démontré ce qu'il y a d'incomplet et d'insuffisant dans le mécanisme des Encyclopédistes. D'ailleurs, si le développement naturel de leurs idées doit faire des romantiques allemands les adversaires des doctrines rationalistes, ils n'en sont pas moins tributaires de la France; disciples de Rousseau et de Diderot, ils n'en répudient pas encore l'héritage révolutionnaire et, au début, ils ne refusent pas leur admiration à un mouvement qui leur paraît légitime par cela seul qu'il est le produit d'un développement social antérieur. Leur amour pour le passé se garde à ce moment de toute superstition; comme Schiller, Herder croit au progrès. Si bien qu'en dernière analyse les dissonances se fondent dans un hymne d'allégresse, à la nouvelle des premières victoires remportées sur l'ancien régime par les États généraux et l'Assemblée constituante.

Ses audaces, loin d'indigner ou d'effrayer, ne surprennent même pas. Wieland n'a-t-il pas prophétisé qu'avant peu « on verrait se réaliser ce qui ne semblait que l'hallucination d'un radoteur cosmopolite », et Schubart, qu'on enterrerait le siècle au son du tocsin? Quand l'heure annoncée sonne enfin, un cri de joie lui répond : la prise de la Bastille et la nuit du 4 août excitent un enthousiasme bruyant. Jean de Müller, historien, fort ami de la tradition par profession et par caractère, appelle le 14 Juillet « le plus beau jour de l'humanité depuis la fin de l'empire romain », et il juge que la liberté « n'a pas été payée cher de quelques châteaux et de la vie de quelques coupables ». Schlözer, fort modéré, qui a blâmé la révolte des États-Unis, n'est pas moins optimiste : « On ne guérit pas des cancers avec de l'eau de rose, et le sang versé, — infiniment moindre que celui qu'ont coûté les guerres injustes de Louis XIV, — doit retomber sur la tête des despotes et de leurs auxiliaires. » A ce langage des modérés, on devine l'émotion des poètes, des jeunes gens, des femmes : « Je ne sais où me tourner, écrit Caroline Böhmer à sa sœur; les journaux d'aujourd'hui annoncent de si grandes choses, si inouïes, si magnifiques, que je suis sortie toute brûlante de cette lecture. » En 1790, on célèbre à Hambourg l'anniversaire de la chute de la Bastille; dans les rues de la ville une longue procession se déroule; les femmes, en robes blanches, portent les couleurs françaises; en tête du cortège, Klopstock, avec la cocarde tricolore, salue « le nouveau soleil, celui que personne n'avait rêvé. Pardonnez-moi, Français! si j'ai jadis conseillé aux Allemands de secouer votre influence ; je les supplie aujourd'hui de vous imiter... La Gaule se pare d'une couronne civique qu'aucune n'égale, plus éclatante, plus radieuse que celle que le sang a flétrie... Ce que je sentais comme enfant, ce que j'ai essayé de traduire dans mes vers, soulève maintenant l'âme d'un peuple. »

On évaluait dès lors, d'après des statistiques d'ailleurs fort approximatives, à 7,000 le chiffre des écrivains en Allemagne. Par entraînement, par conviction, par jalousie de caste aussi, vanité professionnelle ou rancunes mesquines, ils entonnent le cantique de Siméon; dans cette fanfare triomphale, la voix timide des quelques dissidents qui se réservent se perd étouffée. La bourgeoisie est gagnée d'avance ; la noblesse, les fonctionnaires, l'armée sont entamés; des officiers de la garde à Potsdam donnent à leurs fils les noms de Décius et de Brutus. « O rois, s'écrie Iénisch, prédicateur à l'église Sainte-Marie et bon patriote prussien, tous les cœurs ne sont pas morts pour les grands sentiments de l'humanité et leurs droits sacrés. Oh! assurez vos trônes par la bonté et la justice. L'Anglais apprend la révolution et il pense à son Amérique ; l'Allemand l'apprend et il grince des dents dans ses chaînes et soupire : ô Allemagne. » L'émotion atteint les classes inférieures : « Pendant longtemps, dit une épigramme de Gœthe, composée vers 1790, les grands parlaient le français et n'avaient qu'une médiocre estime pour l'homme qui ne l'avait pas toujours à la bouche. Cette langue de France, aujourd'hui tout le peuple enthousiasmé la balbutie ; ne vous plaignez pas, riches et nobles : ce que vous demandiez est arrivé. »

Les journaux, recherchés avec avidité, sont discutés avec passion : les Droits de l'homme, imprimés sur un mouchoir, deviennent, à la foire de Francfort, un article recherché; au moment de l'élection de Léopold, lors de l'entrée solennelle des électeurs, la foule raille cette mascarade surannée et poursuit de ses sarcasmes le cortège funèbre du vieil Empire. Le plus grand poète de l'Allemagne a chanté dans des vers admirables « la radieuse espérance » qui avait, dans ces premiers mois, ravi les âmes. « Qui peut nier que son cœur se soit épanoui, qu'il l'ait senti battre plus librement dans sa poitrine aux premiers rayons du nouveau soleil, lorsqu'on entendit parler d'un droit commun à tous les hommes, de la liberté qui exalte et de la précieuse égalité. Alors chacun espéra vivre de sa propre vie; elle sembla se briser la chaîne sous laquelle tant de nations gémissaient asservies et que l'oisiveté et l'égoïsme tenaient dans leurs mains. Dans ces jours de tempête, tous les peuples n'avaient-ils pas les yeux fixés sur la capitale du monde, qui l'avait été si longtemps et qui méritait plus que jamais ce titre magnifique? »

L'arrivée des émigrés vint à point pour contrebalancer l'effet fâcheux produit par la persistance des désordres. Plus que froidement accueillis par l'Empereur et le roi de Prusse, ils reçurent un accueil fastueux chez les petits souverains des provinces rhénanes, chez les princes ecclésiastiques en particulier. L'évêque de Strasbourg, l'électeur de Mayence, dont on vantait auparavant le gouvernement éclairé, Clément-Venceslas, archevêque de Trèves, offrirent une tumultueuse hospitalité à ces fuyards de la première heure, dont rien encore n'excusait le départ et qui affichaient la volonté de rétablir avec les armées étrangères leurs privilèges détestés. Ils donnèrent à leurs hôtes le spectacle en raccourci des sottises et des vices qui avaient peu à peu exaspéré contre eux l'opinion : « On a de la peine, disait Wieland, d'humeur si placide, à comprimer à dents serrées les colères qui vous prennent à la vue de tous les scandales que ces gens-là se sont permis sur notre sol. Veut-on peut-être faire l'expérience aussi dangereuse qu'inutile de savoir le point où la patience allemande ne peut plus se contenir ? »

L'anarchie, les massacres, la lutte furieuse des partis ne déconcertent pas les partisans de la Révolution, et les écrivains ne sont pas rares qui, tout en condamnant les excès, en cherchent l'excuse et défendent les principes nouveaux. Kant, qui, suivant la légende, avait été si frappé par les événements de 1789, qu'oublieux de ses spéculations métaphysiques et de la régularité immuable de sa vie, il se détournait de l'ordre immuable de ses promenades pour aller au-devant du courrier qui apportait les nouvelles de France, reste fidèle à son culte de la raison et ne faiblit pas dans sa haine contre les privilèges et la tyrannie. En pleine Terreur, Fichte, son disciple, le futur héraut des guerres de l'Indépendance, proclame dans la Révolution une poussée admirable de l'humanité vers la justice et le progrès. Schiller, tout en songeant à écrire un plaidoyer pour Louis XVI, s'indigne contre ceux qui devant lui osent traiter de brigands les Conventionnels.

La fin du XVIIIe siècle est marquée par une recrudescence imprévue du mysticisme : cette génération, qui avait passé sa vie à combattre la religion, finissait par la superstition ; il n'était question que d'associations mystérieuses, de conjurations secrètes, de compagnies occultes. Il s'était formé en Bavière, vers 1776, pour combattre les Jésuites, une association secrète, les Illuminés, qui n'étaient au début qu'une branche de la Franc-Maçonnerie : la réaction stupide qui suivit l'avènement de Charles-Théodore (1777-1799) favorisa parmi eux le triomphe des idées radicales, et les persécutions odieuses qui suivirent la suppression de la société en 1785 exaltèrent encore les esprits ; traqués par la police, irréconciliables avec un régime aussi absurde que violent, quelques anciens membres de l'ordre cherchèrent à diverses reprises à entrer en contact avec les révolutionnaires : c'est à eux peut-être que le ministre Lebrun faisait allusion quand il déclarait qu'il fondait sa politique « sur la haine des gouvernements pour nos principes et sur les secrètes dispositions des peuples à les adopter ». Pendant plusieurs années, une sourde agitation se maintient en Bavière et dans les provinces voisines. Les luttes politiques qui agitent Strasbourg ont un certain retentissement de l'autre côté du Rhin : quelques aventuriers et quelques cerveaux brûlés étaient accourus en France et, par calcul ou par passion, travaillaient à recruter des prosélytes dans leur pays d'origine. Le terrain ne leur était pas défavorable ; dans les régions occidentales et méridionales, en particulier, d'évidentes sympathies accueillaient leurs appels. Il est absurde et injuste d'expliquer par l'esprit de trahison et de servilité la facilité avec laquelle notre domination sera acceptée plus tard ; les regrets de l'indépendance perdue s'effacent souvent devant la reconnaissance qu'inspirent les réformes accomplies et la suppression des abus.

La terreur et le parti pris ont singulièrement exagéré cependant ces tentatives isolées de propagande. Les Jacobins eux-mêmes prirent plus au sérieux qu'il ne convenait l'émotion à fleur de peau qu'avait soulevée la Révolution, et ils virent le signal d'une insurrection imminente dans ce qui n'était qu'une admiration platonique pour des principes abstraits. La passion des Allemands pour la liberté, plus bruyante que profonde, était un amour de tête qui s'évaporait en ballades à la lune. Les plus ardents en avaient l'instinct, et c'est précisément parce qu'ils avaient la conviction secrète que leurs audaces n'auraient aucun retentissement dans la réalité qu'ils lâchaient la bride à leur fantaisie. « C'était l'époque, dit l'un des hommes qui ont le mieux étudié cette période, où les professeurs de droit public les plus conservateurs se croyaient tenus d'abord de s'acquitter envers la Raison par une préface dans laquelle ils professaient les doctrines les plus hardies. » Le peuple était encore trop misérable, l'éducation politique trop peu avancée, la classe moyenne trop peu nombreuse et trop timide,

pour que toute cette ébullition ne s'évanouît pas en fumée.
  Surtout la division du pays était trop grande pour permettre la formation de ces grands courants d'opinion qui sont la condition nécessaire d'une révolution. Chez les Allemands, la réflexion est si active qu'ils y trouvent longtemps une satisfaction suffisante; les novateurs les plus hardis gardaient au cœur une certaine tendresse pour leurs souverains. « Il manque aux Allemands beaucoup de qualités que les admirateurs des Français vantent en eux, écrivait un publiciste pénétrant, mais ils ont du moins une vertu qui semble manquer totalement aux premiers, ils sont fidèles. » Henri Heine nous a tracé un tableau saisissant de l'état d'esprit des habitants de Düsseldorf, quand Murat y remplaça l'électeur palatin : « Dans ce temps-là, dit-il, les princes n'étaient pas des personnages tourmentés comme ils le sont aujourd'hui. La couronne leur poussait sur la tête et y tenait fermement. La nuit, ils mettaient un bonnet de coton par-dessus et dormaient tranquillement, et tranquillement à leurs pieds dormaient les peuples ; et quand ceux-ci se réveillaient le matin, ils disaient : « Bon-« jour, père. » Et les princes répondaient : « Bonjour, chers « enfants... » Un matin, quand nous nous réveillâmes et que nous voulûmes dire : « Bonjour, père ! » le père était parti et dans toute la ville régnait une sourde stupéfaction. Tout le monde avait une mine funèbre et les gens s'en allaient silencieusement sur le marché et y lisaient un long papier, affiché sur la porte de la maison de ville... Un vieil invalide du Palatinat lisait à peu près à haute voix, et, à chaque mot, une larme bien claire découlait sur sa blanche et loyale moustache. J'étais près de lui et je pleurais avec lui, et je lui demandai pourquoi nous pleurions. Il me répondit : « L'Électeur « remercie ses sujets de leur loyal attachement. » Puis il continua de lire et, à ces mots : — et il les dégage de leur serment de fidélité, — il se mit à pleurer encore plus fort... Pendant que nous lisions, on enleva l'écusson électoral qui décorait

l'hôtel de ville. Tout prit un aspect inquiétant et désolé : on eût dit qu'on s'attendait à une éclipse... J'allais me coucher en pleurant, et dans la nuit je rêvais que le monde allait finir. »

C'est une disposition analogue que nous rencontrons dans une grande partie de l'Empire. Personne ne songe à porter la main sur l'ancienne constitution; d'ailleurs on ne saurait trop comment la remplacer. Les plus hardis craignent que, si on supprime les barrières qui retiennent la nation, elle ne s'écoule, matière confuse et inerte, dans une sorte de chaos. « La France, disait Wieland, est au moins protégée dans toutes les catastrophes par la ferme volonté de la majorité d'être une nation; dans de semblables circonstances, l'Allemagne se morcellerait et deviendrait la proie de l'étranger. » L'Allemagne, remarque un autre écrivain, n'a pas de Paris, pas de centre commun de sa puissance, de ses plaintes, de ses désirs, « nous avons autant de peuples, autant d'intérêts multiples et divergents, autant de griefs que nous avons de princes ». De fait, les quelques émeutes qui éclatent çà et là affectent un caractère tout local; dans ce milieu particulariste, les idées révolutionnaires se déforment et ne servent qu'à relever le ton des revendications provinciales.

La première surprise passée, la vie reprend son trantran monotone : les partis, un moment confondus, reviennent à leurs anciennes querelles; les écoles se reconstituent. En face des libéraux et des rationalistes que déconcertent les nouvelles de Paris, et qui, timidement et sans grande conviction, plaident les circonstances atténuantes, les écrivains les plus illustres commencent à protester contre les doctrines de la Convention et reprennent la lutte commencée depuis un demi-siècle contre l'influence française. Gentz[1], après avoir été un admirateur de la Constituante, traduit en 1793 le pamphlet célèbre de Burke,

---

1. 1764-1832. Écrivain de premier ordre, intelligence supérieure, mais esclave de ses besoins et de ses passions. Ses idées, ses talents et ses vices le prédisposent à être l'instrument de Metternich et le coryphée de la Sainte-Alliance.

et, dans une préface qui fait époque, oppose aux théoriciens, qui prétendent plier le monde à leurs lois inflexibles, les droits de l'histoire et les besoins divers des nations. Au nom des idées évolutionnistes qu'avait aperçues leur maître et qui, peu à peu, pénètrent le génie allemand, les disciples de Herder s'insurgent contre le bonheur banal qu'on veut leur imposer. Leur résistance, au début, est tout abstraite et théorique, comme avait été leur adhésion. Grandis au milieu d'idées cosmopolites, ils ne parviennent que lentement à s'en dégager, et, comme leur haine pour la Révolution se manifeste surtout par une violente réaction contre la philosophie rationaliste, elle aboutit tout d'abord, en exaltant le sentiment et la passion, à affaiblir les caractères et à énerver les forces de résistance. Seule, la dure école à laquelle Napoléon soumettra l'Allemagne leur donnera, avec la conscience de leurs devoirs, l'idée du sacrifice et le culte de la patrie.

Gentz (Jean-Frédéric) 1764-1832.

En 1792, suivant l'ingénieuse comparaison d'un historien, ils avaient un levier, mais n'en soupçonnaient pas la puissance : auraient-ils eu d'ailleurs la tentation de s'en servir qu'ils auraient vainement cherché un point d'appui. Pour que les vagues instincts de résistance qui commençaient à se manifester çà et là prissent une forme politique concrète, il fallait d'abord que la chute du Saint-Empire et la disparition d'une foule d'états minuscules eussent déblayé le sol des broussailles qui obstruaient l'horizon ; il fallait surtout que les armées françaises, « qui traversèrent joyeusement le monde en chantant et en faisant sonner leur musique, » eussent jeté à pleines mains sur leur passage les semences de l'avenir. En écoutant le tambour Legrand, les peuples comprirent le sens réel des idées et des formules qui n'étaient auparavant pour eux que de vagues abstractions. La France, dit M. A. Sorel, dont les travaux aussi consciencieux que pénétrants ont soulevé une si légitime admiration, en répandant le goût de la liberté, créa le besoin de l'indépendance, et par conséquent le droit à l'insurrection : la liberté pour les Allemands, c'était avant tout la constitution d'un état respecté et puissant, la formation d'une patrie ; la conquête française devint d'autant plus odieuse que les résultats en étaient plus heureux pour les vaincus : à mesure qu'ils comprenaient mieux la prédication des révolutionnaires, leurs prosélytes défendaient avec plus de passion contre eux leur langue, leurs traditions, leurs souvenirs. « La révolution, qui consistait en France à briser avec le passé, consista pour l'Allemagne à renouer des liens rompus depuis des siècles. Les Français démolissaient leurs bastilles et brûlaient leurs chartes ; les Allemands restaurèrent leurs châteaux et rassemblèrent leurs archives. » De même qu'au début les divergences d'écoles s'étaient fondues dans un spasme d'amour, après un long circuit qui les avait conduits par des routes opposées, les libéraux et les romantiques d'outre-Rhin se rencontrèrent sur le même champ de bataille, en face des mêmes ennemis, et chez les adversaires comme chez les défenseurs du passé, la haine de l'étranger fut aussi furieuse et aussi légitime, bien qu'elle n'eût ni la même origine ni le même caractère.

L'événement a prouvé les dangers qui naissaient pour nous de l'établissement à nos portes de monarchies puissantes. La question est de savoir si cette transformation n'était pas nécessaire et inévitable. « Maudit soit le jour, dit M. Rambaud, où Sieyès s'est avisé de trouver que l'intérêt de la France était d'organiser l'Allemagne suivant un autre système. » C'est faire grand honneur aux spéculations d'un métaphysicien. Cent fois on avait parlé de réformer la constitution impériale, et tous les projets s'étaient évanouis en fumée, parce qu'aucune des conditions premières de l'unité allemande n'existait ; lorsque la situation eut changé, toutes les rouaries de la diplomatie et tous les ménagements n'auraient servi tout au plus qu'à retarder un dénouement fatal. Il en était du Saint-Empire comme de ces organismes décrépits dont une série de hasards invraisemblables a prolongé la vieillesse, mais que la coalition de toutes les prévoyances ne saurait à la longue défendre contre un accident ; il aurait pu sans doute traîner quelque temps encore sa précaire existence, mais dans une seule hypothèse, si la Révolution française n'avait pas éclaté ; à défaut de nos armées, nos idées, dans tous les cas, auraient débordé les frontières ; du jour où le peuple français réclamait la libre disposition de ses destinées, il créait un précédent qui s'imposait à tous ses voisins.

Pourquoi s'en serait-il effrayé ? Le patriotisme n'est pas fait de haine et de jalousie. La France libre, dans l'Europe libre, c'était le rêve des Girondins, et, malgré tout, nous n'y renonçons pas.

Personne, en 1789, ne prévoyait les rivalités qui, pendant un siècle, allaient mettre aux prises l'Allemagne et la France ; dans la guerre qui ouvrit les hostilités, les haines de races ne jouèrent aucun rôle, et il en faut chercher uniquement la cause dans l'opposition irréconciliable entre l'ancien régime et les principes modernes, que les cabinets cherchèrent à exploiter au profit de leurs convoitises. Si les torts furent partagés, la

France n'eut pas les premiers. La Constituante était très sincère dans ses déclarations pacifiques, et ce n'était vraiment pas sa faute si ses réformes étaient une provocation. Dès la première heure pourtant, on eut des deux côtés l'intuition qu'entre le monde de l'avenir et celui du passé un duel à mort était inévitable, et la conviction de cette fatalité la rendit plus certaine. La défaite de la France eût entraîné la victoire du despotisme et de l'iniquité sociale. Les peuples n'avaient aucune raison de la désirer ; en Allemagne, en particulier, l'opinion, qui n'avait pas approuvé la rupture, resta pendant longtemps spectatrice indifférente et presque hostile des projets de ses princes ; un revirement ne commença à se produire qu'après la défaite de la Prusse en 1806, et la résistance contre la France ne devint réellement populaire qu'en 1809.

Non pas sans doute qu'on ne surprenne bien avant, çà et là, les indices d'un réveil national. Mais, si les manifestations isolées qu'ont recueillies avec une patiente sollicitude les historiens contemporains ne sont pas insignifiantes, c'est seulement comme symptômes de l'avenir : plusieurs années s'écouleront avant que le levain fermente dans la pâte. En 1792, la contradiction intime qui fait de la ruine du Saint-Empire la condition même de la formation de l'Allemagne moderne trouble toutes les conceptions politiques ; dans les pays où l'éducation est le plus avancée, la terreur des Habsbourg l'emporte sur la jalousie contre la France. « La soumission de l'Europe sous un seul maître, écrivait Jean de Müller en 1782, je la tiens pour la mort ; la soumission de l'Allemagne sous un seul prince, comme l'avant-coureur de la mort. » Parmi les publicistes les plus éminents, beaucoup acceptent sans discussion les théories de Mirabeau et de nos diplomates, croient que les libertés germaniques seraient menacées si les armées françaises ne pouvaient aisément pénétrer dans l'Empire et pensent que la plus haute mission de cette « Germanie de fer, la plus capable de l'Europe avec ses 600,000 soldats endurcis et disciplinés d'établir la monarchie universelle », est de se faire équilibre à elle-même et de se neutraliser.

Les traditions, toutes de défiance, de division et d'inertie, sont sans doute minées dès lors par un travail souterrain ; mais ce travail n'affleure pas à la surface et personne n'en soupçonne l'importance. Le premier résultat de l'enthousiasme provoqué par la Révolution est un recul sensible de l'idée patriotique. Schubart se console de la perte de l'Alsace en songeant aux réformes de la Constituante. Dans les cercles les plus réservés, l'idée d'une intervention à main armée est repoussée avec indignation. Même après la rupture, Herder déclare que la résistance de la France à la coalition est le premier exemple d'une guerre juste et sainte. La seule inquiétude que les échecs de Brunswick provoquent chez Kœrner, l'ami de Schiller, ardent patriote dans la suite, c'est qu'ils ne suscitent de nouveaux excès. « Oui, mon ami, écrit Knigge, c'est maintenant la peine de vivre ; il semble que Dieu ait frappé de vertige Brunswick, comme jadis le roi Pharaon. » Chez plusieurs, l'admiration de la France se traduit par le mépris de l'Allemagne : « Nos honnêtes, et, sans les flatter, un peu stupides Allemands », écrit Wieland ; après avoir raconté les troubles de Mayence, en 1790, Forster ajoute : « On montrera aux Allemands qu'ils ne sont pas des Français. » L'antipathie, fort ancienne, pour les soldats, s'accroît. « Tu n'es pas un homme, dit du soldat une chanson de 1794, mais une hydre mûre pour l'éternité de l'enfer ; tu tiens le milieu entre le diable et le bétail ; — l'orang-outang est ton maître en débauche et le renard en prudence ; le premier diable fut le premier soldat. » D'autres prêchent la défaillance, presque la révolte, prévoient les victoires des Français qui, en supprimant la dîme, les corvées, les péages, « soumettront plus rapidement les peuples que jadis les Arabes avec le Coran ».

Pour la grande majorité des écrivains, la responsabilité de la guerre retombe entière sur les ennemis de la France ; dès le premier jour, l'opinion publique s'inscrit en faux contre les affirmations des cabinets qui s'efforcent de rejeter tous les torts sur leurs adversaires. Les historiens prussiens se sont appliqués à rectifier l'histoire sur ce point essentiel ; ils ont réussi à entraîner la conviction d'éminents écrivains français. Malgré ce qu'il y a d'outrecuidant à s'élever contre la doctrine de maîtres illustres, ils n'ont pas, suivant moi, établi leur thèse.

Lorsque les Constituants votèrent le célèbre décret du 22 mai 1790, par lequel la nation française s'engageait « à n'entreprendre aucune guerre dans un but de conquête et à n'employer jamais ses forces contre la liberté d'aucun peuple », ils ne résumaient pas seulement la philosophie optimiste et philanthropique du siècle, mais la règle de la politique française sous Louis XV et Louis XVI. Depuis le traité d'Utrecht, notre diplomatie était très nettement conservatrice ; l'organisation de l'Europe, qui était en grande partie son œuvre, lui paraissait bonne et sa préoccupation principale était d'écarter tout ce qui en ébranlerait la solidité. Cette politique avait trouvé son expression dans l'alliance autrichienne, son représentant dans M. de Vergennes ; elle avait à la Constituante ses théoriciens dans Mirabeau et surtout dans Talleyrand, qui ne l'abandonna jamais sans regret et y revint toutes les fois que les circonstances le lui permirent.

Le système de M. de Vergennes marquait la plus haute conception morale dont l'ancien régime fût capable : en refrénant au nom de l'équilibre les entreprises individuelles et en opposant aux convoitises particulières, qui avaient été jusqu'alors la seule règle de la politique, l'intérêt général, il introduisait dans les rapports des peuples un élément de sécurité et de justice. — L'opinion, malgré tout, lui était peu favorable, et si elle avait tort de ne pas rendre justice à la haute valeur du ministre, un instinct sûr lui révélait la faiblesse secrète de ses théories. En somme, M. de Vergennes et ses continuateurs offraient à la France le rôle que s'attribuèrent plus tard les membres de la Sainte-Alliance : « Le régime de l'Europe, dit très justement M. J. Bryce, était condamné à la fois par la conscience et par l'expérience »; il est permis de se demander quels étaient les avantages d'une organisation qui permettait à Frédéric II d'envahir en pleine paix la Silésie, qui se prêtait à un remaniement et à un troc perpétuels de territoires sur tous les points de l'Europe sans le moindre égard pour les habitants et qui aboutissait au partage de la Pologne. Il y avait une contradiction manifeste à prétendre fonder une paix durable sur la rivalité des puissances, et c'était une singulière justice que de condamner à une éternelle enfance les peuples qui n'avaient pas atteint l'âge d'homme en 1648.

« Je suis persuadé, écrivait Gustave III à Louis XVI pendant la guerre d'Amérique, que Votre Majesté ne perdra pas de vue les affaires d'Allemagne, dont l'état me paraît d'autant plus dangereux qu'elle est dans ce moment-ci abandonnée aux injustices de l'Empereur et à l'ambition du roi de Prusse... Avec le caractère des deux princes qui déchirent aujourd'hui l'Allemagne, il ne faut rien moins que toute la puissance de Votre Majesté pour leur en imposer ; si elle ne paraît plus s'y intéresser, toute cette machine s'écroulera. » C'était vrai de l'Allemagne, et c'était vrai de l'Europe, puisque l'organisation de l'Europe reposait tout entière sur l'impuissance de l'Allemagne. Ce monde chancelant et vacillant, qui ne répondait ni aux besoins des peuples, ni à la vérité des faits, notre diplomatie devait le maintenir par une sorte de création continue.

C'est un métier ingrat que celui de Providence : combien de temps faudrait-il pour que l'attentat permanent auquel les défenseurs de la tradition, dans les intentions les plus loyales, invitaient la France, aboutît à une coalition de toutes les ambitions qu'elle contrariait et de tous les désirs légitimes qu'elle gênait? « La monarchie prussienne, disait Mirabeau, ne pourrait supporter aucune calamité, pas même celle, à la longue inévitable, d'un gouvernement malhabile. » Il en était de même de la diplomatie de M. de Vergennes : elle était sans cesse à la merci d'une défaillance et d'un accident; ses victoires étaient sans lendemain et ses échecs étaient irrémédiables. « Tout ce que vous tentez, écrivait déjà Bernstorff à Choiseul, pour empêcher en Allemagne la formation d'une monarchie prussienne n'empêchera rien. » Entre les forces qui cherchaient à maintenir le monde ancien et celles qui en précipitaient l'écroulement, la partie n'était pas égale. Sans autre appui que des alliés équivoques dont il suspectait les intentions et qui raillaient sa naïveté, s'accrochant avec un désespoir tragi-comique à des ruines qui s'effritaient sous sa main, Vergennes s'était flatté d'avoir relevé l'influence pacifique des Bourbons et déjoué pour longtemps les desseins des ambitieux qui menaçaient l'équilibre européen : succès fragiles ! Il était à peine mort que l'invasion prussienne de 1787 en Hollande prouvait clairement l'inanité de ces combinaisons compliquées et arbitraires. « La France est abattue, écrivait joyeusement Joseph II, notre allié; je doute qu'elle se relève. »

Au dehors comme au dedans l'ancien régime s'effondrait; la vieille diplomatie avait perdu ses croyants comme la monarchie absolue. L'ardeur d'un Chauvelin, l'activité d'un d'Argenson, la perspicacité et l'intrigue d'un Choiseul, la probité et la prudence d'un Vergennes aboutissaient à un même résultat : la perte de notre crédit dans le monde, l'asservissement de nos alliés naturels, l'anxiété universelle, la victoire de la force. Où ils avaient échoué, qui donc réussirait? La majorité de la Constituante, en dépit de sa modération voulue, était convaincue que ses réformes impliquaient l'avènement d'un droit public nouveau : la justice devait régler les rapports des nations comme ceux des citoyens; à la place des alliances précaires, fondées sur la complicité des intérêts, elle comptait sur les sympathies des opprimés et des faibles. Elle n'entendait provoquer personne, mais elle n'admettait pas qu'on intervînt dans ses affaires et elle ne voulait pas mettre sous le boisseau la lumière qui devait éclairer le monde : tant pis pour les malades dont elle offusquait les yeux.

Léopold II (1747-1792).

Les premières plaintes vinrent des petits souverains des bords du Rhin, plus voisins de la France, plus menacés, et dont l'orgueil se complaisait à se sentir atteint des coups qui frappaient la noblesse de Versailles. Quelques émeutes sans importance aigrirent leurs inquiétudes. L'évêque de Spire déféra au tribunal de l'Empire une pétition des bourgeois qui protestaient contre les droits féodaux, et la cour fulmina contre « ce peuple effréné qui, au dire de personnes dignes de foi, aurait parlé de sonner le tocsin ». Lors de l'élection de Léopold II (septembre 1790), les électeurs ecclésiastiques lui imposèrent une capitulation par laquelle il s'engageait à ne rien tolérer de ce qui serait contraire aux croyances générales et aux bonnes mœurs ou de ce qui pourrait compromettre le maintien de la constitution et menacer l'ordre public.

Les décrets de l'Assemblée nationale avaient été accueillis avec une joie unanime en Alsace, où l'oppression féodale était très lourde. Les députés alsaciens, arrivés à Paris avec des tendances particularistes, avaient été bientôt emportés par le grand courant qui soulevait les âmes et avaient signé, au nom de leurs commettants, un pacte indissoluble avec la France deux fois libératrice. Les princes allemands, possessionnés dans le royaume, lésés dans leurs intérêts, protestèrent violemment contre les décrets qui abolissaient l'ancien régime; repoussant les indemnités pécuniaires que leur offrait l'Assemblée, ils sollicitèrent l'intervention de la Diète et transformèrent en question internationale leurs griefs personnels.

Les articles 75 et 76 du traité de Westphalie cédaient à la France, au nom de l'Empereur et de l'Empire, le pouvoir souverain, *die höchste Gewalt,* sur les territoires qui lui étaient abandonnés : sur ce point essentiel, nos ambassadeurs avaient refusé toute concession; « ils avaient réellement étendu la France jusqu'à ses plus anciennes bornes ». — « Pour la plus grande validité, disait l'article 80, desdites cessions et aliénations, l'Empereur et l'Empire dérogent expressément, tant en général qu'en particulier, à tous les décrets, constitutions, statuts et coutumes, même à ceux qui ont été ou seront consacrés plus tard par serment des Empereurs précédents ou du Saint-Empire, spécialement à la capitulation impériale, en tant que toute aliénation de biens et de droits de l'Empire est interdite, et en même temps ils écartent pour toujours toutes les exceptions et voies de restitution, sur quelque droit ou titre qu'elle puisse se fonder (*in perpetuum excludunt omnes exceptiones et restitutionis vias, quocumque tandem jure titulove fundari posse*). Si l'article 89 qui garantissait les libertés locales prêtait à l'équivoque, les diplomates français avaient eu soin d'en limiter le sens en y ajoutant une clause qui rappelait et confirmait les articles précédents. Lorsque, depuis, les Allemands avaient essayé de mettre en question nos droits sur l'Alsace, le gouvernement français avait toujours refusé toute discussion ; ils avaient fini par se résigner au fait accompli et, dans les nombreuses conventions qui avaient réglé les rapports des princes possessionnés avec la couronne, ceux-ci n'avaient jamais sollicité l'approbation de l'Empire.

Les princes qui, en 1790, portèrent devant la Diète la question de la légalité des décrets de la Constituante, et la Diète qui admit leur recours, se rendaient coupables d'une provocation formelle contre la France, puisqu'ils contestaient ainsi la validité d'une possession qui lui avait été cédée en bonne et régulière forme. Ils n'avaient pour eux ni l'excuse d'un patriotisme sincère, ni les sympathies des habitants. Dès la fin du règne de Louis XIV, un envoyé prussien constatait qu'il serait plus difficile de réconcilier l'Alsace avec la domination prussienne que de conquérir la Franche-Comté. Depuis, sous le gouvernement modéré et prudent des Bourbons, les liens qui rattachaient l'Alsace à sa nouvelle patrie s'étaient plus solidement noués ; elle avait acclamé la Révolution et quand les armées alliées y pénétrèrent, toutes les divisions de partis s'effacèrent devant la haine de l'envahisseur. Les princes possessionnés, menacés dans leurs domaines par le mécontentement de leurs sujets, n'avaient d'autre but que de détourner l'orage qui s'amoncelait sur leurs têtes en réveillant des rancunes mal éteintes. Leurs réclamations montèrent rapidement à un ton d'insolence qui rendait la discussion fort difficile. L'électeur de Cologne alla jusqu'à demander que l'Empire se déclarât dégagé de tout traité et reprît sa liberté d'action.

L'Assemblée constituante n'attacha pas d'abord grande importance à cette querelle d'Allemand ; le ministère poussait la condescendance jusqu'à la pusillanimité ; la majorité maintenait ses offres d'indemnité. Elle se tenait soigneusement à l'écart des troubles qui avaient éclaté en Belgique ou dans l'évêché de Liège, et la correction de son attitude désarmait jusqu'aux soupçons de l'Angleterre ; la Prusse regardait comme une éventualité fort douteuse que la France pût, « avec le temps, devenir de nouveau redoutable ».

A la longue cependant, l'acrimonie des réclamations tudesques produisit un certain agacement, surtout quand, à l'affaire des droits féodaux en Alsace, se mêla celle des émigrés. A deux pas de la frontière, un gouvernement insurrectionnel s'organisait sous l'œil bienveillant de l'électeur de Trèves : les gentilshommes fugitifs, avec leurs valets, avaient formé le noyau de petits corps de troupes qui, à Neuwied, à Andernach ou dans les environs, finirent par compter une dizaine de mille hommes. Rodomontades inoffensives, dit-on volontiers aujourd'hui, que le plus sage eût été de dédaigner ! C'est faire trop bon marché de l'exaltation des passions et des rancunes populaires. A la seule pensée que des maîtres abhorrés leur imposeraient de nouveau les corvées et les droits abolis, les paysans voyaient rouge. En prêtant leur appui à des rebelles en armes contre le gouvernement régulier du pays, les électeurs, déclare un écrivain allemand, « violaient les règles les plus simples du droit des gens. C'était un acte d'hostilité auquel la France était autorisée à répondre par d'autres mesures hostiles ». Dans les débats qui s'engagèrent à l'Assemblée, des paroles imprudentes furent lancées : la majorité s'irritait que la longanimité qu'elle avait montrée fût mal comprise; les événements avaient produit une sorte d'hyperesthésie qui rendait les moindres piqûres douloureuses; les échecs militaires et politiques des derniers règnes avaient laissé dans les âmes de sourdes rancunes, et l'on attendait de la liberté une facile et généreuse revanche. Pas la moindre hostilité d'ailleurs contre l'Allemagne, mais une méfiance incurable contre la maison d'Autriche. Comme la haine des Habsbourg n'était pas seulement une tradition, mais un préjugé, l'opinion commune attribuait à l'alliance de 1756 tous nos désastres et saisissait avec joie l'occasion de s'en dégager. Ces dispositions de la nation se reflétèrent clairement dans les élections de 1791, et lorsque l'Assemblée législative se réunit, elle prit tout de suite une attitude moins conciliante. Il n'est pas douteux, comme l'a démontré M. A. Sorel, que des arrière-pensées de politique intérieure accentuèrent les dispositions belliqueuses de la nouvelle majorité; mais, dans tout conflit international, la responsabilité la plus grave revient au parti qui l'a provoqué. En admettant même que les Girondins aient dès la première heure désiré la guerre, ce qui n'est pas vrai pour tous, qui donc avait déchaîné les passions, et, en menaçant à la fois le territoire et l'indépendance de la France, jeté la masse des électeurs dans les bras de la faction la plus avancée? L'Allemagne avait créé en réalité un parti de la guerre, comme les fautes de la cour et du roi avaient créé un parti républicain.

Louis XVI et Marie-Antoinette n'aimaient pas les émigrés et s'en défiaient, mais, s'ils dissimulaient un peu mieux leur politique, leurs espérances étaient semblables. Ils plaçaient leur principal espoir dans l'Autriche et lui demandaient de se mettre à la tête d'un concert des puissances dont les menaces ou les armées réprimeraient ce qu'ils persistaient à considérer comme une émeute : ils comptaient jouer entre les envahisseurs et les Français un rôle de médiateurs, grâce auquel ils ressaisiraient leur autorité compromise. Leurs supplications furent longtemps accucillies avec une extrême fraîcheur. L'attention de la Prusse et de l'Autriche était toute concentrée alors sur les affaires d'Orient, et leur rivalité, qui faillit aboutir à une rupture, leur rendait impossible toute intervention vers l'Ouest. Lors même qu'une série de complications imprévues eut provoqué une rupture avec la France, elles n'y virent qu'une sorte d'entr'acte et, pendant plusieurs années, leur principale attention ne cessa pas d'être absorbée par les questions de Turquie et de Pologne. M. Sybel a eu l'honneur de montrer le premier comment le meurtre de la Pologne servit en quelque sorte de rachat à la République française, et cela ressort plus nettement encore du récit de M. Sorel.

Depuis 1786, Frédéric-Guillaume II avait succédé à Frédéric II. D'une stature presque gigantesque et d'un embonpoint qui de bonne heure tourna à l'obésité, il était fort empêtré de sa personne : sa parole était embarrassée, sa pensée indécise et sa volonté vacillante. « A-t-il un système? disait Mirabeau. — Je ne le sais pas. — De l'esprit? — J'en doute. — Du caractère? — Je n'en sais rien. » Ses débuts pourtant furent favorablement accueillis. Frédéric II n'avait jamais eu d'autre pensée que la prospérité et la gloire de l'état prussien : « Je crois que l'intérêt de mes peuples est aussi le mien, écrivait-il à vingt-huit ans, le lendemain de son avènement au trône, que je ne puis avoir aucun intérêt qui soit différent du leur. » Ce n'était pas là une formule de parade, mais la règle même de sa vie ; on l'admirait pour cela et, ce qui était la plus belle récompense qu'il pût souhaiter, on s'enflammait à cette fièvre d'enthousiasme et de conviction : « Dans la guerre de Sept ans, dit un contemporain, il y avait des moments où officiers et soldats étaient si furieux contre le roi, qu'ils étaient bien décidés à ne pas lever seulement un pied pour lui ; mais, dès qu'il paraissait devant le front de l'armée, qu'il disait : Allons, frères, la journée sera chaude, mais pensez à la patrie ; — aussitôt, tout était plein de bonne volonté et de courage, et malheur à l'ennemi qui se trouvait là. » Les années, en s'écoulant et en revêtant l'histoire de la patine de la légende, avaient augmenté encore la gloire du roi : en 1795, c'était une opinion courante en Prusse que les guerres de la Révolution n'étaient qu'un jeu d'enfant comparées à la lutte de Frédéric contre l'Europe. A la fin de son règne, dans une réunion assez sceptique, les assistants avaient daubé à l'envi sur son avarice, sa dureté, ses mœurs, quand quelqu'un prononça le nom de Rosbach : aussitôt ce fut un concert de louanges. Que l'on suppose Napoléon mourant à la veille de l'expédition de Russie ! — Comme toutes les religions, le patriotisme est volontiers anthropomorphiste. A qui veut bien connaître la Prusse d'aujourd'hui, une visite au musée

Frédéric-Guillaume II (1786-1797).

des Hohenzollern est indispensable : il faut avoir vu l'adoration silencieuse de ces paysans, de ces ouvriers, de ces soldats, qui défilent devant les reliques de leurs souverains, l'émotion qui mouille leurs yeux et fait trembler leurs lèvres ; cette religion dynastique, c'est Frédéric II qui l'a fondée. C'est à cette époque que l'habitude de célébrer la fête du roi entre dans les mœurs : on place son portrait sur des autels, on brûle de l'encens devant son image ; ce sceptique impénitent finit par passer dieu. En dépit du témoignage de Mirabeau, qui a vu les choses trop vite et a surtout reproduit les boutades de quelques mécontents, la popularité profonde du roi se maintient jusqu'à la fin; on lui sait gré de son activité, de la liberté qu'il laisse aux discussions philosophiques, de l'ordre qu'il assure, de sa prudence avisée. Les peuples ne sont jamais sévères pour ceux qui leur donnent à la fois la plus réelle des satisfactions, la paix, et « la moins vaine peut-être de toutes les vanités », la gloire.

Mais la gloire ne s'acquiert qu'au prix d'un labeur incessant et d'une attention constante. La Prusse, sous Frédéric II, était une Sparte, et, en échange des sacrifices perpétuels qu'il demandait à ses sujets, il ne leur offrait que la joie abstraite d'appartenir à une grande nation et de travailler pour elle. Tout le monde n'avait pas la même endurance; beaucoup haletaient sous le harnais. Il était fort absorbant, très impérieux : toutes les affaires passaient par son cabinet; les employés n'étaient pour lui que des instruments passifs qu'il rabrouait durement, sans que jamais leur zèle obtînt sa confiance. On attendait de son successeur plus de douceur, plus de sympathie pour les joies et les douleurs humaines, plus de ménagement pour la dignité individuelle.

Frédéric II avait donné le grand exemple d'une conscience qui, sans autre appui que ses propres forces, « se soutient en équilibre dans le vide, spectacle oublié de l'humanité depuis les Antonins ». Grâce à lui et à l'école rationaliste qui avait prospéré à l'ombre de sa monarchie, la religion s'était dégagée de la superstition et des préjugés. « L'humeur paisible et modeste des générations d'alors, le respect de la pensée, la douceur de sentiments qui avaient pénétré toute la bourgeoisie éclairée et même une partie de la population rurale, nous semblent presque incompréhensibles au milieu des âpres combats politiques et religieux de notre époque. » — Seulement la tolérance du roi était fort dédaigneuse; comme elle avait sa source non pas dans le respect de la conscience humaine, mais dans

PALAIS ROYAL DE BERLIN. (D'après une gravure de Haas.)

un scepticisme dédaigneux, elle avilissait jusqu'à la liberté ; chez les âmes médiocres, le nihilisme indifférent du souverain dégénérait en frivolité et en corruption. Les âmes délicates et les cœurs exaltés souffraient de la misère morale qui gagnait autour d'eux ; le bon sens vulgaire et la plate philanthropie de Nicolaï et des rédacteurs de la Bibliothèque universelle [1] ne leur suffisaient plus. Au moment où dans l'Europe entière le sentimentalisme célébrait ses orgies, les jeunes générations, ivres de la mousse des idées qui fermentaient, étaient gênées par le sourire sarcastique du disciple impénitent de Voltaire. O Klopstock! soupirait Charlotte, en regardant Werther, et les yeux de milliers de lecteurs se mouillaient de larmes. Frédéric II aimait les idées claires, les mots précis, et jamais demeure ne fut moins hantée de fantômes que la sienne ; la fumée lui avait toujours été odieuse, et il n'y avait pas plus de place dans son cerveau pour la petite fleur bleue des romantiques qu'il n'y en eut plus tard dans celui de son véritable continuateur, le chancelier de fer. Frédéric-Guillaume II leur convenait davantage. Né sensuel, il se croyait passionné, et comme il avait l'esprit vague et l'intelligence paresseuse, il écoutait volontiers les mystiques qui ouvraient à sa rêverie de lointaines et troubles perspectives. En 1770, pour plaire à son oncle, il avait commencé avec Voltaire une correspondance qu'il interrompit dès qu'il le jugea décent : pour se venger des avances forcées qu'il avait faites aux écrivains français, « il avait conçu l'idée et l'espoir de devenir un grand homme, en devenant Allemand, purement Allemand ».

A peine au pouvoir, il écarte les chefs du parti fran-

1. Frédéric Nicolaï (1733-1811), médiocre écrivain, penseur vulgaire, d'ailleurs animé des intentions les plus droites et mettant au service d'idées triviales les plus honorables qualités morales, le type le plus parfait de l'école du sens commun ; son horreur du mysticisme aboutit à une religiosité fade qui rappelle à la fois le protestantisme libéral de nos jours et le Dieu des bonnes gens de Béranger. La Bibliothèque universelle (*Allgemeine deutsche Bibliothek*, 1765-1806, plus de 250 volumes), qu'il avait fondée et qu'il ne cessa de diriger, fut un des grands pouvoirs littéraires de l'Allemagne au xviiie siècle.

çais, son oncle, le prince Henri, le duc de Brunswick, le maréchal Mœllendorf. Excellent musicien comme son prédécesseur, il aimait les Allemands qu'avait négligés Frédéric II, goûtait Glück et Hændel, et, sans dédaigner les quatuors de Boccherini, jouait plus volontiers ceux de Haydn; il appela Mozart à Berlin, essaya de le retenir près de lui et ne lui garda pas rigueur de son refus. Le grand théâtre de Berlin était

Porte de Brandebourg, à Berlin.
Œuvre de Langhans (1789-1793).
Au-dessus, le *Char de la Victoire*, de 6 mètres de haut, par Schadow.

exploité par une troupe française : « Nous sommes Allemands, dit le nouveau roi, et nous entendons le rester. » Il assista en personne à la représentation de *Fiesque,* et Berlin devint un moment, grâce à lui, la première scène de l'Allemagne. Frédéric II, très ménager de ses finances, n'avait qu'un assez médiocre sens esthétique, et l'on n'a à citer sous son règne qu'un artiste d'une valeur supérieure, le graveur Chodowiecki, qui mourut à Berlin en 1801, directeur de l'Académie. L'Académie fut réorganisée, le rococo fut abandonné, et le style classique, quelque légitimes critiques qu'il ait suscitées, marqua un progrès incontestable du goût. Erdmannsdorf transforma pour Frédéric-

Guillaume la partie du château royal qu'il habita; Langhans [1], le plus grand architecte allemand de son temps, appelé à Berlin, éleva sur le modèle des Propylées la porte de Brandebourg, agrandit le château de Charlottenbourg et acheva le nouveau palais de marbre du jardin de Potsdam. Le sculpteur Schadow (1764-1850), qui succéda à Tassaert, orna la porte de Brandebourg de sa belle Victoire et termina, dans l'église Sainte-Dorothée, en l'honneur d'un fils naturel du roi, le célèbre monument que l'on a longtemps regardé comme son chef-d'œuvre. Frédéric-Guillaume recommanda à son intendant le jeune Rauch [2], dont il avait pressenti le génie, et envoya à Rome le peintre Carstens [3], dont le nom ouvre l'école allemande moderne.

Schadow (Jean-G.) — 1764-1850.

Ces mesures avaient une haute portée : née sur un sol à

1. 1733-1808 ; sans réelle originalité, il a du moins le mérite de rompre avec le rococo, et l'imitation de l'antiquité le ramène à un art plus élevé et plus sérieux. La Porte de Brandebourg, 1793.
2. 1777-1857 ; un des maîtres de l'art contemporain. Monument de la reine Louise, 1813 ; statues de Bülow et de Scharnhorst, à Berlin, 1815 ; statues de bronze de Blücher, à Berlin et à Breslau ; Victoires colossales du Walhalla, 1836 ; monument de Frédéric II, à Berlin, 1851.
3. 1754-1798 ; son influence ne fut pas toujours heureuse, mais il serait injuste de ne pas reconnaître l'élévation de pensée et la puissance de composition que révèlent ses dessins : la *Bataille des Centaures et des Lapithes*, le *Banquet de Platon*, les *Argonautes*.

peine allemand, avec dans les veines une forte dose de sang slave, la Prusse avait grandi en révolte continue contre l'Empire; la pensée était juste et féconde de reprendre l'œuvre jadis tentée par Frédéric Ier et de réconcilier l'Allemagne avec les victoires de cet état que beaucoup regardaient encore comme un intrus, en faisant de lui le centre de la vie intellectuelle et morale de la nation entière. Dans l'administration aussi, dans l'armée, quelques abus furent écartés. Malheureusement le roi manquait des deux qualités essentielles à un souverain : la fermeté de la volonté et la clarté des vues. « Il a trop peur d'avoir l'air d'être gouverné pour n'en pas avoir besoin », avait dit Mirabeau dès le premier jour. Chez lui, les

RAUCH (Chrétien) — 1777-1857.

meilleures intentions étaient viciées par la paresse et l'inconstance. Dans un régime où toute action partait du cabinet royal, si le ressort central perdait de sa vigueur, la machine s'arrêtait. La première ardeur passée, il était retombé dans son indolence; les affaires s'entassaient sur son bureau : « Pas un papier n'était en ordre, pas un mémoire annoté, pas une lettre ouverte; il n'y avait pas de puissance humaine capable de lui faire lire quarante lignes de suite ». Un arbitraire instable et incohérent succéda au despotisme raide et méticuleux du dernier règne; le pays, dans cette sorte d'intérim du gouvernement, glissa à une anarchie somnolente. Dans l'administration comme dans l'armée, le goût du travail, l'habitude de la discipline et le sentiment du devoir s'affaiblirent; le contraste entre cet abandon et l'âpre tension de l'époque précédente était tel qu'on crut y voir les signes d'une dissolution prochaine de la monarchie. « Pourriture avant la maturité, disait Mirabeau, j'ai grand'peur que telle ne soit la devise de la Prusse. »

La réaction mystique qui suivit l'avènement de Frédéric-Guillaume augmenta le désarroi général. Sous prétexte de purifier l'église envahie par des prédicateurs rationalistes et sceptiques, on favorisa, — fort maladroitement, — les piétistes et les orthodoxes, dont le zèle, souvent plus bruyant que sincère, devint vite fort encombrant. Le roi était tombé dans la main de quelques aventuriers de haut vol, dont les vues réelles n'étaient un mystère que pour lui et qui étaient bien les plus singuliers apôtres, qu'il fût possible d'imaginer, d'une restauration religieuse. Parmi les sociétés secrètes qui s'étaient formées pour combattre la philosophie du siècle et qui pullulaient alors en Allemagne, celle des Rose-Croix était une des plus habilement organisées. Vers 1778, Frédéric-Guillaume II entra en relations avec un de ses membres actifs, Bischoffswerder, dont l'embonpoint, la gravité, les manières élégantes firent sur lui une vive impression. Très ambitieux et très roué, mais capable d'amitié et même de dévouement, en partie dupe de sa propre éloquence, Bischoffswerder parlait avec aplomb de la puissance de l'Ordre, qui évoquait les esprits, mettait ses affiliés en relations directes avec Dieu et leur assurait la domination de la nature. Par lui, le roi connut un autre aventurier, de ton supérieur, doué de remarquables qualités naturelles, mais absolument dénué de sens moral : fils d'un curé de campagne, Wöllner était entré comme précepteur chez un officier général dont il enjôla la femme et épousa la fille; rationaliste, tant qu'il avait vu une carrière dans la philosophie, les dédains de Frédéric II l'avaient jeté dans le mysticisme. Frédéric-Guillaume II écouta ses sornettes et crut à ses jongleries : « Un souper, très remarquable et très secret, écrivait Mirabeau, où l'on a pris la silhouette de l'ombre de César, transpire un peu. » Il y avait dans la maison de Wöllner un théâtre aux esprits fort bien machiné.

Le roi avait le goût de la vertu, mais il n'en avait pas le courage ; chez lui, la chair était faible, et Mme Rietz, comtesse de Lichtenau, avait sur son cœur une influence qui eût pu être redoutable aux Rose-Croix. Wöllner et Bischoffswerder, qui avaient toujours à la bouche les mots de pureté et de candeur, firent fléchir leur austérité et formèrent avec la favorite et son mari une association occulte qui, tenant le roi par la chair et par l'esprit, exerça bientôt sur la cour et sur l'état une domination édifiante. La croisade contre la corruption des mœurs s'égaya d'intermèdes carnavalesques. Frédéric-Guillaume qui, comme l'Électeur de Hesse à l'époque de la Réforme, avait les sens et la conscience également tracassiers, fatigué de sa femme, épousa, sans d'ailleurs divorcer, Mlle de Voss, puis, après la mort de celle-ci, la comtesse Sophie Dönhoff : le prédicateur de la cour, Zöllner, bénissait avec la même componction toutes ces unions simultanées ou successives, et la comtesse de Lichtenau, sûre de son influence, souriait complaisamment à ces fantaisies. La cour de Berlin n'était plus, suivant l'expression de Mirabeau, qu'un noble tripot, et il avait le droit de plaindre le malheureux pays livré en proie « à des prêtres, à des visionnaires et à des filles ».

Par essence, tout ce monde d'aigrefins était fort hostile à la France et à la Révolution ; le roi, dont l'épiderme monarchique était très chatouilleux, était sensible aux plaintes des émigrés, mais il avait trop d'affaires sur les bras pour songer à une prise d'armes. Le comte Hertzberg avait été jusqu'alors le principal inspirateur de sa diplomatie. Frédéric II, qui estimait les connaissances de Hertzberg et son ardeur au travail, se défiait de ses lubies et lui tenait la bride de fort court. Il savait quels ménagements exige une œuvre nouvelle et il pensait, comme Mirabeau, « qu'il ne fallait pas juger son royaume d'après les autres : il ne s'y trouvait pas la même marge ni pour les sottises, ni pour leur compensation ». Bien qu'il ne manquât pas d'imagination, il estimait qu'elle est mauvaise conseillère. Un des traits caractéristiques de la politique prussienne a toujours été ce que les Allemands appellent *Nüchternheit,* c'est-à-dire le sens du réel et du possible, le mépris des chimères : elle mesure ses projets à ses forces, fuit les guerres de parade, espace ses conquêtes. Quand Hertzberg s'ouvrait à Frédéric II de ses machinations compliquées, son maître le précipitait rudement des nuages : « Si je vous avais écouté, lui disait-il, je n'aurais pas eu quinze jours de repos pendant mon règne ; allez vous promener avec vos indignes plans : vous êtes fait pour être ministre de gens c....., comme l'électeur de Bavière, mais non pour moi. » Hertzberg prit sa revanche sous Frédéric-Guillaume ; plus érudit qu'avisé, il puisait ses conceptions dans les archives et les appliquait au présent avec l'entêtement et la raideur propres aux savants égarés dans les affaires. Il avait plu au roi par son patriotisme et par ce qu'il y avait de nébuleux et de fantasque dans ses vues. L'expédition de Hollande assura son autorité et accrut sa fatuité ; la guerre que Catherine II et Joseph II déclarèrent à la Turquie en 1787 le combla d'aise, parce qu'il y vit l'occasion de déployer sa finesse et de pêcher en eau trouble.

Il guettait le moment où les belligérants auraient épuisé leurs forces pour leur imposer ses bons offices ; l'Autriche, en échange de quelques provinces turques, rendrait la Galicie à la Pologne, et celle-ci, par reconnaissance, céderait Dantzig et Thorn à la Prusse, qui, sans avoir mis au jeu, en aurait les bénéfices les plus nets. Comme l'Autriche et la Russie ne témoignaient cependant aucune hâte d'accepter sa médiation, Hertzberg, pour leur forcer la main, lia partie avec leurs adversaires. Un traité d'alliance fut conclu avec la Turquie, et l'ambassadeur prussien à Varsovie, Lucchesini, encouragea les patriotes polonais qui préparaient une réforme de la constitution et signa avec eux le traité du 29 mars 1790 : la Prusse et la Pologne se promettaient « de faire tous leurs efforts pour se garantir et se conserver réciproquement la paisible possession des états, villes et provinces qu'elles possédaient » ; si la Pologne était menacée, la Prusse lui fournirait 14,000 fantassins et 4,000 cavaliers: singulière préface au démembrement que méditait Hertzberg ! L'histoire n'a pas enregistré de perfidie plus odieuse que celle dont la Prusse se rendit alors coupable vis-à-vis de la Pologne, qu'elle poussait à la révolution pour avoir une occasion de s'agrandir à ses dépens. Pour le moment, cette manœuvre tournante avait singulièrement éloigné Hertzberg du but visé, et il semblait acculé à une guerre contre l'Autriche et la Russie. L'expédition de Turquie n'avait été pour l'Autriche qu'un pis aller, elle n'y avait trouvé que des déboires, elle n'eût pas été fâchée d'en sortir en attaquant la Prusse ; Kaunitz y poussait Joseph II, et Catherine II ne le contredisait pas.

Comte Hertzberg (1725-1795).

Hertzberg était, en diplomatie, de l'école de ces généraux d'après lesquels l'art militaire consistait à déloger l'ennemi de ses positions sans livrer bataille; très infatué de ses talents de tacticien et de polémiste, il voyait dans l'emploi de la force un aveu de maladresse et il ne renonçait pas à amener l'Autriche à des concessions sans recourir aux armes; il avait la main dans les troubles de Belgique et de Hongrie, et, comme Joseph II pouvait être tenté d'invoquer l'alliance française, l'ambassadeur prussien à Paris, Goltz, poussait en avant Pétion et ses amis : suivant certains historiens, le 14 juillet empêcha seul la formation d'une coalition austro-franco-russe. La Prusse redoutait donc la fin des troubles qui auraient rendu à Louis XVI sa liberté d'action et elle avait des préoccupations trop multiples et des appétits trop exigeants pour prendre fort à cœur les plaintes des souverains rhénans.

A défaut des liens de famille, les devoirs qu'imposaient aux Habsbourgs leur titre impérial et l'alliance qui les unissait aux Bourbons suffiraient à expliquer l'attention anxieuse avec laquelle ils suivaient les événements de France; mais l'Autriche traversait alors une crise redoutable qui la condamnait à la plus extrême réserve. Maîtres désormais incontestés de la Bohême et de la Hongrie, en possession, depuis les traités d'Utrecht, des Pays-Bas et des plus riches provinces de l'Italie, sans inquiétude du côté de la Turquie depuis le traité de Passarowitz, les Habsbourgs, assagis et satisfaits, avaient été brusquement tirés de leur tranquille béatitude par la guerre de 1740. Jusqu'alors leur ambition, sans renoncer à la conquête de l'Italie et de l'Allemagne, ajournait volontiers les questions et, si elle ne se posait pas de barrière dans l'espace, ne se fixait pas de limites dans le temps; il leur suffisait, pour le moment, qu'aucune puissance ne changeât à leur détriment l'équilibre européen. Du jour au lendemain, les victoires de Frédéric II modifièrent la situation; en présence d'une monarchie jeune, remuante, sans scrupules, il n'était plus possible de continuer le même système de temporisation, et, pour lutter

Joseph II (1780-1790).

à armes égales, des réformes radicales étaient nécessaires. Marie-Thérèse consacra sa vie à tirer un état moderne de ce qui n'était encore qu'une monarchie féodale. Elle avait, avec de hautes vertus morales, le talent d'accepter les nécessités qui ne lui plaisaient pas, et bien qu'elle eût, comme elle le disait elle-même, une âme du siècle passé, elle avait gardé un souvenir trop amer des épreuves de sa jeunesse pour ne pas s'efforcer de les éviter à ses successeurs; ses dispositions intimes, sa piété profonde, ses instincts aristocratiques la protégèrent contre toute précipitation; rassurés par les préférences avérées de l'impératrice, ceux mêmes dont les changements lésaient les intérêts ou froissaient les instincts, les acceptèrent sans résistance.

Joseph II, qui lui succéda en 1780, ne lui ressemblait guère. Ses convoitises, comme son titre, étaient œcuméniques; la Bavière, l'Italie, la Turquie tentaient à la fois son avidité. Il se disait volontiers disciple des philosophes français et de Frédéric II, parce que la lecture des encyclopédistes lui avait inspiré le dédain et la haine du passé et que les succès du roi de Prusse lui avaient révélé la toute-puissance de la volonté souveraine; mais, dans cet esprit plus agité que profond, les idées se déformaient, et ce contempteur de la tradition avait des hallucinations où lui apparaissaient les fantômes de ces empereurs du moyen âge qui avaient étendu leur hégémonie sur l'Europe. La raison n'était pour lui qu'un expédient dont il attendait un simple bénéfice matériel. Ses réformes brutales soulevèrent parmi ses sujets une colère universelle : les hostilités de races, que n'avait pas réconciliées l'inertie patriarcale des Habsbourgs, reparurent avec une âpreté inattendue; les paroles de liberté que balbutiait l'Empereur réveillèrent dans leurs tombeaux les morts que l'on y croyait scellés; les Belges, les Magyars et les Slaves s'insurgèrent contre la prétention de les soumettre à un despotisme centralisateur et, par haine de l'arbitraire, s'attachèrent avec une énergie subite à leurs droits oubliés. Fait capital pour l'histoire du monde moderne : au moment où s'ouvrait la crise décisive d'où devait sortir la nation germanique, l'Autriche était en quelque sorte rejetée hors de l'Allemagne par la volonté de la majorité de ses habitants!

La mort de Joseph II sauva la monarchie d'une catastrophe (février 1790). Léopold II (1790-1792), son frère, grandi

Statue équestre de l'empereur Joseph II, a Vienne.

sous les mêmes influences, avait l'esprit subtil, l'échine souple, et il n'aimait ni les moyens violents, ni les mesures radicales; instruit, bienveillant, bien que sujet à des accès d'hypocondrie, travailleur et appliqué, il substitua une politique de ménagement et de concessions aux allures de casse-cou de son prédécesseur. Les Belges et les Hongrois, rassurés par ses promesses, rentrèrent dans l'ordre; les puissances étrangères, qu'avaient inquiétées les projets mégalomanes de Joseph II et dont Hertzberg comptait exploiter le mécontentement, accueillirent très favorablement les déclarations pacifiques de Léopold; abandonné par l'Angleterre, le ministre prussien trouvait en face de lui l'Autriche reconstituée et la Russie menaçante. Les Rose-Croix exploitèrent contre lui le mécontentement du roi et de l'armée, las des finesses d'un diplomate qui leur imposait un rôle presque ridicule. Bischoffswerder décida Frédéric-Guillaume à signer le traité de Reichenbach (27 juillet 1790), par lequel l'Autriche renonçait à toute conquête en Turquie et la Prusse promettait de s'abstenir désormais de toute manœuvre hostile. Bien que la Prusse ait dicté le traité, écrivait l'ambassadeur des États-Unis, Morris, elle a été mystifiée. L'Autriche recueillit tous les avantages de la paix; les princes germaniques, satisfaits de son attitude, revinrent à leur vieille prédilection pour les Habsbourgs, et Léopold fut élu Empereur sans opposition; la Prusse demeurait isolée : la Turquie et la Pologne, qu'elle avait poussées à la guerre tout en convoitant leurs dépouilles, s'éloignaient d'elle; elle gardait rancune à l'Angleterre de sa défection, elle n'avait pas réussi à dénouer l'alliance austro-russe qui était pour elle une perpétuelle menace; ses armements avaient compromis ses finances, et ses défaillances irrité l'armée, affaibli la discipline et mécontenté la nation.

Bischoffswerder se croyait capable de réparer les fautes de Hertzberg; il chercha un dédommagement vers l'ouest. Il caressait les préjugés dynastiques de Frédéric-Guillaume, lui vantait l'honneur, après avoir vaincu en Allemagne l'esprit de scepticisme et de révolte, de l'écraser en France. L'entreprise était glorieuse, elle serait facile et lucrative : dès le 13 septembre 1790, le prince de Hohenlohe faisait des ouvertures à l'ambassadeur autrichien; l'Autriche occuperait la Flandre et l'on donnerait l'Alsace à l'électeur palatin qui céderait à la Prusse Juliers et Berg; sur la question de l'indemnité, d'ailleurs, Bischoffswerder montrait une grande largeur d'esprit : sans parti pris, peu lui importait où on la lui désignât, pourvu qu'elle fût suffisante. Ainsi, au moment où la Constituante n'avait donné à l'Allemagne aucun motif légitime de plaintes, alors que l'opinion était toute prussienne à Paris, le cabinet de Berlin, sans provocation, sans prétexte, sans plus de droit qu'il n'en eut plus tard contre la Pologne, par cupidité pure, méditait une invasion odieuse et jetait les bases

Entrevue de Pillnitz (25 août 1791).

d'un démembrement. Comment ne pas reconnaître après cela que si la Législative a dénoncé les hostilités, les passions belliqueuses des Girondins ont leur justification dans les intrigues des cours germaniques, les réclamations oiseuses des états ecclésiastiques et les basses convoitises de la Prusse?

Pour diverses raisons, Léopold ne se souciait pas de lier partie avec Frédéric-Guillaume II : l'Autriche était encore mal remise de la dernière secousse ; il détestait la France et n'était pas fâché qu'elle fût réduite à l'impuissance par des troubles persistants; son affection pour sa sœur, moins chaude qu'avisée, s'effrayait des périls qu'entraînerait pour elle une intervention armée. Il eût compromis cependant son influence en Allemagne s'il eût abandonné à Frédéric-Guillaume le soin de protéger les droits de l'Empire contre les prétendues usurpations de la Constituante; ses réponses prudemment évasives étaient calculées de façon à ne pas décourager complètement Bischoffswerder; au printemps de 1791, il consentit à le recevoir, et ne lui contesta pas que le danger révolutionnaire rendît désirable une entente cordiale des principales puissances. Le 18 mai, il avait, à Mantoue, une entrevue avec le comte d'Artois, et, sous le coup de l'émotion produite par l'arrestation de Louis XVI à Varennes, il lançait sa fameuse circulaire de Padoue (6 juillet), où il invitait les diverses couronnes de l'Europe à se concerter « pour revendiquer la liberté et l'honneur du roi très chrétien et de sa famille et pour mettre des bornes aux extrémités dangereuses de la Révolution française ». Il venait de signer la paix de Sistova avec la Turquie (5 août); aussi prêta-t-il une oreille complaisante aux propositions d'alliance que lui apportait Bischoffswerder et, après l'entrevue de Pillnitz avec Frédéric-Guillaume (25-27 août 1791), il déclara solennellement qu'il considérait la situation du roi de France comme de nature à provoquer l'intérêt de tous les souverains.

Il est aujourd'hui parfaitement établi que l'Empereur n'avait pas alors la moindre velléité de rupture avec la France; son manifeste, très savamment ambigu, n'était, dans son esprit, qu'une satisfaction platonique donnée à la Prusse et aux émigrés, et il saisit le premier prétexte venu pour revenir en arrière presque aussitôt après, et reprendre les engagements problématiques et conditionnels qu'il avait acceptés. Mais les meilleures intentions ne sauraient passer pour le fait : la déclaration de Pillnitz comme la circulaire de Padoue étaient plus qu'une lourde imprudence. Un diplomate fort avisé et qui n'est pas suspect de partialité pour la Révolution écrivait quelque temps plus tard : « La circulaire de Padoue, en provoquant une ligue des rois en faveur d'un roi, a été le premier pas qui a engagé les puissances dans un insoutenable système. La déclaration de Pillnitz a confirmé, réalisé presque les menaces d'une croisade, d'une guerre de parti contre l'indépendance de la nation française. » A Berlin comme à Vienne, beaucoup de gens s'effrayaient d'un abandon si brusque des traditions ; mais les mystiques, les ambitieux et les fantaisistes étaient maîtres de la situation, et Catherine II, « qui avait beaucoup d'affaires sur les bras et... qui ne voulait pas être dérangée par ses voisins », attisait le feu. « Chacun, écrivait-elle avec une franchise ironique, opérera sa contre-révolution, les Allemands à Paris, les Russes à Varsovie. »

A la nouvelle de la déclaration de Pillnitz, l'émotion à Paris fut extrême, parce qu'elle répondait à d'anciennes et persistantes préoccupations. La noblesse formait, dans l'Europe entière, une caste solidaire ; les cours, déjà peu sympathiques à une révolution qui menaçait leurs droits, auraient-elles longtemps l'énergie de comprimer les haines que soulevaient les idées nouvelles ? Marie-Antoinette, bornée et violente, trop entêtée de ses droits pour comprendre ses devoirs envers l'état, poursuivait Léopold de ses appels désespérés et entraînait dans ses fureurs son médiocre et débonnaire époux : les partisans de la Révolution soupçonnaient ses desseins et devinaient ses complots ; ils étaient pris dans un réseau d'intrigues qui les épouvantaient d'autant plus qu'ils n'en apercevaient que quelques fils. Les Girondins, qui dirigeaient la Législative, appelaient de tous leurs vœux le coup de tonnerre qui dissiperait les nuages au milieu desquels ils se débattaient.

Dès ce moment, leur parti était pris, ils étaient décidés à la guerre ; mais la majorité les suivrait-elle ? Ni les Feuillants, ni Robespierre et les Jacobins les plus avancés ne les soutenaient; au commencement de 1792, l'ambassadeur prussien Goltz croyait à la paix, et l'envoyé autrichien, Blumendorf, n'était pas moins optimiste. La Prusse et l'Autriche ne firent rien pour calmer l'irritation que leurs précédentes démarches avaient jetée dans les âmes; elles avaient signé un traité d'alliance (7 février 1792), et le ton de leurs communications était toujours plus hautain. Sur nos frontières, les émigrés

Francfort. — La salle des Empereurs.

continuaient leurs manœuvres; dans les cours ecclésiastiques, nos ambassadeurs étaient insultés. La mort de Léopold II (1er mars 1792) et l'avènement de François II, le dernier des Habsbourgs dont la salle des Empereurs dût voir le couronnement, détruisirent les faibles espérances de paix qui subsistaient encore. La note du ministre autrichien, M. de Kaunitz (18 mars 1792), insolente et comminatoire, dissipa les dernières hésitations de la Législative : le 20 avril 1792, sur la proposition de Dumouriez, à l'unanimité moins sept voix, elle déclara la guerre au roi de Bohême et de Hongrie.

La Prusse n'avait ni raison ni prétexte pour intervenir.

VENCESLAS, PRINCE DE KAUNITZ (1711-1794).

La France ne la menaçait pas, la propagande révolutionnaire

ne lui causait aucun souci réel ; ses intérêts étaient si peu directement engagés dans la question que la déclaration de guerre fut accueillie par la population et même par l'armée avec une froideur étonnée : les intrigants qui avaient ménagé l'alliance autrichienne ne voyaient eux-mêmes, dans la campagne de France, qu'une diversion ; ils cherchaient en Alsace l'extension de leurs territoires polonais. A Varsovie, le partage de 1772 avait ouvert les yeux à quelques patriotes : la seule chance possible d'éviter les dernières catastrophes, c'était une réforme radicale de la constitution ; le 3 mai 1791, la diète, entraînée par quelques hommes de raison et de cœur, supprimait le *liberum veto*, établissait l'hérédité de la couronne, étendait le pouvoir royal ; une ère nouvelle s'ouvrait pour la Pologne. Mais Catherine ne lâchait pas sa proie : elle n'entendait pas qu'on touchât à un régime qui avait permis ses premières conquêtes et qui garantissait de nouveaux succès à son ambition : elle feignit de confondre les réformateurs de Varsovie et les Jacobins de Paris, et se prépara à intervenir, sous prétexte de rétablir l'ordre et les lois. Elle s'en ouvrit à la Prusse, qui ne la découragea pas ; aux patriotes polonais qui invoquaient le traité de 1790 et rappelaient à Frédéric-Guillaume qu'il leur avait promis son appui, Lucchesini répondait que les conventions ne doivent pas se prendre à la lettre et que, d'ailleurs, « le roi témoignait hautement de sa loyauté en rétractant ses engagements ». Les Prussiens et les Russes n'avaient qu'une préoccupation, écarter l'Empereur du festin : l'empressement de Bischoffswerder et de ses complices à partir en guerre en faveur de Louis XVI tenait en partie au désir d'occuper l'Autriche et de détourner ses vues d'un autre côté.

Celle-ci lisait dans leur jeu et s'y prêtait, à condition qu'on mît le prix à sa complaisance : avec l'échange des Pays-Bas contre la Bavière, elle demandait les margraviats de Bayreuth et d'Ansbach, qui étaient revenus à la Prusse depuis quelques années et lui avaient ouvert l'Allemagne du Sud. Les ministres de Frédéric-Guillaume se récriaient. Ce n'était partout que basses compétitions, marchandages éhontés, défiances peu dissimulées ; les princes secondaires, dont le verbe était si haut, avaient baissé le ton dès qu'ils avaient vu que les affaires se gâtaient ; jusqu'au mois de novembre, la diète de l'Empire reste absolument inactive et elle ne déclare la guerre à la République que le 22 mars 1793 ; de tous les souverains allemands, seul le landgrave de Hesse-Cassel fournit 6,000 soldats ; l'archevêque de Mayence, directement intéressé dans le conflit, promit 2,000 hommes. Engagée sans raison sérieuse, déterminée par des calculs odieux, soutenue par des alliés qui se détestaient, au milieu de l'indifférence des peuples et de l'égoïsme des gouvernements, la guerre de 1792 éclairait d'une lumière crue tous les abus et tous les vices de ce monde vermoulu qui allait s'écrouler aux échos des fanfares révolutionnaires.

Les retards des alliés laissèrent aux Français le temps d'organiser la défense. Trompés par les hâbleries des émigrés, les Prussiens ne croyaient pas capables d'une résistance sérieuse les savetiers et les tailleurs, armés en hâte et conduits par des chefs de rencontre, qu'on leur opposait. « Surtout, recommandait Bischoffswerder aux officiers, n'achetez pas trop de chevaux ; nous serons à Paris dans quelques semaines. » C'était l'opinion commune, même parmi ceux qui désapprouvaient l'expédition. Le général en chef était un des rares sceptiques qui ne partageaient pas ces espérances sanguines. Bien que fort entiché de noblesse, le duc de Brunswick goûtait peu les émigrés : laborieux, instruit, on le citait comme le type du prince éclairé, et il respirait avec plaisir l'encens dont l'inondaient les philosophes. Narbonne lui avait fait offrir le commandement général de l'armée française et, si nous en croyons Mallet du Pan, Condorcet, Sieyès et Brissot avaient un moment pensé à lui proposer la couronne. Il n'y avait pas en lui l'étoffe de semblables entreprises, mais, à défaut de vastes ambitions, il avait quelque liberté d'esprit et un certain bon sens. Il s'aperçut vite de la haine générale qu'inspiraient partout les ci-devant : le fait sautait aux yeux de de tous ceux qui voulaient regarder. « Hier, écrivait un jeune secrétaire de cabinet, Lombard, qui fit par la suite une belle carrière, nous avons pénétré en France. Rien que des femmes et des enfants, tous les hommes s'étaient enfuis, probablement dans les bois, car plusieurs maraudeurs ont été blessés, sans qu'on puisse dire d'où partaient les coups. Dans les villages où les hommes étaient restés, on a tiré des fenêtres sur nos troupes; même dans les maisons abandonnées, on a trouvé des masses de poudre, de balles et d'armes. Les sentiments de cette partie au moins de la frontière ne sont donc plus douteux. » — « Il n'y a pas un Français sur cent, écrivait encore Lombard, qui ait une idée nette de ce qui s'est passé ; mais, ce qu'ils savent et ce qu'ils pensent tous, c'est que les impôts étaient perçus d'une manière violente, humiliante, et qu'ils payent maintenant suivant leur volonté ; qu'on avait réduit au rang de bétail toute la classe pauvre, et que les chefs actuels leur crient à plein gosier que tous les hommes sont égaux. » Dans ces marches champenoises et

Duc de Brunswick
(Charles-Guillaume-Ferdinand) — 1786-1806.

lorraines où le voisinage de l'étranger a maintenu plus vif l'instinct militaire, le dévouement à la patrie s'augmentait de toutes les rancunes qu'avait laissées l'ancien régime et de tout l'orgueil qu'inspirait aux nouveaux affranchis la joie d'appartenir à une nation libre.

La conduite des Prussiens acheva d'exaspérer les esprits. Le célèbre manifeste du 25 juillet 1792, dont le duc de Brunswick endossa la responsabilité en le désapprouvant, unit la France entière dans une volonté enragée de résistance ; pour échapper à une épouvantable réaction, que les alliés ne seraient pas maîtres de contenir, une seule ressource demeurait à tous ceux qui, de près ou de loin, avaient été mêlés à la Révolution : il fallait vaincre ou mourir. Paris répondit aux menaces de Brunswick par la journée du 10 août, où s'écroula le trône du monarque infortuné et coupable qui avait oublié qu'un souverain n'a pas le droit de séparer sa cause de celle de son peuple.

Le passage de l'armée d'invasion causait au pays de cruelles souffrances : malgré les efforts de Frédéric-Guillaume pour maintenir la discipline, les soldats, mal nourris, exaspérés par l'attitude des habitants, pillaient les maisons, détruisaient les récoltes, incendiaient les villages ; la haine des paysans en devenait plus furieuse. « Les Français, écrivait un Allemand, ont vraiment un fort enthousiasme pour leur cause, et leur acharnement contre la nôtre dépasse la mesure et la moyenne permises. » Au milieu de cette hostilité implacable, le général en chef ne s'avançait qu'avec terreur : la prise de Longwy, (26 août), celle de Verdun, où Beaurepaire se fit sauter la cervelle plutôt que d'accepter une capitulation inévitable, ne compensaient pas à ses yeux les dangers que créaient les sentiments de la population.

L'armée prussienne ne justifiait plus dès lors complètement la réputation que lui avaient acquise les victoires de Frédéric II. Frédéric-Guillaume, fort brave, n'avait pas le goût du métier militaire ; sous sa direction nonchalante et ennuyée, les vices d'organisation qu'avait dissimulés l'activité du vieux roi étaient apparus. L'armement était excellent et les soldats pouvaient tirer six ou sept coups à la minute; mais l'équipement était très défectueux, les étoffes de mauvaise qualité, les vêtements trop étroits et trop courts. Dès le commencement de la campagne, le temps s'était mis au froid et à la pluie : les troupes, sans manteaux, en souffrirent cruellement. L'intendance était déplorable : une file interminable de voitures s'allongeait derrière les colonnes, entravant les mouvements et retardant les marches; on calcula que l'armée d'invasion traînait après elle 122,000 goujats et 32,000 blanchisseuses. Comme les distributions manquaient souvent, les soldats se nourrissaient de pommes de terre qu'ils ramassaient dans les champs et de raisins à peine mûrs; la pluie aidant, la dysenterie se déclara, la fameuse *courée* prussienne, qui enleva à certains régiments le tiers de leur effectif : le front de bandière de leurs camps était marqué par une épouvantable traînée d'excréments. Le service de santé était pire encore que l'intendance : le chirurgien-major était un traitant qui spéculait sur les médicaments, les chirurgiens, des ignorants, et les infirmiers de vieilles brisques qui buvaient le vin des malades et vendaient les vivres destinés aux blessés. Le mécontentement se communiquait du soldat aux chefs : les officiers, souvent inexpérimentés, avaient subi l'influence des idées cosmopolites qui régnaient alors en Allemagne, lisaient les *Bucoliques* et la *Henriade* au lieu de s'occuper de leurs hommes, discutaient les ordres qu'ils recevaient, blâmaient la politique du souverain et les dispositions des généraux.

Dans l'armée française, les marches et une série d'escarmouches avaient commencé à relever la discipline : peu à peu les volontaires apprenaient leur métier de soldats; l'artillerie était excellente; l'émigration, qui nous avait enlevé 9,000 officiers, avait ouvert les grades supérieurs à une foule de jeunes gens, pleins de bonne volonté, de confiance et d'ardeur. Pour la patrie, pour la liberté, les souffrances paraissaient légères

VOLONTAIRES DE L'ARMÉE DU RHIN. (D'après une gravure de l'époque.)

et les dangers enviables ; les accents de la *Marseillaise* jetaient dans les âmes enivrées un même frisson d'espérance : à travers les champs défoncés par la pluie, on marchait gaiement, les yeux fixés sur ce radieux drapeau tricolore qui portait dans ses plis l'affranchissement de l'humanité.

Pour couvrir de son corps la cité sainte qui avait proclamé l'évangile des temps nouveaux, la nation entière était debout ; ce que ne suffisait pas à faire la discipline mécanique des Prussiens, la communauté de foi le faisait : on se sentait les coudes. Mais à la guerre l'enthousiasme moral est sujet à de brusques défaillances tant qu'il n'est pas soutenu par l'entraînement et une forte éducation. Les troupes improvisées de Kellermann et de Dumouriez étaient promptes au découragement, exposées aux paniques irraisonnées, ombrageuses et rétives. Si l'attaque eût été menée vigoureusement, il est téméraire d'affirmer qu'elles eussent longtemps fait bonne contenance. Très jaloux de ne pas compromettre une réputation qu'il sentait supérieure à ses mérites, le duc de Brunswick était obsédé d'appréhensions que sa courtisanerie n'osait pas avouer au roi, plus entreprenant et moins apeuré. L'armée était ainsi tiraillée entre deux chefs dont chacun avait une conception opposée de la tactique à suivre : l'impétuosité de Frédéric-Guillaume était paralysée par la mauvaise humeur du duc, et la prudence de celui-ci compromise par l'audace du souverain. C'est ainsi que Dumouriez put, sans être sérieusement menacé, exécuter une marche de flanc des plus hasardeuses et occuper les défilés de l'Argonne ; puis, quand ces défilés eurent été forcés au passage de la Croix-aux-Bois et du Chêne-Populeux, se replier sur Sainte-Menehould et rallier Kellermann et Beurnonville. Le roi, craignant de voir les Français lui échapper une seconde fois, ordonna alors d'occuper en toute hâte la route de Châlons ; le duc n'osa pas s'opposer à ce mouvement, qui n'avait de raison d'être que si on était résolu à une bataille ; mais, quand cette bataille s'engagea, le 20 septembre, à Valmy, il fut repris de ses hésitations ordi-

Bataille de Jemmapes (6 novembre 1792).

naires et, devant la ferme attitude de Kellermann, n'osa pas risquer un assaut général, que n'eussent peut-être pas soutenu les troupes françaises.

La canonnade de Valmy eut tous les résultats d'une victoire décisive. « Le soir venait, écrit Gœthe, qui avait suivi l'armée en curieux, les Français demeuraient impassibles; on ramena nos gens du feu et on eût pu croire que rien ne s'était passé. La plus sombre consternation se répandit dans nos rangs. Le matin encore, on ne pensait qu'à embrocher et à dévorer tous les Français; maintenant chacun marchait devant soi, on ne se regardait pas, et, si l'on s'arrêtait, c'était pour échanger des sarcasmes et des jurons. La nuit tombait : dans le cercle que nous avions formé, nous ne parvenions même pas à allumer du feu; presque tout le monde se taisait et les quelques paroles sans suite que l'on entendait n'avaient aucun sens. On me demanda mon opinion : « A ce moment et à cet « endroit, répondis-je, une nouvelle période de l'histoire a « commencé, et vous pourrez dire : j'y étais. »

Les Prussiens ne songeaient qu'à se tirer d'une aventure où ils avaient pensé trouver du butin sans danger : profitant de la connivence de Dumouriez, qui réservait ses forces contre l'Autriche, ils battirent tristement en retraite. « F..... alliés que vous m'avez donnés ! disait Frédéric-Guillaume furieux à Bischoffswerder; je suis prêt à rompre avec eux. » Les ambassadeurs, qui discutaient toujours la question des indemnités, reçurent l'ordre de déclarer que la Prusse ne songerait désormais qu'à ses intérêts particuliers. N'y avait-il pas eu cependant une légèreté singulière à se lancer dans une guerre dont on se dégageait ainsi avec tant de désinvolture? Il n'était pas d'ailleurs si aisé d'apaiser les passions déchaînées, et l'Allemagne devait se repentir longtemps de son imprudence et de sa témérité. Avant la fin de l'année, tandis que la victoire de Jemmapes livrait la Belgique à Dumouriez, Custine occupait la rive gauche du Rhin et poussait sa pointe jusqu'à Francfort.

CHAPITRE III

FIN DU SAINT-EMPIRE ROMAIN GERMANIQUE

Les provinces du Rhin. Facilité et légitimité des conquêtes françaises : attitude des habitants ; indifférence de l'Allemagne. — Causes des défaites de la coalition : affaires de Pologne ; le traité de Bâle (1795) et la neutralité de la Prusse. — Rivalité de la France et de l'Autriche : le traité de Campo-Formio et le congrès de Rastadt. La deuxième coalition, la bataille de Hohenlinden et le traité de Lunéville. L'Autriche perd la domination de l'Allemagne. — Chute du Saint-Empire : les sécularisations et le recez de 1803. — La politique napoléonienne : en quoi elle se rattache à la politique révolutionnaire et comment elle en diffère ; ses contradictions, ses excès et ses dangers ; appui qu'elle trouve tout d'abord dans les petites cours et l'opinion publique. — Les avant-coureurs de la résistance : Gentz. La troisième coalition [1].

La France en 1793 courut à diverses reprises des périls plus grands que ceux qu'elle venait de traverser : chaque fois elle fut sauvée par un concours de circonstances analogues à celles qui avaient assuré sa victoire lors de la première rencontre : la répugnance profonde des peuples pour une guerre qui, quelle qu'en fût l'issue, ne leur promettait que des désastres ; l'égoïsme des cours secondaires, la médiocrité des gouvernements, les ambitions désordonnées de la Prusse et de l'Autriche, qui les livraient tour à tour aux intrigues de Catherine, et la multiplicité de leurs convoitises, qui paralysaient leurs forces. L'Europe du xviiie siècle était une machine très délicate et compliquée, que les moindres secousses détraquaient et qui était combinée pour un rendement modéré :

---

1. Rambaud, *les Français sur le Rhin*; Remling, *Die Rheinpfalz in der Revolutionszeit von 1792 bis 1798*; Hüffer, *Die Stadt Bonn unter französischen Herrschaft*; Bockenheimer, *Gesch. der Stadt Mainz, 1798-1814*; Hüffer, *Oesterreich und Preussen gegenüber der franz. Revolution*; Hüffer, *Der Rastatter Congress und die zweite Coalition*; Bailleu, *Preussen und Frankreich von 1795 bis 1807*; Springer, *Gesch. Oesterreich's*; Fournier, *Gentz und Cobenzel*; Montgelas, *Mémoires*.

entre la France qui, d'un effort instinctif de tout son être, se ruait vers un but parfaitement clair, et les cabinets qui opposaient à son élan leurs combinaisons subtiles et leurs faibles moyens, la partie n'était pas égale. L'équilibre ne se rétablit que le jour où, après la défaite des souverains, les nations qui s'étaient constituées par suite même de la Révolution, jetèrent dans la mêlée leurs inépuisables réserves et leurs passions simplistes.

Pour qu'un monde nouveau s'élevât, il fallait d'abord déblayer le sol des masures croulantes qui l'encombraient : le trait dominant de la période qui s'écoule de 1792 à 1806, c'est une liquidation générale du passé. Après que la Prusse, avertie par un instinct secret que ce bouleversement s'accomplit à son profit, s'est par la paix de Bâle retirée dans une neutralité prudente (1795), les traités de Lunéville et de Presbourg rejettent l'Autriche vers l'Orient et commencent à séparer ses destinées de celles de l'Allemagne; en même temps les sécularisations et le recez de 1803, en supprimant des centaines d'états indépendants et en ouvrant un horizon plus vaste aux populations jusque-là perdues dans le labyrinthe du Saint-Empire, permettent à la conscience publique d'entrevoir l'avenir réservé à la race germanique. Dans le drame de la formation de l'unité allemande, le mouvement intellectuel du xviii° siècle a été le prologue; la chute du Saint-Empire est le premier acte; la confédération de 1815 sera le nœud et la bataille de Königgrætz, le dénouement.

Les Conventionnels, dans leur optimisme superbe, eussent accepté sans terreur pour voisine une Allemagne unie et puissante; ils se refusaient à admettre que le passé liât indéfiniment l'avenir. Kant enseignait à ce moment même qu'une personnalité humaine ne saurait sans impiété être ravalée à l'état d'instrument et de moyen : un peuple n'a-t-il pas droit au même respect? Leurs illusions étaient généreuses, et il n'est pas démontré que ce fussent des illusions. Il est facile et assez vain de refaire l'histoire, mais il n'est pas moins vain de prouver après coup que les événements n'auraient pas pu être autrement que ne les ont faits les fautes et les passions des acteurs. Il n'était pas nécessaire que la grandeur de l'Allemagne fût fondée sur nos défaites et, par une combinaison unique de circonstances, la France avait à ce moment une occasion merveilleuse de compléter ses frontières et d'assurer sa sécurité contre les surprises de l'avenir, sans que son triomphe soulevât contre elle de sérieuses rancunes.

Les partisans les plus convaincus de la géographie sont bien forcés d'admettre que les limites des états n'ont pas été partout fixées par la nature avec une extrême clarté. Les provinces pittoresques et boisées que baignent les affluents de la rive gauche du Rhin formaient alors un de ces territoires mixtes sur lesquelles se prolongent des influences contraires et qui hésitent entre deux pôles opposés jusqu'au moment où les circonstances inclinent décidément d'un côté la volonté des habitants. Depuis que la dynastie capétienne avait commencé à dégager l'unité française de l'anarchie féodale, un de ses efforts constants avait été de remettre la main sur ces territoires que les hasards des partages avaient séparés de l'ancienne Gaule. Tous les grands incidents de notre histoire moderne, la lutte des Valois contre la maison de Bourgogne ou la rivalité des Bourbons et des Habsbourgs, n'avaient été en somme que des épisodes de cette poussée vers le nord et le nord-est, et une longue tradition faisait du principe des limites naturelles une sorte de dogme. — Au xviii° siècle, les héritiers de Louis XIV, à la fois par fatigue, par faiblesse et par calcul, avaient suspendu ces projets de conquêtes, satisfaits de leur autorité morale sur ces marches germaniques dont les souverains prenaient en général leur mot d'ordre à Versailles et où les racoleurs français trouvaient la matière de régiments excellents. Les raisons subtiles de leur renoncement, la nation ne les avait ni acceptées ni comprises, et à peine fut-elle de nouveau maîtresse de ses destinées qu'elle revint à ses passions séculaires. En répandant autour d'elles les idées révolutionnaires, la Législative et la Convention n'obéissaient pas seulement au besoin de prosélytisme qui les animait ; elles suivaient le désir obscur de conserver et d'étendre la haute main que la monarchie avait toujours revendiquée sur les provinces rhénanes : elles accomplissaient à la fois et sanctifiaient l'œuvre des Bourbons. Par une série de déviations insensibles, la guerre, purement défensive à l'origine, se transforma rapidement en guerre de propagande, puis en guerre de conquête. « Les limites de la France, disait Danton dans son discours du 31 juillet 1793, sont marquées par la nature ; nous les atteindrons dans leurs quatre points, à l'Océan, aux bords du Rhin, aux Alpes, aux Pyrénées. » Le programme de la politique jacobine qu'il traçait ce jour-là n'était que le résumé et la conclusion de l'œuvre historique de la monarchie.

Les convoitises des alliés justifiaient les exigences des Conventionnels. Guéris depuis Valmy de toute velléité de restauration, fort indifférents d'ailleurs au sort de la famille royale, les coalisés ne renonçaient pas aussi aisément à leurs projets d'agrandissements. L'Alsace, l'Artois, la Flandre attiraient tour à tour leur cupidité et le moindre succès réveillait leurs appétits. « Il faut, écrivait l'un de leurs porte-paroles, démembrer la République de telle façon que, quels que soient son gouvernement et ses principes, elle ne puisse devenir un sujet d'inquiétude pour les nations effrayées de la chute de ce colosse ; pour que ses restes, célèbres par des crimes et des malheurs qui serviront longtemps d'exemple, ne puissent plus sortir de l'obéissance où la force des armes les aura réduits. » En face de ces colères furibondes, la France avait le droit d'exiger des garanties qui la missent à l'abri de tout retour de fortune, et les compensations qu'elle exigeait ne dépassaient pas les annexions que la Prusse, l'Autriche et la Russie préparaient en Pologne.

FIN DU SAINT-EMPIRE ROMAIN GERMANIQUE.

Conforme au droit ancien, la conquête des provinces rhénanes n'était-elle pas contraire au droit nouveau qu'avait proclamé la Révolution? En s'écartant des doctrines pacifiques de la Constituante, les Jacobins ne violaient-ils pas eux-mêmes cette liberté des peuples qui était leur raison d'être? Ne vendaient-ils pas leur droit d'aînesse pour un plat de lentilles? Plusieurs historiens éminents sont disposés à l'admettre, et ils voient dans les décrets du 19 novembre et du 13 décembre 1792, qui, en appelant à l'indépendance les peuples voisins et en supprimant leurs anciennes formes politiques, rendaient presque inévitable l'annexion à la France des provinces envahies, le premier anneau d'une chaîne qui devait presque fatalement aboutir au traité de Francfort et à la perte de l'Alsace. Les Conventionnels eux-mêmes eurent de nombreuses hésitations : on s'aperçoit vite, au milieu du fracas des formules retentissantes, que leur politique, sous une apparence d'intransigeance, était capable de concessions et de compromis; les éclats de l'éloquence de Danton cachaient un esprit très souple et fort avisé des réalités; les thermidoriens étaient des sectaires avec lesquels des diplomates pouvaient lier partie. Jusqu'au dernier moment, il eût été possible d'amener les révolutionnaires à renoncer aux provinces rhénanes ou du moins à en rendre à l'Allemagne la plus grande partie. Pour que leurs velléités ambitieuses se transformassent en résolutions immuables, il fallut qu'ils se fussent convaincus qu'ils ne rencontreraient de résistance irréductible ni dans les peuples ni dans l'Empire. Leurs tergiversations cessèrent du jour où les événements leur eurent prouvé qu'il leur était loisible de concilier leurs ambitions et leurs principes et, qu'en occupant ce pré carré qui attendait un maître, ils ne lésaient personne.

« Il y avait, dit un historien allemand, bien des points pourris dans la chère Allemagne vers la fin du XVIIIe siècle; mais le point le plus gangrené était l'admirable pays du Rhin, la route pontificale. La pauvreté intellectuelle des classes supérieures, leur relâchement moral, leur dévotion superstitieuse et vide, leur lâcheté de caractère, l'ignorance et la misère des peuples étaient telles qu'on n'aurait nulle part dans le monde trouvé leur équivalent, si ce n'est peut-être à Rome. » « L'oisiveté et le plaisir, écrit Forster, remplissaient la vie de ces classes insolentes, dont la sensualité grossière, la paresse et la profonde ignorance donnaient l'exemple le plus funeste; les prêtres ne songeaient qu'à satisfaire leur goinfrerie et leur paillardise; les nobles cherchaient à dissiper l'ennui par les festins, les concerts, les danses; partout coteries, jalousies, discordes. » Forster, le plus remarquable peut-être de tous les enthousiastes allemands qui subirent la fascination de la Révolution française, — il mourut le cœur brisé du contraste de son rêve avec la réalité, — savant éminent, écrivain supérieur, était un esprit fantasque et une imagination exaltée, et il serait téméraire de prendre au pied de la lettre le tableau très sombre qu'il nous trace des provinces du Rhin en 1789. Il est difficile pourtant de prendre plus au sérieux le tableau complaisant que quelques historiens récents nous tracent des cours ecclésiastiques à cette époque.

Forster (J.-R. et Georges).

Piètres réformateurs que cet électeur de Mayence, Fran-

COLOGNE. — LA CATHÉDRALE.

çois-Charles-Joseph d'Erthal (1774-1802), voluptueux et frivole, qui de la philosophie du siècle ne comprenait guère que le libertinage et, « d'une vanité en raison inverse de sa naissance », jouait sans conviction au protecteur des sciences ; ou ce Clément-Venceslas, électeur de Trèves (1768-1794), dont les velléités libérales ne tinrent pas une heure devant l'orgueil de prêter aux émigrés sa fastueuse et vaine protection ! L'électeur de Cologne, Maximilien-François, frère de Joseph II, ne s'était résigné à recevoir les ordres qu'à la dernière extrémité : du moins, comme ses frères, avait-il un sentiment élevé de ses devoirs, et il introduisit dans ses domaines, que ses prédécesseurs lui avaient légués en triste condition, quelques changements utiles. Tout cela n'allait pas bien loin, n'atteignait pas surtout la cause profonde du mal, ce régime de hasard et d'instabilité, qui, à Spire, à Worms, comme dans les grands archevêchés, s'opposait à toute politique suivie, et en livrant le peuple à une série ininterrompue de revirements et d'à-coups, l'amenait à un indifférentisme lassé.

Nulle part n'éclataient plus clairement les vices de la constitution impériale et de ce morcellement infini qui démoralisait à la fois les souverains et les sujets, et, ne laissant au maître d'autre souci que ses plaisirs, supprimait avec les devoirs supérieurs les hautes énergies morales. « La contrée était partagée entre plus de vingt états et seigneuries qui, tous, à l'exception des deux villes impériales de Worms et de Spire, appartenaient à un maître absolu, et ces petits états se mêlaient, se croisaient tellement qu'on ne faisait pas quatre à cinq heures de chemin sans passer par plusieurs territoires. Tous ces pays, bien loin d'avoir un intérêt semblable, se jalousaient, se taquinaient sans cesse. » Entre tous ces voisins, entre lesquels les rivalités mesquines s'exagèrent par l'ignorance, le désœuvrement, un seul trait commun, l'indifférence pour la patrie allemande. « La ville de Düsseldorf est très belle, écrit Heine, et lorsqu'on y pense de loin et que par hasard on y est né, on éprouve un singulier sentiment. Moi j'y suis né, et il me semble alors que j'ai besoin de retourner tout de suite dans la patrie, et quand je dis la patrie, je parle de la rue de Bolker et de la maison où j'ai vu le jour. » « Il y avait alors, dit M. Chuquet, qui a étudié cette période avec une précision et une conscience admirables, un patriotisme belge, il n'y avait pas de patriotisme allemand. Le caractère national se façonnait à peine dans ce pays entre Rhin et Moselle qui ne portait pas même de nom général, comme celui de Souabe, de Franconie et de Wetteravie. La langue seule rappelait aux habitants qu'ils étaient de même race. » Encore les nobles affectaient-ils de dédaigner l'allemand, et le jargon barbare du peuple n'avait-il que d'assez lointaines ressemblances avec la langue de Schiller et de Gœthe.

« Sous la double crosse épiscopale, écrit un contemporain, les pays du Rhin vivaient leur vie politique, sans souci, comme des enfants heureux. » Ce sommeil, que les rêves ne troublaient guère, ressemblait à s'y méprendre à la mort. Peu à peu, la paralysie avait gagné tous les organes. Les écrivains qui, depuis quelques années, signalaient une certaine renaissance commerciale, songeaient cependant avec tristesse à ce qu'avaient été au moyen âge ces grandes cités où affluaient les marchandises et les étrangers et qui tenaient tête aux souverains. A Cologne, les mendiants et les moines forment la moitié de la population; les églises tombent en ruine; les jardins et les vignes gagnent du terrain dans l'intérieur de la ville; « les maisons habitées n'occupent plus que le centre du vaste demi-cercle où s'était épanouie jadis la triomphante capitale commerciale du Rhin et de l'Allemagne ». Dans les villes libres, à Spire, à Worms, à Aix-la-Chapelle, les rivalités des corporations, l'intolérance, l'oppression d'une oligarchie dégénérée ont atteint depuis longtemps dans ses sources mêmes la prospérité matérielle; cette fière et orgueilleuse bourgeoisie qui, du XIIIe au XVIe siècle, a dominé l'Allemagne, n'est plus qu'une fourmilière de gardes nationaux qui s'agitent dans un cercle étroit d'idées mesquines, d'ambitions puériles et de sentiments racornis. Sous le sceptre pacifique des prêtres, ces populations naturellement belliqueuses ont perdu jusqu'à leurs qualités militaires; les jeunes gens que travaille le goût des aventures sont la proie des racoleurs prussiens ou français.

Custine (1740-1793).

Les quelques milliers d'hommes que les électeurs entretiennent par parade sont la risée de l'Allemagne; les anecdotes ridicules courent sur leur compte; quand ils montent la garde, ils déposent leur fusil et tricotent des bas. « Eh! frère, dit l'un de ces tricoteurs à son camarade, n'as-tu pas entendu quelque chose? — Mais si, l'on tire. — Imbéciles, faites attention! vous ne voyez donc pas qu'il y a quelqu'un? » — Et comme l'ennemi ne tient pas compte de l'avertissement, nos héros se sauvent à toutes jambes, laissant leurs fusils, mais sauvant leurs bas.

Ces troupes sacerdotales avaient été battues par les Liégeois; quand les Français arrivèrent, personne ne songea même à fermer les portes devant les quelques régiments de Custine (fin 1792); on paya presque de bon cœur les contributions qu'il levait et qui parurent légères en comparaison des excès que l'on redoutait. La ville de Cologne n'avait vu dans la guerre qu'une occasion de vendre à bon prix son artillerie aux coalisés. En 1793, le général autrichien Clerfayt demande aux habitants de réparer leurs murailles : ils refusent net; il est obligé de les menacer d'une exécution militaire, et même alors ses ordres ne sont obéis qu'avec une nonchalance entêtée. Quand les Français, quelques mois plus tard, demandent au conseil municipal de leur envoyer 500 hommes pour travailler aux fortifications, le conseil s'empresse et leur offre une équipe plus nombreuse, s'ils le désirent. Les âmes ont été si complètement déshabituées de toute activité virile que l'intérêt personnel ne réveille pas les courages ; les prêtres, les nobles, les bourgeois aisés, menacés dans leurs privilèges et leur fortune, n'ont pas un instant la pensée de faire tête à l'ennemi, s'enfuient à la hâte en emportant leurs objets les plus précieux : le Rhin en retrouva pour un moment son ancienne animation.

La chute des anciens gouvernements laisse quelques regrets individuels, ne provoque aucune émotion générale. Même dans les principautés laïques, où les liens entre les habitants et leurs chefs semblent devoir être plus étroits, on les laisse partir sans tristesse, — et quelle sympathie méritaient le duc Charles II de Deux-Ponts (1775-1795), sorte de maniaque vicieux, dont les désordres et les cruautés soulevaient jusque dans l'Allemagne d'alors une réprobation générale, où ces électeurs palatins, dont l'exclusivisme religieux et le gaspillage avaient provoqué dans un pays admirablement doté par la nature une fuite si nombreuse que palatin en anglais était devenu synonyme d'émigré? Les possessions prussiennes, mieux administrées, sont trop loin du centre de la monarchie ; l'éducation et les mœurs y sont trop différentes de celles du Brandebourg et de la Prusse pour que la séparation cause une bien profonde et bien durable tristesse.

Nulle part nous ne distinguons là de centre d'attraction où s'accrochent les souvenirs, autour desquels se cristallisent des haines irréconciliables. C'est une poussière flottante que le vent chasse à droite et à gauche; ces populations, chez lesquelles depuis si longtemps les plus nobles aspirations sont restées inactives, sont toutes prêtes à se donner corps et âme à qui leur apportera une patrie. La difficulté la plus sérieuse que rencontrera la France viendra non de leur opposition, mais de leur inertie. Les habitants de Kirchheim, que les révolutionnaires invitent à se révolter contre le duc de Nassau, refusent de se compromettre, mais en ajoutant que, « si un traité assure à la République de France la possession de ces contrées, ils veulent être les premiers à prêter avec le plus grand zèle le serment de fidélité ». — « Nous admirons la Révolution, disait à Custine un négociant du cru; mais notre situation et notre flegme naturel ne nous donnent pas la force de la suivre et de l'atteindre. » Les événements confirment ce témoignage. Les généraux et les représentants qui tentent de provoquer un mouvement républicain se heurtent à une extrême réserve; le vote de la Convention qui, en 1793, à Mayence, accepte la réunion à la France, ne saurait constituer pour nous un titre sérieux : les élections, auxquelles les habitants ont, en général, refusé de prendre part, n'ont rien de commun avec un plébiscite; la situation est encore trop obscure, les chances trop incertaines, les paysans craignent les risques. Mais, s'il est puéril d'attacher quelque importance aux menées de Forster et d'une poignée de visionnaires, il est plus faux encore de parler, à propos des annexions de la Convention, d'attentat contre la volonté nationale. Façonnés à une obéissance passive, ayant perdu depuis longtemps tout contact avec l'Allemagne, les habitants de la rive gauche du Rhin sont des enfants perdus qui ne demandent qu'à s'attacher à la famille qui les recueillera.

Assez vite leur résignation se colore d'une nuance de satisfaction. L'héroïsme des défenseurs de Mayence (avril-juillet 1793) produit une impression profonde sur les habitants; en face de Meusnier qui, d'après Gouvion Saint-Cyr, aurait égalé Bonaparte et qui fut tué par un biscaïen, de Kléber, d'Aubert-Dubayet, de Beaupuy, de Decaen, des représentants du peuple Reubell et Merlin de Thionville, qui, ceint de son écharpe tricolore, pointe les canons, « le diable de feu », comme l'appellent les Allemands, les généraux prussiens font assez piètre figure. Sous de tels chefs, les troupes fran-

Siège de Mayence. (D'après une gravure de Döring.)

çaises, fort médiocres au début, se forment vite ; on admire leur constance, on compare leur humanité à la curiosité impie des badauds de la rive droite qui accourent en foule pour assister au bombardement et poussent des cris d'admiration quand les obus allument des incendies dans la ville ou atteignent l'antique cathédrale. Les pillages et les réquisitions des armées coalisées, les rigueurs des souverains rétablis dans leurs états, maladroites et excessives, mécontentent la population. Les premières armées de la République, tout enfiévrées de dévouement et de foi, ont répandu autour d'elles une ivresse contagieuse; quand on referme sur eux les anciennes barrières, les peuples éprouvent un malaise obscur, respirent mal dans une atmosphère trop resserrée, souffrent de maux qu'ils n'apercevaient pas auparavant.

Après que les victoires de 1794 ont ramené les Français sur le Rhin et que leurs succès plus décisifs rendent une restauration moins vraisemblable, la Convention, pour réduire les dernières hésitations, n'aurait qu'à traiter ses nouveaux sujets avec quelque ménagement. L'heure est décisive; plus aisément même qu'en Belgique, malgré la différence d'origine et de langue, elle peut attacher à la France, par des liens indissolubles, l'Allemagne rhénane. Malheureusement les circonstances sont difficiles : la guerre a épuisé les finances; par nécessité, par incurie aussi, la Convention, et plus tard le Directoire, abandonnent les généraux à leurs seules ressources; les pays conquis sont ruinés par une série interminable de réquisitions; les admirables vertus qui, en dépit de quelques exceptions déplorables, entourent d'une « pure auréole les premières armées de la République », ne résistent pas longtemps à ce déplorable système d'exploitation. A côté de quelques généraux dont la modération et la probité méritent la reconnaissance des

Augereau (1757-1816).

vaincus, beaucoup d'autres donnent l'exemple de la cupidité ; Soult, Bonamy, Hardy ont laissé à Mayence et à Bonn de

CATHÉDRALE DE MAYENCE.

détestables souvenirs; avant l'arrivée de Lefebvre, sa femme réclame pour lui une indemnité de 100 francs par jour; Augereau, bruyant, agité, rapace, soulève tout le monde contre lui.
Les administrateurs sont pires : le pays est envahi par

une tourbe de traitants et d'aigrefins qui ont réussi à échapper à la conscription et qui le saignent à blanc; comme ils n'en connaissent ni les mœurs ni la langue, ils ont recours aux bons offices de quelques sectaires ou de quelques fripons indigènes dont l'intervention ajoute à leurs vexations un caractère de rancune et de fanatisme. Le gouvernement français, qui ne retire de ce pillage organisé qu'un bien maigre butin, n'a pas assez d'énergie et d'autorité pour intervenir; comme il ne sait pas encore ce que deviendront les provinces conquises, il se désintéresse de leur malheur. Cruelles années! La misère est générale et l'abattement universel; le départ des cours, la fuite des bourgeois aisés et l'interruption du commerce avec les provinces de la rive droite ont tari les ressources les plus importantes des villes; le passage des troupes et les réquisitions achèvent leur ruine; devant les exigences des soldats, des habitants désertent leurs maisons; d'autres se noient ou se coupent la gorge; en dix ans, la population de Mayence diminue de 9,000 âmes. « Beaucoup de citoyens aisés, lisons-nous dans un rapport officiel, ont été forcés de se priver des choses les plus nécessaires et de porter au mont-de-piété leur linge et leurs meubles; un quart de la population n'a pas pu payer ses impôts. On essayera de la contraindre; mais comment? En vendant les meubles des récalcitrants, dit-on. Mais qui les achètera? Personne n'a d'argent, et d'ailleurs de meubles, ils n'en ont plus. »

Cet horrible désordre, s'il retarde l'assimilation, ne va pas jusqu'à créer un mouvement profond d'hostilité contre la France. La seule oppression qui laisse des rancunes durables est celle qui atteint un peuple dans sa conscience morale, qui révèle chez le maître une pensée de haine et de mépris. Rien de pareil ici. La guerre a eu beau, en se prolongeant, abaisser les cœurs, elle n'a pas emporté les nobles passions qui avaient poussé aux frontières les premiers croisés de la liberté. Au milieu des généraux avides, quelques âmes héroïques, d'un acier trop pur pour que la corruption les altère, un Marceau, un Hoche, retiennent les sympathies défaillantes. De même que certaines attitudes créent à la longue une disposition morale, les déclamations patriotiques provoquent et entretiennent chez les plus médiocres représentants de la Révolution un état d'âme spécial; les administrateurs les moins scrupuleux sont sincères quand ils parlent des Allemands comme de leurs enfants, « pour lesquels ils veulent faire ce que dans une famille unie les frères aînés font pour leurs cadets. » Les malheurs dont souffrent les provinces conquises sont ceux de la France entière; aucune trace de malveillance particulière, de suspicion; les indigènes ne sont pas systématiquement exclus des affaires; on ne soupçonne chez eux aucune velléité de révolte, et la confiance qu'on leur témoigne attire la leur.

Perthes remarque qu'au commencement du siècle l'Allemagne se divisait en trois groupes très distincts : dans le nord et dans le centre dominait la tendance conservatrice et historique, tandis que les doctrines rationalistes prévalaient dans l'ouest et que la Prusse formait comme un terrain mixte et essayait de concilier les droits de la logique et ceux de la tradition. Sans attacher à ces considérations générales une importance excessive et tout en reconnaissant qu'elles comporteraient de nombreuses restrictions, il est certain que le mouvement intellectuel parti de Herder et de ses disciples n'avait presque pas atteint les régions rhénanes, qui, éveillées plus tard à la pensée, étaient en retard d'une génération; les hommes qui avaient quelque instruction avaient grandi sous l'influence exclusive des encyclopédistes ; sortis de la même école que les Conventionnels, ils sacrifient aux mêmes dieux, parlent la même langue dans des dialectes différents; ils se sentent vite à l'aise dans la France, qui est leur véritable patrie intellectuelle. — D'aucun côté ainsi, pas plus dans l'élite de la population que dans le peuple, la conquête ne rencontre d'élément irréductible. — Reste, pour que l'annexion soit absolument légitime, qu'après avoir été acceptée par les intéressés, elle soit consentie par l'Allemagne ; la conduite des puissances qui la représentent à cette époque prouve que la question n'a à ses yeux qu'une importance secondaire ; elle apparaît toute disposée à passer condamnation sur le fait accompli.

Les historiens allemands ont si bien compris combien, au point de vue du droit, cette sorte de renonciation tacite était grave que, sans contester le fait — trop patent, — ils tentent du moins d'en atténuer l'importance en rejetant la culpabilité sur l'Autriche seule ; c'est la conclusion de la grande trahison des Habsbourgs contre la Germanie. Ils n'ont pas assez de mépris pour les généraux qui ne surent ni profiter des chances de l'été de 1793, ni défendre la Belgique contre Pichegru et Moreau ; pour les ministres surtout, aux intrigues desquels ils attribuent la lenteur des opérations militaires et les triomphes aussi imprévus qu'éclatants de la République. — Certes, les généraux autrichiens se montrèrent fort inférieurs à leurs jeunes adversaires : Clerfayt, vieux, malade et grognon, n'avait accepté qu'en rechignant le commandement de troupes qu'il jugeait insuffisantes ; Mack, qui combinait les plans, était un tacticien utopiste et brouillon, fort infatué de lui-même et dont le seul mérite fut toujours d'inspirer à ses compatriotes une confiance que les événements s'acharnaient à démentir ; Cobourg, dont on vantait avec raison l'expérience et la science, manquait d'initiative et de hardiesse. Mais, si les Prussiens furent plus heureux dans des affaires secondaires, on ne voit pas qu'ils aient mieux réussi à la longue à garder leurs positions, et leurs succès partiels, s'ils sauvèrent l'honneur des armes, n'eurent aucun résultat durable. La tactique des généraux de la Révolution, les attaques par grandes masses, le déploiement sur le front de l'armée de lignes nombreuses de tirailleurs, les assauts par colonnes serrées supposaient des armées considérables, un capital humain presque inépuisable et des soldats, non seulement braves et soumis à leurs chefs, mais capables d'initiative et d'élan ; les désastres des généraux autrichiens s'expliquent moins encore par leurs propres fautes que par l'évidente infériorité de l'organisation militaire qu'ils représentaient ; ils étaient victimes de cette sorte de fatalité qui, à un moment donné, condamne un peuple à la défaite et que les Prussiens devaient bientôt connaître à leur tour.

Comme d'habitude, le malheur aigrissait les caractères ; les relations, plus que froides dès 1793 entre les officiers prussiens et autrichiens, devinrent franchement hostiles en 1794, lorsque les Français, désormais maîtres de toutes leurs forces et victorieux à Tourcoing et à Fleurus, occupèrent tout le pays compris entre le Rhin et la mer, à l'exception des forteresses de Luxembourg et de Mayence. Le cabinet de Berlin accusait la cour d'Autriche d'avoir prémédité sa défaite, et le nouveau ministre des affaires étrangères de Vienne, Thugut, est resté depuis le bouc expiatoire chargé de tous les péchés d'action ou d'omission que commirent de 1793 à 1803 les souverains allemands. Thugut n'avait beaucoup de scrupules ni dans la vie publique ni dans la vie privée ; diplomate subtil et retors, très sincèrement dévoué à la monarchie, il avait appris à l'école de Kaunitz la défiance de la Prusse, et aucune raison de principe ne l'eût détourné de faire marché avec la France ; mais il prévoyait que l'abandon des états ecclésiastiques, en entraînant la chute du Saint-Empire, enlèverait aux Habsbourgs la suzeraineté qu'ils avaient conservée en Allemagne et l'hégémonie européenne qui en découlait : pour un pareil sacrifice, il eût exigé des dédommagements si considérables qu'il jugeait impossible de les obtenir ; les intérêts particuliers de l'Empereur se confondaient donc, suivant lui, avec ceux de l'Empire, et si l'on a relevé dans sa conduite quelques erreurs de détail ou quelques défaillances, il n'en est pas moins vrai que l'Autriche assuma loyalement le principal effort de la défense.

La Prusse, au contraire, tirait un avantage évident de la suppression d'un ordre de choses qui la condamnait à une perpétuelle subordination, et la perte de ses possessions occidentales était plus que compensée par l'occasion qui s'offrait à elle de fortifier son influence dans le Nord. Aussi, après la première campagne, son attention se détourne-t-elle toujours plus des provinces du Rhin, et si ses armées continuent à prendre part aux hostilités contre la France, c'est pour mériter et justifier ses acquisitions en Pologne. Elle se console de Valmy par le traité du 22 janvier 1793 qui lui livre, avec les vojévodats de Posen, Gnesen et Kalich, les villes de Dantzig et de Thorn.

Le bénéfice était considérable : un territoire de plus de 1,000 milles carrés, peuplé de 1,150,000 habitants, la frontière orientale solidement constituée, les relations entre la Silésie et la Prusse royale assurées. De semblables gains entraînent toujours quelques embarras : il fallut vaincre d'abord l'opposition de la diète polonaise, puis soumettre une insurrection. Lorsque Kosciusko eut été vaincu par Souvarov (1794), Frédéric-Guillaume, qui n'avait pas paru en meilleure posture devant Varsovie qu'en Champagne, n'en voulut pas moins une nouvelle part de butin, et, comme il l'exigeait très large, Catherine préféra s'entendre avec l'Autriche, qui, exclue du deuxième traité de partage, prit ainsi sa revanche en 1795. Après avoir longtemps protesté et supplié, Frédéric-Guillaume se résigna, le 19 octobre 1795, à accepter le nouveau million de Polonais qu'on lui offrait avec Varsovie, mais il était moins satisfait de son lot, fort honorable, que mécontent du progrès de l'Autriche et irrité de son attitude : comment eût-il pensé à la soutenir contre la France ?

« Sortir avec honneur de la guerre la plus coûteuse que la Prusse ait jamais faite, écrivait le ministre de Prusse, à

FIN DU SAINT-EMPIRE ROMAIN GERMANIQUE. 443

Varsovie, le 7 octobre 1794, tirer parti des nouvelles provinces polonaises, améliorer l'armée..., surveiller en silence l'ambition de notre rival naturel, voilà la glorieuse carrière politique qu'il reste à suivre à notre roi. » Il prêchait à des convertis. D'Haugwitz, qui avait succédé dans la direction des affaires étrangères à Bischosffwerder, augmentait de ses propres timidités les hésitations du souverain. La Prusse se précipita dans la paix avec la même légèreté et la même confusion de vues qu'elle s'était jetée dans la guerre.

« La Convention avait toujours fait une différence essentielle entre l'Angleterre et l'Autriche, avec lesquelles elle combattait pour des intérêts considérables et permanents, et la Prusse et l'Espagne qui paraissaient n'avoir été entraînées dans la coalition que par des complications fortuites ou des incidents passagers... Séparer les premières des secondes et rétablir l'ancien système des alliances nationales, » c'était le but des hommes d'état français en 1795. Pour y réussir, ils étaient prêts à bien des concessions : même ceux qui, comme Sieyès, Boissy-d'Anglas, Reubell, Merlin de Douai et Merlin de Thionville, regardaient comme désirable la conquête du Rhin, n'en faisaient pas une condition *sine quâ non;* à côté d'eux, un parti très puissant repoussait toute idée de conquête. Carnot couvrait de sa gloire, et Barthélemy, notre représentant à Bâle,

Comte d'Haugwitz (1752-1832).

disciple de Vergennes, soutenait de toute son influence « la faction des anciennes frontières ». Ses conseils irritaient la majorité du Comité de salut public, mais n'étaient pas sans effet. Malgré l'éclat extraordinaire de victoires inattendues, la situation de la France lui commandait de ne pas pousser à bout ses adversaires. « Avec quelque décision, écrit un des hommes qui ont le mieux étudié cette période, M. Bailleu, il n'est plus guère possible aujourd'hui d'en douter, la Prusse eût obtenu qu'on effaçât du traité jusqu'à l'éventualité d'une cession territoriale. » Elle sembla prendre à tâche de décourager les modérés à force de faiblesse.

Les résistances que M. de Hardenberg, bon Allemand, perspicace et pondéré, opposait aux demandes de la Convention exaspéraient le cabinet de Berlin. On voit bien qu'il n'est pas Prussien, disait un de ses collègues. Tout ce qu'il obtint d'Haugwitz, ce fut que celui-ci se refusât à une cession officielle et immédiate des territoires que la Prusse possédait sur la rive gauche du Rhin : ils furent occupés par les troupes françaises et l'on renvoya à la paix générale un arrangement définitif. En fait, le cabinet de Berlin ne demandait qu'à sauver les apparences; il n'avait aucune illusion sur le sens véritable de la convention qu'il signait, et les articles secrets de la paix de Bâle révélaient bien ses véritables intentions : si, lors de la pacification générale, disaient-ils, la France conserve la rive gauche du Rhin, le roi s'entendra avec la République pour la compensation qu'il aura à recevoir. Suivant la remarque d'un philosophe contemporain, l'état de guerre n'a cessé que quand le vaincu a reconnu la supériorité du vainqueur, c'est-à-dire s'est volontairement résigné aux sacrifices qui lui sont imposés. Acceptée sans protestation par les populations, reconnue sans difficulté par la puissance qui représentait alors l'Allemagne, justifiée par les améliorations qu'elle apportait aux vaincus et rachetée par les progrès qu'elle devait nécessairement entraîner dans l'organisation intérieure de l'Empire, la

FIN DU SAINT-EMPIRE ROMAIN GERMANIQUE.

conquête des provinces rhénanes paraissait d'autant plus légitime au Comité de salut public qu'il y voyait la condition d'un nouveau droit européen. : « Le raisonnement que vous faites, répondait-il aux objections de Barthélemy, qu'en forçant l'Autriche à reprendre la Belgique nous aurions toujours moyen de l'atteindre, nous paraîtrait également perdre toute sa force, puisqu'il ne s'agirait plus des moyens de faire la guerre avec avantage lorsqu'on aurait trouvé celui d'en détruire les causes. A quoi donc nous auraient servi cette terrible guerre et cette longue révolution, si l'on devait revenir comme cela était, et pensez-vous que la République pourrait se maintenir au milieu d'un ordre de choses qui n'aurait point changé autour d'elle? »

BARTHÉLEMY (François) — 1747-1830.

Les conventionnels ne séparaient pas dans leur pensée les intérêts de leur patrie de ceux de l'Europe; ils espéraient résoudre l'antinomie jusque-là irréductible des nationalités et de l'humanité; le traité de Bâle, à leurs yeux, n'était pas seulement le dernier terme des réunions monarchiques et comme l'accomplissement de notre histoire, mais surtout le premier pas vers l'établissement d'un système politique qui, fondé à la fois sur l'équilibre des forces et sur la satisfaction des instincts populaires, trouverait en lui-même sa raison d'être et de durer. Rêve grandiose, que tout justifiait alors, mais que devaient trop vite compromettre des fautes irréparables.

Restait pour le moment à obtenir de l'Angleterre et de l'Autriche la ratification de nos conquêtes : mais la question était secondaire, parce qu'ici les principes n'étaient plus en jeu. Seule, en effet, l'Allemagne avait qualité pour agir, et là où elle se résignait, à quel titre d'autres prétendaient-ils intervenir? Bien que l'Empereur et l'Empire restassent en armes contre nous, la neutralité de la Prusse modifiait radicalement la situation. De même que les contrées du Pô et de l'Adige deviennent désormais le théâtre des principales opérations militaires et que les mouvements de Jourdan, de Moreau et de Hoche dans les vallées du Mein et du Danube n'ont guère d'autre but que de dégager Bonaparte, ce qui est en jeu désormais, c'est beaucoup moins l'Allemagne que l'Italie. Thugut, si sévère pour la Prusse, eût aussi facilement qu'elle sacrifié la rive gauche du Rhin, s'il eût obtenu des compensations dans la péninsule ; dans les conquêtes de la France vers l'est, une seule chose l'inquiétait, c'était les facilités qu'elles ouvraient aux Hohenzollern. Dès que Bonaparte entra dans ses vues, pour obtenir la Vénétie et pour enlever à la Prusse toute

Hoche (1768-1797).

occasion d'agrandissement, il oublia aussitôt ses déclarations patriotiques et ses vertueuses indignations : après la Prusse, l'Autriche, au traité de Campo-Formio (17 octobre 1797), consentit à son tour à abandonner à la France presque toutes les provinces occidentales de l'Allemagne.

« L'Empire est une fille à laquelle depuis longtemps tout le monde fait violence », criait le général Bonaparte aux plénipotentiaires autrichiens, dans une de ces fameuses scènes de violence par lesquelles il cherchait à intimider ses adversaires. Son interlocuteur, Louis Cobenzel, fin courtisan, de manières élégantes, qui composait et jouait avec agrément des comédies de salon, — « Vous garderez votre meilleure pièce pour le jour où les Français entreront dans Vienne, » lui avait dit un jour Catherine II, — jugeait ce ton et ces manières déplorables, mais ce n'était qu'une affaire d'expression; comme Thugut, sa seule préoccupation « était d'habiller de quelque manière la honte des stipulations qu'ils acceptaient pour l'Empire ».

Dans la ville de Rastatt, déjà consacrée par le traité de 1714, s'ouvrit, dans les derniers mois de 1797, la grande foire aux convoitises; pour la première fois, dans ces assises solennelles, se rencontraient officiellement les défenseurs de l'ancien régime, puissant malgré ses défaites, et les orgueilleux apôtres de la Révolution, victorieuse, mais non encore reconnue. Les Français avaient pour eux, avec la confiance que donne le succès et cette sorte d'audace propre à des hommes qui, vivant depuis plusieurs années dans une crise nerveuse perpétuelle, s'étaient habitués à pousser à l'extrême leurs opinions et à ne se croire en sûreté que quand ils avaient supprimé leurs adversaires, les traditions qui, depuis un siècle et demi, avaient fait de leur langue la langue diplomatique, les appétits désordonnés et les rivalités aiguës de leurs adversaires, l'incohérence de leurs desseins et, par dessus tout, la lassitude de l'opinion publique allemande, prête à toutes les concessions pour échapper aux souffrances d'une nouvelle guerre.

Görres, plus tard ennemi farouche de la France et à ce moment partisan passionné de la Révolution, écrivait gaiement l'oraison funèbre du Saint-Empire : « Le 30 décembre 1797, le jour de la reddition de Mayence, à trois heures de l'après-midi, est mort à Ratisbonne, à l'âge florissant de neuf cent cinquante-cinq ans, cinq mois et vingt-cinq jours, doucement et dans le Seigneur, à la suite d'épuisement complet et d'une attaque d'apoplexie, le Saint-Empire romain, en pleine conscience et muni des sacrements de l'Église. Pourquoi a-t-il fallu, Dieu clément, que ta colère atteignît cette inoffensive créature ? Il broutait si paisible, si tranquille, les prairies de son père ! Dix fois, il s'était laissé tondre sa laine ; il était si doux, si patient, semblable à cette bête de somme de l'humanité qui ne se cabre et ne rue que lorsque d'effrontés garnements lui brûlent les oreilles avec de l'amadou enflammé ! Le défunt était né à Verdun, en 842; lorsqu'il vit la lumière, une fatale comète à perruque brillait au zénith. La sage-femme qui l'aperçut la première prononça ces paroles fatidiques : « Un enfant né sous ce signe sera pacifique, patient, et pour cela il sera poursuivi par les méchants. » Dans sa jeunesse il paraissait solidement constitué, mais son goût pour la vie sédentaire, uni à la manie religieuse, compromirent vite sa santé, d'ailleurs chancelante ; il parut bientôt que sa tête devenait plus faible, ses facultés intellectuelles baissaient tous les jours et, à l'âge de deux cent cinquante ans, à l'époque des croisades, il devint fou. Des saignées abondantes et une diète sévère amenèrent quelque amélioration, mais de la folie il tomba dans la phtisie. Ce n'était plus qu'une ombre. Il traîna ainsi pendant des siècles jusqu'à la guerre de Trente ans, où de violentes hémorragies achevèrent de l'épuiser. Il commençait à peine à se relever quand arrivèrent les Français, et une attaque d'apoplexie termina ses souffrances. Tant d'épreuves n'avaient pas altéré son humeur, et il en donne une preuve dernière par son testament. Il lègue à la République française, comme à son héritier naturel, la rive gauche du Rhin et la prie d'accepter ce petit présent, fait de bon cœur, comme un souvenir d'estime et d'affection. Sa Sainteté recevra la caisse d'opération de l'Empire pour restaurer ses finances et la Bulle d'or pour redorer ses bulles ; les revenus impériaux reviendront à l'hôpital de Ratisbonne, et les bancs des prélats et autres bancs de la diète, à l'université de Heidelberg ; l'électeur de Hesse-Cassel aura pour sa part l'armée impériale, qu'il pourra vendre à l'Angleterre. L'exécution du testament est confiée au général Bonaparte. » — Une autre brochure, qui n'eut pas moins de retentissement, est intitulée *la Passion :* « Et après que Bonaparte eut terminé cela, les docteurs, les grands prêtres et les pharisiens se réunirent dans une ville que l'on nomme Rastatt et tinrent conseil pour savoir comment ils prendraient par ruse l'Empire romain et le tueraient... Et l'Empire vit que sa dernière heure était arrivée, et il dit : « Mon « âme est triste jusqu'à la mort... » Et l'électeur ecclésiastique était fort mélancolique et il dit dans le congrès : « En vérité, en vérité, un de vous me trahira. » Et voilà, la cour de Prusse murmura à l'oreille de la France : « Que me donnerez-vous ? Je vous le livrerai. »

Dans toute la littérature politique de l'époque, c'est le même ton de persiflage. Au Congrès, pendant les dix-huit mois que durent les négociations, les complaisances infinies que rencontrèrent les ambassadeurs français ne furent déconcertées ni par les imprudentes prétentions du Directoire, ni par l'insolence et la hauteur de ses ministres. Affolés par l'idée de mettre la main sur les domaines de l'Église ou de la noblesse immédiate, les membres de la députation impériale étaient prêts à passer par tout ce que demandait la République. « Depuis le dernier vote, écrivait un envoyé autrichien, le congrès ressemble à une bourse du commerce. — Roberjot a tapissé tout son cabinet avec des cartes d'Allemagne ; tout est étiqueté, et à ceux qui viennent le voir, il dit : ce pays, cet évêché,

Archiduc Charles (1771-1847).

cette abbaye, nous les donnons à un tel ; cet autre à un autre, et ainsi de suite... Un ci-devant prêtre welche veut distribuer à sa fantaisie toute l'Allemagne. » Une partie des ambassadeurs étaient si enragés de paix, ou plutôt de butin, qu'après la rupture de la France et de l'Autriche, ils persistaient à poursuivre les négociations, même sans l'Empereur : la constitution s'y opposait, mais elle est comme l'Évangile, disait Talleyrand, on y trouve tout ce qu'on y cherche. Seule la victoire de l'archiduc Charles à Stokach (26 mars 1799), et la retraite de Jourdan au delà du Rhin calmèrent la fièvre de ces sécularisateurs : trop d'indépendance fût devenu périlleux en face des succès des coalisés ; mais les appétits une fois éveillés ne s'apaisent que quand ils sont satisfaits et le premier retour de fortune ramena à la France une légion de complaisants et de complices.

COMTE LEHRBACH.

« L'égoïsme, écrivait Lehrbach, un des représentants de l'Autriche à Rastatt, est en Allemagne le fond de toutes les actions ; aussi tout périt... Il est incompréhensible qu'un état de l'Empire espère se maintenir seul, puisque dans un royaume fédératif le salut dépend de l'ensemble. » Sages maximes, mais qui dans la bouche d'un agent de Thugut ne manquent pas de saveur. L'Autriche oubliait vite qu'elle avait donné l'exemple à ces princes dont elle stigmatisait la trahison. Les conférences de Selz entre François de Neufchâteau et

Cobenzel (mai-juillet 1798) avaient prouvé, une fois de plus, que sa complaisance eût été inépuisable si on eût voulu y mettre le prix. « Il faut, disait Cobenzel à l'empereur François, ou bien rétablir l'ancien ordre des choses, ou bien, si l'on s'en écarte absolument, il faut que notre sécurité et nos intérêts soient garantis. » Thugut n'avait pas hésité à se départir du traité de Campo-Formio tant qu'il avait cru qu'on lui paierait sa connivence; ses susceptibilités s'éveillèrent dès qu'on lui contesta sa part de butin. Plus que les exigences des républicains sur le Rhin, leurs empiètements en Italie l'épouvantaient; en même temps, Brune occupait la Suisse, et la Hollande était réduite à une vassalité à peine déguisée. Plutôt que de laisser le Directoire étendre sa domination du Weser à l'Adriatique et établir son hégémonie sur le monde, l'Autriche résolut d'en appeler de nouveau aux armes. Sollicitée par l'Angleterre, énergiquement appuyée par Paul Ier, comptant sur l'adhésion de la Prusse, très bien instruite du désarroi au milieu duquel la France se débattait, de la ruine de ses finances, de l'affaiblissement de ses armées, des révoltes de l'opinion publique écœurée, elle espérait une facile revanche de ses précédents échecs.

Elle avait un grand avantage, c'est que toutes les tentatives de propagande révolutionnaire glissaient sur elle sans l'atteindre. Il avait suffi à Léopold et François II (1792-1835), pour désarmer les colères soulevées par leur prédécesseur, de renoncer à imposer aux seigneurs l'abandon de leurs privilèges matériels : suivant l'expression de Springer, ils avaient sauvé la forme en sacrifiant le fond, et leur despotisme avait cessé d'être contesté du jour où il n'avait plus affecté une forme provocatrice et des tendances populaires. Depuis lors, les Habsbourgs s'appliquaient à éviter toute émotion, *quieta non movere;* une police méticuleuse veillait à ce que rien ne troublât le calme des esprits, dénonçait comme ennemi de l'état quiconque ne portait pas de culottes courtes ou s'en-

FIN DU SAINT-EMPIRE ROMAIN GERMANIQUE.

tourait le cou d'une épaisse cravate ; elle finit par soupçonner de visées révolutionnaires l'insipide libretto de *la Flûte enchantée* : Pamina aurait représenté la liberté, Papagéno l'aristocratie et les prêtres de Sarastro l'Assemblée constituante. Les écoles furent livrées à la surveillance du clergé, les œuvres de Gœthe et de Schiller furent interdites; une commission de

ÉPISODE DU DÉPART DES TROUPES FRANÇAISES
DE LA VILLE DE NUREMBERG. (D'après une gravure allemande.)

censure, chargée d'examiner les livres publiés depuis l'avènement de Joseph II, condamna en deux ans plus de deux mille cinq cents ouvrages.

Un pareil régime, suivi avec persévérance, avait étouffé toute pensée d'opposition, mais aussi toute velléité d'action. Les dispositions morales des habitants de l'Autriche présentent à ce moment de remarquables analogies avec celles que nous avons constatées dans les électorats ecclésiastiques. Leur panique enfantine à l'approche de l'invasion fait bientôt place à une sorte d'attendrissement, dès qu'ils s'aperçoivent que leurs terreurs sont excessives. Les Français sont tapageurs, légers; ils boivent le vin et caressent les filles, mais ce sont de bons diables avec lesquels on s'arrange. « En entrant chez les paysans, ils vomissent feu et flammes et n'en finissent pas pour dicter des ordres pour le bon entretien de leur personne : qu'on leur fasse bon accueil, qu'on leur montre une figure avenante et, avec quelques raisons adroites, on apaise leur tête bouillonnante; après quoi ils se contentent généralement de fort peu de chose. » Les bourgeois pas plus que les paysans ne comprennent rien aux paroles d'affranchissement et de liberté que leur répètent leurs hôtes improvisés; ils y devinent cependant une bonne intention, leur en savent gré; des relations amicales s'établissent. Les vaincus donnent à dîner aux vainqueurs, acceptent leurs invitations; leurs filles apprennent la valse à nos officiers et ne sont pas mécontentes de leurs élèves. C'est une guerre d'ancien régime : les populations en souffrent, mais n'y prennent qu'une part tout extérieure : ce sont là choses de gouvernement.

Cette inertie est une des forces de l'état ; comme chez les organismes primitifs, la vie en Autriche était d'autant plus résistante qu'elle était moins développée; les peuples supportaient sans en être accablés des défaites qui ne troublaient guère leur quiétude et dont les conséquences matérielles mêmes n'avaient pas ces lointains contrecoups qui, sous un régime économique plus avancé, sont une cause redoutable d'énervement et de défaillances.

En revanche, si elle opposait à ses ennemis une sorte d'invulnérabilité passive, ses ressources s'évanouissaient dès qu'elle prenait l'offensive. Ses victoires paraissent frappées de stérilité. En 1799, la fortune lui reste presque constamment favorable ; elle ne réussit cependant ni à entamer nos frontières ni à affaiblir sérieusement la situation de la République. A la fin de l'année, la coalition est en pleine dissolution,

FIN DU SAINT-EMPIRE ROMAIN GERMANIQUE. 455

l'armée découragée, l'opinion publique abattue. Marengo et

FRANÇOIS II (1768-1835).

Hohenlinden achèvent la déroute. Thugut abandonne le ministère et François II signe la paix de Lunéville (9 février 1801) par laquelle il abandonne à la France, avec la prépondérance en Italie, la rive gauche du Rhin et accepte le principe des sécularisations.

La retraite de Thugut et la paix de Lunéville marquent dans l'histoire de l'Autriche et par conséquent de l'Allemagne une date considérable. Désormais les Habsbourgs doivent renoncer à poursuivre cette hégémonie universelle qui, depuis Frédéric III, n'avait pas cessé de hanter périodiquement leur pensée. A ce moment réellement commence la monarchie autrichienne, telle que nous la connaissons aujourd'hui. Le rôle que lui imposaient les événements, en la condamnant à se replier sur elle-même, était glorieux et utile, si elle savait le comprendre. Servir d'intermédiaire entre l'Occident et l'Orient, appeler à la civilisation les peuples encore à demi barbares qu'elle gouvernait, apaiser leurs rancunes et définir leurs droits réciproques, la tâche était haute ; mais après les grandioses espérances de Joseph II et de Thugut, ce revirement exigeait chez les successeurs de Charles-Quint, avec une singulière absence de préjugés, une perspicacité et une résignation si difficiles qu'ils sont presque excusables d'être retombés plus d'une fois dans leurs anciennes tentations avant d'accepter sans arrière-pensée leur condition nouvelle.

Pour le moment, l'Empereur assistait impuissant à la ruine de l'ordre de choses sur lequel sa race avait jusqu'alors fondé sa domination en Allemagne. « J'ai tellement épuisé ma monarchie en hommes et en argent, écrivait François II, qu'elle est hors d'état d'occuper dans l'équilibre européen la place qui lui appartient ; j'ai en même temps perdu toutes mes relations politiques, et, dans cet état d'affaiblissement, je ne puis compter sur aucun allié sincère. »

Un travail de plusieurs années était nécessaire pour relever l'esprit militaire, panser les plaies de la guerre, calmer la sourde irritation des populations, dont la patience était lassée à la longue par la sottise et l'incurie de l'administration.

FIN DU SAINT-EMPIRE ROMAIN GERMANIQUE. 157

Les classes intelligentes, que l'on avait voulu effrayer par des procès et des arrestations, étaient sourdement travaillées par des sociétés secrètes. « Il semble que chaque état doit traverser une crise, écrivait l'archiduc Jean; c'est maintenant notre tour; malheur à nous si elle éclate... Quel désordre,

BATAILLE DE HOHENLINDEN (3 décembre 1800).

quel danger avec tant de peuples barbares! C'est pire qu'en France. » Thugut n'était guère moins pessimiste : c'est ainsi que commencent les révolutions, disait-il en parlant des conventicules où se préparaient chaque soir les bruits perfides qui devaient être habilement portés le lendemain jusqu'aux oreilles du souverain.

Pour ramener et réveiller l'opinion, des réformes radicales eussent été nécessaires; mais elles n'étaient guère possibles, et qui d'ailleurs en eût pris l'initiative? François II, dont la timidité naturelle avait été encore accrue par la mauvaise fortune, jaloux de toute supériorité et troublé par tout projet d'innovation, n'avait de fermeté que dans la routine et n'admettait d'autre règle que l'immobilité ; sa bonne volonté ignorante et anxieuse entravait la marche des affaires; en 1802, deux mille rapports entassés sur sa table attendaient une décision, et l'archiduc Jean accusait les ministres de l'accabler sous le poids d'affaires insignifiantes pour l'empêcher de s'occuper des questions urgentes et dissimuler leur insuffisance. Les chefs de service étaient des fantoches dont il est fort difficile d'expliquer la faveur, à moins qu'il ne faille en chercher la raison dans leur nullité

Archiduc Jean.

même, qui était une garantie aux yeux du soupçonneux monarque; ne déclarait-il pas à Colloredo qu'il était impossible de se fier « à la plupart des employés, en partie parce qu'ils ne possédaient pas les connaissances nécessaires, en partie parce qu'on ne saurait être satisfait de leur principe et façon de penser? » On avait essayé de mettre un peu plus d'ordre et de régularité dans l'administration en décidant que les ministres délibéreraient en commun sous la présidence de l'Empereur et en établissant un « Ministère d'état et de la conférence »

(31 août 1801). Après comme avant, les rivalités et les coteries, la paresse et l'ignorance des chefs, l'inertie des employés et les terreurs de François II paralysèrent tout esprit d'activité et d'énergie. Sans idées précises, sans système politique, sans gouvernement et sans armée, l'Autriche n'avait qu'à s'incliner devant les volontés impérieuses de Bonaparte, qui étendait sur l'Allemagne sa main victorieuse.

Le nouveau ministre des affaires étrangères, Cobenzel, a comme Thugut porté longtemps la responsabilité d'échecs qu'aucune volonté isolée n'aurait réussi à conjurer. Ce n'était certes ni une intelligence d'élite ni un grand caractère : très mondain, frivole et dissipé, travailleur, mais incapable de sacrifier ses caprices à ses fonctions, ses défenseurs louent du moins avec raison la justesse et les ressources de son esprit. Fort mal vu du premier consul, qui lui prêtait des rancunes qu'il n'avait pas, il était très vivement combattu à Vienne et assez tièdement soutenu par l'Empereur, qui, ponctuel, prude et gourmé, « détestait son immoralité, sa légèreté, sa négligence et son goût pour le plaisir et la dépense ». Sans cesse obligé de se défendre contre les intrigues de ses rivaux, il n'était pas libre d'apporter dans la politique extérieure la décision et la suite qui eussent été plus que jamais indispensables. Convaincu que l'Autriche avait un besoin urgent de repos et absolument étranger à toute idée de patriotisme germanique, il acceptait sans arrière-pensée les nouvelles conquêtes de la France sur le Rhin et n'eût pas demandé mieux que de chercher une garantie de paix dans une entente avec Napoléon. Mais, en face des récriminations de l'aristocratie, il n'osait pas avouer ses intentions et, comme il craignait de se découvrir trop complètement, en même temps qu'il faisait sa cour à Paris, il frappait discrètement à la porte de la Russie et de la Prusse. Au milieu de ces oscillations qui irritaient Bonaparte, d'ailleurs fort mal disposé pour l'Autriche, les événements s'accomplissaient. « J'avais le choix entre

Berlin et Vienne, disait le premier consul à l'ambassadeur Philippe Cobenzel, car il me faut l'une des deux. De votre côté, je n'ai rencontré que difficultés, obstacles, opposition ; vous avez attendu que j'aie fait ma paix avec l'Angleterre, mon traité avec la Prusse, mes conventions avec la Russie... Maintenant je joue mon jeu. Vous autres, vous avez toujours la Bavière en vue, l'Italie est une maîtresse avec laquelle vous voudriez bien coucher. Il ne faut plus penser à tout cela et dès lors nous serons bons amis. »

Tandis que l'Autriche, partagée entre les regrets du passé et les tristesses du présent, s'efforçait timidement de retenir quelques bribes de son influence en Allemagne, les autres cours germaniques faisaient assaut de complaisances pour mériter les bonnes grâces du vainqueur. Pendant la dernière guerre les succès de Souvarov avaient provoqué une assez vive émotion, en particulier dans l'Allemagne moyenne ; dans le Spessart, sur le Mein supérieur, dans la Franconie, quelques bandes s'étaient formées pour protéger le pays contre les réquisitions des Français ; elles atteignirent bientôt une vingtaine de mille hommes et à diverses reprises firent preuve de vigueur. Ces incidents prouvaient que tout sentiment de patriotisme n'avait pas disparu, mais ces mouvements étaient restés purement locaux, et quand Moreau, en 1800, franchit de nouveau le Rhin, il ne se heurta nulle part à une sérieuse résistance populaire. Il maintenait parmi ses troupes une exacte discipline ; ses divisionnaires et ses officiers, par tradition, par dignité et par esprit de corps, ménageaient les habitants. On leur savait gré de leur courtoisie, de la simplicité de leurs allures, de l'estime qu'ils professaient pour la nation allemande, ses écrivains et ses compositeurs ; on pardonnait sans trop de peine au général Lecourbe, en faveur du motif, les procédés par lesquels, bibliophile enragé, il complétait ses collections.

Les soldats, tapageurs et vantards, mais gais et faciles à

FIN DU SAINT-EMPIRE ROMAIN GERMANIQUE.

vivre, avaient vite gagné les sympathies des populations : elles répétaient les refrains de leurs chansons et se pénétraient peu à peu de leurs idées. En Souabe, où l'esprit a toujours été fort éveillé et où les luttes des diètes contre le duc de Wurtemberg entretenaient une certaine fermentation, les paysans « qui sont la classe la plus importante de l'état, disait un pamphlet en 1801, et qui cependant, bien que toutes les charges de la guerre retombent sur eux, réclament en vain la suppression des corvées et autres prestations personnelles, des droits de chasse, des dîmes, etc. », n'avaient aucun attachement pour le duc Frédéric II, « bouffi d'orgueil, violent, dominé par ses passions, traître envers tous les partis », ou

Moreau (1763-1813).

pour la Constitution germanique dont l'incohérence n'apparaissait nulle part avec plus d'évidence que dans ce pays de principautés minuscules et de hobereaux. En Bavière, *les Illuminés*, malgré la persécution de la police, formaient un groupe assez remuant, et à côté d'eux *les Patriotes* songeaient à se débarrasser de l'électeur ; il y avait à Munich des clubs républicains. On invitait la France à faire pour la Bavière ce qu'elle avait déjà fait pour la Cisalpine ; des pamphlets circulaient, assez nombreux. « On m'avertit, raconte le général Decaen, que si je voulais y prêter la main, on déploierait le drapeau de la liberté dans toute la partie de l'électorat occupée par les Français. » Moreau reçut des ouvertures analogues : quelques-unes venaient de gens bien posés, instruits, riches; les mécontents ne s'arrêtèrent que devant l'attitude plus que froide des généraux de la République. Quelques mois après, Boulay de la Meurthe, dans son rapport au conseil d'état, faisait un mérite au gouvernement français de n'avoir pas renversé l'électeur, « malgré les désirs ouvertement et hautement manifestés par tant d'habitants ». — « La cour de Vienne n'y songe pas assez, disait Talleyrand vers cette époque; ce n'est pas l'armée française qu'elle aura principalement à combattre, c'est l'esprit révolutionnaire qui se répandra comme un torrent dévastateur et qui ravagera toute l'Allemagne. » — « Des traînées de poudre ayant des ramifications fort étendues, disait-il un autre jour, sont toutes prêtes et n'attendent que le signal d'être allumées; leurs explosions bouleverseront le monde. »

Hâbleries de diplomate, que ses interlocuteurs n'acceptaient que sous bénéfice d'inventaire, qu'ils ne dédaignaient pas complètement cependant, parce qu'elles reposaient sur des faits réels. Contre les princes qui auraient fait mine de poursuivre les hostilités à outrance, la République avait des armes redoutables, et elle le leur indiquait discrètement, mais elle n'en usait pas, parce que leur docilité lui en épargnait l'ennui; elle préférait leur rappeler que leurs intérêts et leurs traditions les avaient souvent rapprochés de la France. Maximilien-Joseph, qui depuis 1795 avait succédé à son frère dans le duché de Deux-Ponts, et qui gouvernait la Bavière depuis la mort de Charles-Théodore (1799), détestait l'Autriche, qu'il avait toujours soupçonnée de vouloir confisquer ses domaines; son éducation avait été toute française; son principal ministre, d'origine française, était un adepte fervent des doctrines rationalistes. Jadis chassé de Bavière parce qu'il était affilié

FIN DU SAINT-EMPIRE ROMAIN GERMANIQUE. 463

aux Illuminés, Montgelas, entendait à la fois prendre sa

L'Électeur Maximilien-Joseph, roi de Bavière de 1806 à 1825.

revanche sur les obscurantins, transformer le pays, le soustraire à l'influence des Habsbourgs et lui assurer une autorité prépondérante dans l'Allemagne du Sud. Sa politique lui attira des haines qui n'ont pas encore complètement désarmé, et les historiens allemands incarnent volontiers dans ce ministre, qui ne parlait et n'écrivait que le français, et à qui ses yeux malins et perçants, son nez long et proéminent, sa bouche moqueuse et son costume, — il ne portait jamais que l'habit de cour, — donnaient quelque chose de méphistophélique, les crimes dont les cours secondaires se sont, suivant eux, rendues coupables envers la patrie. Ils ne sauraient cependant nier la souplesse de son esprit et la décision de son caractère, et il n'est pas démontré, malgré tout, que son œuvre n'ait pas, en définitive, servi la cause de l'unité.

MONTGELAS.

Les autres souverains de l'Allemagne méridionale et centrale, le duc de Bade, Charles-Frédéric (1738-1811), le duc de Wurtemberg, Frédéric (1797-1816), le landgrave de Hesse-Darmstadt, n'étaient ni assez puissants, ni assez hardis, ni assez sûrs de leurs sujets pour avoir une volonté indépendante, et ils ne pensèrent qu'à sauvegarder de leur mieux leurs intérêts personnels. En face des intrigues de la Prusse et de l'Autriche, qui, après les avoir précipités témérairement dans la guerre, ne songeaient plus maintenant qu'à en rejeter les charges sur eux, en indemnisant en Allemagne leurs parents de Hollande ou d'Italie, les princes secondaires revinrent naturellement de leur côté à leurs anciennes habitudes et implorèrent la protection du premier consul.

Les écrivains d'outre-Rhin ne parlent que la rougeur au front de ces jours d'humiliation où se ruaient vers la servitude cette tourbe de princes, de seigneurs et de villes qui attendaient de la bouche d'un Corse parvenu l'arrêt d'où dépendait leur existence. Les Allemands se plaisent à opposer la fausseté welche à la sincérité tudesque et font grand bruit de la loyauté de leurs cœurs et de la profondeur naïve de leurs sentiments ; il arrive cependant que cette sincérité ressemble à s'y méprendre à la grossièreté, et la candeur de leurs aspirations n'en relève pas toujours l'objet.

TALLEYRAND (prince de Bénévent).

En 1803, leur éducation sociale était à peine commencée : venez à Paris, disait plus tard Napoléon à Gœthe, on y a une vue plus large sur le monde ; — on y avait aussi une certaine politesse de manières et quelque élégance de langage qui dissimulaient un peu le cynisme de la pensée. En somme, dans cette mélancolique farce qui marque la fin du Saint-Empire, le rôle des représentants de la France n'est guère plus glorieux que celui de leurs solliciteurs, et leur avidité éhontée, leur légèreté, leur impudence ne sont pas moins viles que les appétits des flatteurs qui les subornent. Chez M. de Talleyrand, le cœur était aussi bas que l'esprit était vaste; plein de ressources et d'adresse, mais égoïste, besogneux et cupide, toujours prêt à sacrifier à sa fortune l'intérêt général, il avait conservé de l'ancien régime, avec une aisance supérieure et une grâce hautaine, une profonde indifférence morale et un incurable scepticisme, encore exagérés par le spectacle de la Révolution : « Pour de l'argent, disait Mirabeau, qui le connaissait bien, il vendrait son âme, et il aurait raison, car il troquerait son fumier contre de l'or. » Modéré par tempérament et par conviction, il regrettait l'ancienne Europe qu'il contribuait à renverser, mais plus ses regrets étaient vifs, plus il sentait le besoin de consolations trébuchantes et sonnantes. Pour le gagner, aucune flatterie ne paraissait trop basse à ses courtisans princiers, mais mieux qu'en caressant un enfant mal élevé ou en portant son petit chien, on arrivait à son cœur en oubliant sur sa table une tabatière pleine de louis. Les successeurs des maisons les plus illustres gravissaient les marches de la mansarde où travaillait le Strasbourgeois Mathieu qui, laborieux et appliqué, avait l'oreille du maître, ou sollicitaient à deniers comptants l'entremise de son domestique; le prince de Löwenstein, camarade d'école de Mathieu et de Talleyrand, se chargeait de déniaiser ceux qui n'auraient pas compris ce que le ministre attendait d'eux. Répugnante intrigue où se débattent des ambitions mesquines, des compétitions brutales, des agonies lamentables ! Le 25 février 1803, le projet de sécularisation proposé par la France fut transformé en recez principal de la députation d'Empire; adopté par la Diète le 24 mars, il fut enfin ratifié par François II, le 27 avril 1803.

L'intérêt serait assez vain de suivre dans le détail des modifications que de nouvelles guerres rendirent bientôt caduques, mais il importe d'en indiquer les principales lignes, parce qu'elles marquent dans ses traits généraux la première esquisse de la forme que le Premier Consul voulait donner à l'Allemagne. L'Autriche était assez durement traitée, tandis que les puissances qui avaient sollicité la protection de la France étaient comblées. La Prusse, qui perdait 127,000 sujets (Gueldre, principauté de Meurs, une partie du duché de Clèves), en recevait plus de 500,000, et ses nouvelles acquisitions, sans lui donner encore de bonnes frontières, arrondissaient fort agréablement ses anciens domaines de Westphalie, ouvraient la Thuringe à son influence et lui assuraient une position prépondérante dans la région comprise entre le Rhin et l'Elbe, où ses possessions n'étaient plus séparées, si l'on fait exception du Hanovre, que par des principicules trop faibles pour échapper à son hégémonie. Les états du Sud avaient été plus favorisés encore. Le margrave de Bade échangeait le comté de Sponheim et quelques seigneuries alsaciennes ou luxembourgeoises (90,000 habitants) contre des domaines moins excentriques et plus peuplés (250,000 habitants). Le duc de Wurtemberg, qui perdait 15,000 sujets (Montbéliard, Blamont, Héricourt, quelques fiefs en Alsace), en obtenait plus de 100,000; la Hesse-Darmstadt, le prince de Nassau n'avaient pas moins à se louer de la générosité du premier consul.

La Bavière avait subi des pertes sérieuses; outre le duché de Deux-Ponts, le palatinat du Rhin, Juliers, la principauté de Simmern, Lautern et Veldenz, qui revenaient à la France, le recez de 1803 lui enlevait le palatinat de la rive droite, que se partageaient Bade, la Hesse et Nassau, en tout environ 600,000 habitants. Mais les magnifiques évêchés de Bamberg et de Wurzbourg, ceux de Frisingen et d'Augsbourg, une partie de l'évêché de Passau, plusieurs abbayes, quinze villes libres, et parmi elles Ulm, Nordlingen et Kempten, plus de 900,000 habitants, formaient une superbe compensation. A la place de possessions trop éloignées et qui la condamnaient à une politique équivoque et vacillante, elle recevait des territoires faciles à défendre qui la mettaient à l'abri des ambitions autrichiennes ; sa prépondérance dans l'Allemagne du Sud était dès lors manifeste, et, sans atteindre encore le but de son ambition, elle apercevait clairement, suivant l'expression de Montgelas, les points sur lesquels elle devait porter son effort ; elle était en passe d'atteindre le but fixé à ses princes par Maximilien lors de la guerre de Trente ans et vainement poursuivi depuis par ses successeurs. Une des causes essentielles de leurs échecs avait été la répugnance instinctive qu'inspirait à l'Allemagne protestante et curieuse de progrès le despotisme vieillot et l'intolérance des Wittelsbach ; s'ils voulaient jouer un grand rôle, la première condition était de rompre avec des traditions qui avaient peu à peu éteint dans leur peuple toute vie intellectuelle et morale. Or les provinces qu'ils recevaient comptaient non seulement parmi les plus riches, mais parmi les plus éclairées et les plus intelligentes de l'Empire ; elles allaient fournir au parti réformateur l'appui sans lequel son œuvre eût été impossible et lui permettre, en modifiant le système jusqu'alors suivi à l'intérieur, de rétablir entre la Bavière et l'Allemagne hérétique et libérale l'union rompue depuis des siècles. — Les mesures les mieux calculées sont vaines contre la force des choses : alors que la diplomatie française croyait opposer un obstacle invincible à l'unité germanique en fondant dans le Sud un royaume indépendant destiné à faire contrepoids à la Prusse, elle ouvrait à l'esprit prussien un nouveau terrain d'action.

Il n'y a pas plus de différence entre les divers états allemands, disait Mirabeau avant 1789, qu'entre les diverses provinces de la France. L'instinct d'unité qu'il démêlait sous l'enchevêtrement des territoires et la diversité des institutions recevait par les traités de 1803 toute la satisfaction qu'il comportait alors ; on sentait d'ailleurs que la transformation commencée ne s'arrêterait pas là et que, parmi les souverains maintenus, tous ne l'étaient pas pour longtemps. Si l'on compare aux 1800 ou 1900 territoires autonomes qu'énuméraient les statistiques de 1789 les 39 états qui survivaient en 1815, on reconnaîtra toute la portée de la révolution accomplie par Napoléon en Allemagne, et le progrès ne paraîtra guère moins remarquable si l'on veut seulement tenir compte des 300 ou 400 souverains qui prétendaient auparavant faire figure politique. Encore n'aurait-on pas une idée exacte de l'extraordinaire simplification de la carte politique si l'on ne tenait compte, en même temps que des suppressions prononcées par la volonté suprême du premier consul, du groupement nouveau des territoires qui, réunissant désormais sous les mêmes lois les populations voisines autrefois réparties comme au hasard, substituait un ordre rationnel et logique au plus inextricable échiquier qu'eût jamais créé le hasard des héritages et des partages. Comparés à un bouleversement pareil, les changements qu'a depuis subis l'Allemagne ne semblent plus que secondaires.

Le Saint-Empire jusqu'alors représentait une sorte de domaine vague où les Habsbourgs, en vertu d'anciennes tolérances, conservaient une influence garantie par la complexité des droits, l'incohérence des intérêts et le conflit permanent de presque toutes les maisons; on le partageait entre un certain nombre de propriétaires, très âpres au gain et très décidés à n'abandonner à personne la moindre parcelle de leurs prérogatives. En sécurité désormais derrière des frontières étendues et arrondies, quel était celui d'entre eux qui eût consenti à soumettre sa politique aux décisions de la Diète ou autorisé ses sujets à en appeler à la cour de Wetzlar? Le pouvoir impérial, auquel s'étaient déjà soustraits les principaux états, conservait cependant, avant 1789, une certaine réalité, grâce à la clientèle d'ecclésiastiques et de nobles immédiats qui, trop faibles pour être ambitieux, gravitaient autour de l'Autriche, protectrice naturelle d'une Constitution qui garantissait leur indépendance. — Cette clientèle était supprimée. Parmi les villes impériales, six seulement conservaient leur autonomie, Brême, Hambourg, Lubeck, Françfort-sur-le-Mein, Augsbourg et Nuremberg; la noblesse souveraine, bien qu'on lui eût promis de maintenir ses privilèges, était condamnée à une disparition rapide. L'Ordre ecclésiastique qui, à la veille de la Révolution, disposait de trois voix dans le collège électoral et de trente-sept voix sur cent dans le collège des princes, n'était plus représenté, avec les Chevaliers teutoniques et ceux de Saint-Jean de Jérusalem, que par l'archevêché de Ratisbonne, qui était censé continuer l'électorat de Mayence : encore Dalberg, le nouveau titulaire, ne devait-il cette faveur qu'aux calculs de Bonaparte, qui avait deviné en lui un complaisant docile. Les hommes d'état qui avaient préparé les traités de 1803 étaient trop avisés pour avoir supposé possible dans ces conditions le maintien de l'ancienne Constitution, et les clauses qui essayent d'en fixer le fonctionnement sont purement de style. L'Autriche n'eut d'ailleurs aucune illusion sur leur valeur, et François II se prépara à une abdication nécessaire en prenant dès 1804 le titre d'empereur héréditaire d'Autriche.

Ces sécularisations et cette concentration du pouvoir entre les mains d'un petit nombre de souverains étaient la conclusion logique d'une évolution qui avait commencé à la chute des Hohenstaufen et par laquelle la nationalité germanique, dirigée par les princes laïques, se dégageait peu à peu de l'empire œcuménique du moyen âge. Les historiens qui, de nos jours, font un crime à la Révolution française et à Napoléon d'avoir hâté l'unité allemande ont raison, mais leurs reproches doivent remonter plus loin ; les premiers coupables, bien au delà de la Convention, c'est François I*er*, Henri II, Richelieu et Mazarin. L'alliance de Bärwald, qui déconcerte les projets de Charles-Quint, la Diète de Ratisbonne, où le Père Joseph brise l'épée de Waldstein, et la victoire de Hohenlinden, sont les épisodes d'un même combat soutenu par la France contre les représentants de l'unité chrétienne au profit des princes allemands, et s'il est vrai de dire, dans un certain sens, que le recez de 1803 ruine l'œuvre des traités de Munster et d'Osnabruck, il est plus vrai encore qu'il la complète et la termine.

Affranchie des entraves dans lesquelles l'avaient si longtemps enchaînée les souvenirs du passé, la minorité de ses peuples et l'ambition dynastique des Habsbourgs, l'Allemagne ne devait pas s'arrêter longtemps à l'étape intermédiaire qu'on voulait lui représenter comme le but définitif, et la ruine du Saint-Empire était la préface de la fondation d'un nouvel empire allemand. Le tort du Directoire et de Napoléon fut, non pas, comme on le leur a reproché, de ne pas le prévoir, mais de s'y opposer. Préparer à la fois l'unité germanique et s'en effrayer, créer un peuple et essayer de le maintenir dans une éternelle tutelle, tenter de réunir dans une absurde conciliation les traditions d'une politique d'intrigue et d'équilibre jaloux et les sublimes aspirations du programme révolutionnaire, marcher vers l'avenir, mais avec regret et remords et en tournant obstinément les yeux vers le passé, c'était se condamner à une conduite incohérente et équivoque, grosse d'aventures et de périls. « Louis XIV, dit M. Auerbach, s'était attaché à la tradition qui regardait le morcellement de l'Allemagne comme la caution de la grandeur et de la sécurité de la France ; il fut par conséquent condamné à traverser sans relâche et à combattre les aspirations nationales ; les combattant, il les vivifia, et, par une fatale contradiction, il en fut réduit à les satisfaire ; il créa des confédérations, organismes frêles qui lui crevèrent dans les mains, mais qui n'en furent pas moins le véhicule des idées unitaires. » L'erreur de Napoléon fut analogue et, par notre faute, l'état allemand que notre politique préparait, se fonda contre nous.

Le plan favori du Directoire, de Sieyès, de Talleyrand, qui

beaucoup moins que Napoléon avaient l'intelligence des forces morales et des instincts impulsifs qui, à un moment donné, brisent les pauvres barrières que leur oppose la diplomatie, était de refaire la Ligue du Rhin de Mazarin, dans des proportions plus vastes, et d'interposer entre la Prusse, l'Autriche et la France « une masse insurmontable qui coupât à jamais la communion électrique directe entre l'est et l'ouest ». L'idée était séduisante : l'Allemagne brisée en trois tronçons, la Prusse et l'Autriche rejetées vers l'est et engagées dans un conflit permanent avec la Russie, les princes secondaires condamnés pour se soutenir à solliciter notre protection, il y avait là de quoi séduire un métaphysicien tel que Sieyès et charmer un disciple de Vergennes et de Choiseul tel que Talleyrand. Malheureusement, ce beau projet était une utopie inconciliable avec les réalités concrètes, et c'est de lui, non de la conquête du Rhin, qu'est sortie la rupture entre la France et l'Allemagne. S'il était possible à la rigueur que l'Autriche, plus qu'à demi slave et magyare, se consolât de ses défaites et consentît à pousser sa pointe vers l'Orient, il était absurde de supposer que la Prusse irait bénévolement s'enliser dans les marais de la Pologne et laisserait détruire les câbles qui la rattachaient à l'Allemagne. Sieyès, plus clairvoyant que Talleyrand sur ce point, avait prévu qu'une guerre serait nécessaire pour l'y contraindre ; mais il n'avait pas compris que l'Allemagne, qui avait accepté sans protestation la perte de marches à demi abandonnées, « se hérisserait d'un effort commun » quand les armées de l'ennemi se porteraient sur le royaume qu'un pressentiment supérieur lui désignait comme la réserve de l'avenir. Obligée, pour briser des résistances imprévues, à la fois d'étendre ses frontières et de soumettre plus étroitement à sa direction les princes qui avaient accepté sa protection, la France soulèverait des haines légitimes chez un peuple fier de son histoire et jaloux de ses droits. Les procédés par lesquels des diplomates trop subtils, et dont la prévoyance portait trop loin, espéraient retarder indéfiniment la formation d'un état unitaire sur nos frontières allaient ainsi, en nous engageant dans une interminable série d'expéditions et en condamnant l'Allemagne à de cruelles souffrances matérielles et morales, devenir la cause la plus active du réveil politique qu'ils redoutaient.

Les erreurs de la politique française outre-Rhin furent d'autant plus dangereuses qu'elles se rattachaient à un système général qui, appliqué à l'Europe entière, prépara contre nous un soulèvement unanime. Depuis le traité de Bâle (1795), la guerre contre la coalition était devenue presque exclusivement un duel avec l'Autriche ; les vainqueurs, après avoir abattu les héritiers de Charles-Quint, crurent avoir conquis des droits à leur succession, et pour acquitter leur dette vis-à-vis de l'humanité, qu'ils devaient conduire à un état nouveau de civilisation, entreprirent de la dominer. Les novateurs les plus hardis sont esclaves de leur éducation et de leur origine ; les idées seules sont libres, les actes ne le sont qu'en partie, déterminés par le passé et le milieu : c'est pour cela qu'il convient de juger une génération moins par ce qu'elle fait que par la génération qu'elle prépare ; les républicains français apportaient ainsi, dans la réalisation des desseins les plus généreux, des passions despotiques et des procédés arbitraires. Quelque élevés que soient d'ailleurs les mobiles que l'on suppose à un peuple, il est nécessaire qu'il soit contenu par des forces rivales et que son action soit limitée par un ensemble de résistances qui l'avertissent à temps des excès où il s'aventure. Or, à la fin du xviiie siècle, l'Europe était en complète désorganisation: on traversait une de ces époques de transition où, dans l'ébranlement de toutes les conditions du passé, la réserve semble une abdication et la modération une duperie. Il se dégageait de l'ensemble des choses comme une invitation aux audaces extrêmes, et les esprits les plus fermes échappaient à grand'peine à la tentation qui les guettait sur toutes les routes. Le nouveau régime politique, en appelant aux affaires des hommes qui y étaient médiocrement préparés par leur éducation antérieure, favorisait encore les conceptions gigantesques, et dans les cerveaux ébranlés par le prodige des événements, les fantaisies les plus étranges se combinaient dans un inextricable pêle-mêle avec les calculs les plus raisonnables.

Le programme fastueux du Directoire ne provoqua cependant dans la grande majorité de la nation qu'un étonnement inquiet : satisfaite d'avoir défendu son indépendance, elle ne désirait rien au delà de ces frontières du Rhin, où la nature semblait avoir fixé la limite de ses prises. L'épopée impériale elle-même n'agit sur elle que par l'éclat qu'elle jetait sur nos armes, et non par les percées qu'elle ouvrait à ses espérances; les esprits, fascinés par la magie de prestigieuses victoires, se souciaient assez peu du butin qu'elles laissaient. Il y a dans le génie de la race un fonds de modération et de bon sens, et on peut lui appliquer le mot de Montesquieu sur Alexandre, qui, dans le feu de ses actions, « gardait une saillie de raison ». Par fatigue, par indifférence, par instinct, abandonnée à son seul génie, elle se fût bientôt lassée de ses usurpations, et, revenue en arrière avant d'avoir épuisé ses forces, elle eût présenté chez elle une masse invincible. L'Europe, dès qu'elle n'eût plus eu à se défendre contre un système perpétuel d'agression, eût pris son parti d'agrandissements qui ne lésaient aucun droit essentiel et ne compromettaient nullement l'avenir des peuples voisins. Il est vrai que plusieurs des alliances conclues contre la France révèlent la volonté persistante de la ramener à ses limites de 1789 ; mais ces alliances étaient provoquées par l'inquiétude qu'elle entretenait, et les coalisés, une fois rassurés, auraient aisément réduit leurs prétentions. L'Angleterre, la plus acharnée contre nous, eût été condamnée à l'impuissance si nos envahissements ne lui avaient sans cesse fourni des séides, et en admettant qu'elle n'ait vu dans le traité d'Amiens qu'une trêve, il n'était certainement pas impossible de trouver, pour l'amener à composition, des machines moins compliquées que le blocus continental.

Sans nier ainsi que les principes d'où pouvait sortir la politique d'envahissement continu de l'Empire avaient été exprimés bien avant l'avènement de Bonaparte au pouvoir, et tout en reconnaissant combien est malaisé en histoire le départ entre les fatalités inéluctables et les initiatives individuelles, sans contester d'ailleurs la culpabilité générale de la nation qui accepta la direction d'un chef moins sensé qu'impétueux et admira jusqu'à ses fautes, il convient de rejeter sur la personne même de l'Empereur la principale responsabilité de nos empiétements démesurés et des haines inexpiables qu'ils soulevèrent. Si les déclarations de quelques Conventionnels ou les théories de certains directeurs nous paraissent aujourd'hui si graves, est-ce bien, comme on l'affirme, parce qu'elles engageaient l'avenir, ou n'est-ce pas plutôt parce que les événements ultérieurs leur ont donné une signification qu'elles n'avaient pas en elles-mêmes?

Héritier de la Révolution et longtemps porté par elle, Napoléon l'asservit aux proportions démesurées de son esprit inflexible et sans frein. Français de hasard, il ne s'attacha à sa nouvelle patrie que dans la mesure où elle lui fournit le moyen de plier le monde à ses lois et, domptée, mais non convaincue, il la poussa au combat comme une armée de mercenaires, dont on aime l'ardeur et la vaillance, mais qu'on ne ménage pas, puisqu'elle n'a d'autre valeur que les services qu'elle rend. Nul plus que lui n'avait été profondément touché par les idées du siècle, et dans son âme mobile se reflétaient toutes les contradictions de son temps : il avait appris des Encyclopédistes la toute-puissance de la raison et deviné, en lisant Werther, la force des instincts obscurs qui dominent les hommes; mais il confondait la raison avec sa propre volonté et n'attachait d'importance qu'à ses propres instincts. Latin de race, de tradition, de tempérament et de caractère, il ignorait les limites et les délais et ne reconnaissait à son action d'autres bornes que celles de sa pensée, qui était universelle. Il était condamné par son impatience et sa superbe à n'avoir que des vassaux ou des adversaires, mais il s'en inquiétait peu, parce qu'il avait foi dans sa mission, dans son étoile et dans son génie, et pour réaliser les visions de son imagination fumeuse, il sentait en lui les inépuisables ressources de l'esprit le plus net, le plus compréhensif et le plus fécond en expédients que l'histoire ait jamais connu. La guerre était pour lui un « besoin personnel » et il se regardait « comme appelé à combattre presque sans interruption » : aussi avait-il un flair singulier à pressentir les complots qui s'agitaient sourdement contre lui; mais, en les devinant, il leur donnait plus de précision, et en les frappant, il entretenait une agitation qui, à la longue, aboutit à une formidable insurrection. L'Europe, qu'il traversa comme un ouragan dévastateur, l'Allemagne qu'il flagella d'une main impitoyable, la France même qui s'abattit sous lui fourbue et râlante et qui perdit à jamais par sa faute l'occasion d'acquérir dans le monde une situation inexpugnable, jugent, malgré tout, ses erreurs avec plus de tristesse que de colère. Il est protégé contre toutes les rancunes par la hauteur de sa pensée; s'il fit de l'Europe un charnier, c'est de ce charnier qu'a germé le monde moderne : de la rude école où il soumit les peuples, ils sortirent grandis. Sous sa cravache rageuse, la France, « marchant la première vers l'avenir immense qui attend le monde, donna au siècle son impulsion »; les nationalités modernes se cristallisèrent, les doctrines révolutionnaires se répandirent, un ordre nouveau naquit, imparfait encore sans doute, mais où les principes de justice, de liberté et d'humanité trouvent une atmosphère plus favorable. Ce grand broyeur d'hommes et ce grand semeur d'idées fut aussi un grand accoucheur de

FIN DU SAINT-EMPIRE ROMAIN GERMANIQUE. 177

nations. De toutes celles qu'il a pétries de sa large et brutale main, aucune ne lui doit plus que l'Allemagne.

Le coup d'état de brumaire avait été assez défavorablement jugé dans les fractions les plus ardentes du parti français d'outre-Rhin : les illuminés et les patriotes pleuraient leurs illusions et gémissaient de voir les défenseurs de la liberté s'abaisser jusqu'à se faire les valets d'un dictateur. Mais cette tristesse n'était que le lot d'esprits exaltés ou particulièrement pénétrants ; en général les admirateurs de la Révolution saluèrent avec joie l'avènement du triomphateur qui avait porté de si rudes coups à la coalition : ils comptaient sur son épée flamboyante pour épouvanter les défenseurs attardés du passé ; quand, l'anarchie vaincue et les partis apaisés, la France rayonnante étala joyeusement la luxuriante moisson qui avait germé dans les récents orages, les sympathies attiédies se réveillèrent, et ce fut comme un regain de l'enthousiasme de 1789.

BONAPARTE (vers 1796).

« Bonaparte est à Paris, écrivait à sa fille la plus vibrante et la plus allemande peut-être des femmes de cette époque, celle que la littérature nomme, comme une reine, Caroline, qui fut tour à tour la femme de Guillaume Schlegel et de Schelling ;

12

Bonaparte est à Paris! Enfant, songe que tout va bien de nouveau... Réjouis-toi avec moi, ou je croirais que tu n'es pas capable de pensées élevées. » Les traités de 1803, qui frappaient tant d'intérêts et bouleversaient tant d'existences, furent malgré tout accueillis avec satisfaction. Le sang circulait plus rapide dans ce grand corps germanique, qui s'étiolait dans le maillot aux mille nœuds où on l'avait garrotté. Si le sol était jonché de débris, les poitrines s'ouvraient au grand souffle de liberté qui purifiait l'air. Même après 1789, beaucoup des souverains minuscules entre lesquels était morcelée l'Allemagne, étaient d'absurdes et malfaisants despotes : un prince de Wied, plus qu'à moitié fou, docile instrument d'une ignoble aventurière étrangère, maltraitait sa femme et ses enfants; un comte d'Isenbourg-Wachtersbach, « pour se procurer par les moyens les plus doux les locaux nécessaires aux services publics », chassait de leurs maisons les propriétaires légitimes, tandis qu'un autre suspendait tranquillement la justice, parce qu'il n'y avait plus à la chancellerie ni plumes ni papier et que les marchands, lassés d'attendre le règlement de leurs créances, refusaient de nouvelles fournitures. Les chapitres ecclésiastiques, les magistrats des villes ne valaient pas mieux : partout la confusion, l'inertie, le gaspillage, les intrigues mesquines. Quelque médiocres que fussent les nouveaux maîtres, tout valait mieux que le passé. Les hommes qui protestent dès lors contre les envahissements de la France et essaient d'organiser contre Napoléon une résistance nationale se heurtent à une inertie universelle, et leurs avertissements rencontrent un scepticisme général.

Parmi les écrivains qui eurent l'honneur de pressentir les événements futurs, Gentz est le plus célèbre et le plus grand. Il s'était détourné de la Révolution dès qu'il avait constaté son dédain du passé et son affectation puérile « à édifier uniquement sur des principes un état, ce qui en réalité exige de tout autres matériaux ». D'esprit fort libre personnellement, faible aux séductions, « la plus femme de toutes les femmes », disait-il de lui-même, aimant la vie facile et large, les mains percées, ce qui le laissait à la merci de toutes les tentations, il avait scandalisé par ses désordres et ses mœurs la société berlinoise, qui n'avait cependant aucune prétention au puritanisme. Ses vices compromettaient son influence et ses opinions ne paraissaient pas sincères, parce qu'on lui payait ses diatribes. Ses théories, qui venaient de la tête et non du cœur, avaient besoin, pour devenir réellement actives, d'être ennoblies par le patriotisme des Stein et des Scharnhorst.

Chez lui, l'intelligence était aussi aiguë que l'âme était médiocre et vulgaire. Avec une rare pénétration il avait aperçu les conséquences pratiques des doctrines de Herder et il en déduisait tout un système de politique. Convaincu qu'il n'y a de réformes réelles que celles qui découlent du passé, il croyait que la société d'alors, « saturée de connaissances de toutes sortes, avait dépassé le but et commençait à avoir besoin de frein ». Deux principes, disait-il, dominent le monde moral et le monde intellectuel : le principe du progrès indéfini et celui de la limitation nécessaire de ce progrès. Les époques les plus heureuses sont celles où ces deux forces se tiennent en équilibre. Si, comme maintenant, la destruction est la tendance prépondérante, les hommes distingués doivent se rattacher obstinément aux anciennes croyances. Contre la France, qu'il détestait parce qu'elle poursuivait l'anéantissement du passé, il voulait organiser une résistance commune de l'Europe, seule capable d'arrêter dans sa marche dévastatrice cette puissance, « qui, dans sa situation actuelle, n'avait plus de limites, puisque tout ce qui l'entoure, est de fait, sinon encore de nom, sa propriété et son domaine, ou le deviendra à la première occasion ». Il mettait au service de l'ancien régime une ardeur encore intacte, une perspicacité prophétique et un des plus admirables talents de publiciste que connaisse l'histoire.

La cour de Vienne, où Gentz avait trouvé son véritable terrain d'action, n'était nullement pressée de s'exposer de nouveau aux foudres de Napoléon. Les intrigues du parti belliqueux que dirigeait l'archiduc Jean, les rancunes de l'aristocratie, la pression de la Russie et de l'Angleterre furent plus fortes que la prudence de M. de Cobenzel, qui, convaincu de la nécessité de la paix, fut acculé peu à peu à une rupture par les alliés dans lesquels il ne cherchait tout d'abord que des protecteurs, et non des complices. La guerre de 1805 n'eut d'ailleurs aucun des caractères de la coalition européenne qu'avait prêchée Gentz. Bien qu'il y eût en Bavière un parti autrichien, — il semble s'être surtout recruté parmi les patriotes désabusés qui en 1801 avaient comploté le renversement de l'électeur, — M. de Montgelas avait sans peine obtenu de son maître qu'il se rangeât du côté de la France, et cette alliance avait été très favorablement accueillie par la population. Les souverains voisins avaient suivi son exemple ; la Prusse, résistant aux sollicitations de l'empereur Alexandre, s'enfermait dans une neutralité grogneuse. C'est que les intérêts de l'Allemagne paraissaient à peine engagés dans un conflit qui, provoqué par les annexions de Napoléon en Italie, n'était qu'une sorte d'épilogue de la longue rivalité des Habsbourgs et des Bourbons.

Surprise en pleine crise de réorganisation militaire, l'Autriche allait avoir sur les bras l'armée la plus merveilleuse qui ait jamais paru sur les champs de bataille. Soulevée encore par l'enthousiasme républicain et confondant dans son culte passionné la Révolution et le chef qui prétendait l'accomplir, exaltée par le souvenir de victoires incomparables et rompue aux manœuvres par les exercices du camp de Boulogne, elle réunissait les qualités contradictoires des troupes de carrière et des cohortes de volontaires ; rajeunie par les nouvelles recrues qui étaient venues s'encadrer parmi les vétérans de Fleurus, de Rivoli et de Zurich, elle était entraînée par des généraux jeunes et ardents, sacrés par le succès et emportés

REDDITION DE LA VILLE D'ULM,

Au moment où la garnison Autrichienne commandée par le Général Mack, forte de trente trois mille Hommes, soixante pièces de Canon, cinquante Drapeaux et dix huit Officiers Généraux, dépose les armes, et défile devant Sa Majesté l'Empereur et Roi Napoléon 1er
(le 28 Vendémiaire an 14 (20 Octobre 1805) à 4 heures après midi.

dans une fièvre joyeuse d'ambitions et d'espoirs illimités. La catastrophe d'Ulm, où Mack capitula avec 20.000 hommes, (20 octobre 1805), livra Vienne à l'Empereur. Tout cependant n'était pas encore fini : la Prusse, dont Bernadotte avait violé le territoire, sortait de sa réserve et promettait au tsar son intervention ; les Français, obligés de diviser leurs forces et affaiblis par leur marche rapide, étaient fort éloignés de leur centre d'opérations. L'impatience de l'empereur de Russie, qu'avait grisé l'espoir de vaincre Napoléon, acheva la ruine de l'Autriche. Après Austerlitz (2 décembre 1805), François, abandonné par Alexandre, dont la fragile ardeur ne survivait guère aux revers, signa le traité de Presbourg (25 décembre), par lequel il abandonnait les états vénitiens, le Tyrol, le Vorarlberg, les évêchés de Trente et de Brixen et la Souabe autrichienne ; son oncle, l'archiduc Ferdinand, perdait le Brisgau et l'Ortenau. Pour unique et maigre compensation à toutes ces pertes, l'Autriche recevait la vallée de la Salza, que lui cédait Ferdinand de Salzbourg, à qui la Bavière laissait en échange l'ancien évêché de Wurzbourg.

Le traité de Lunéville avait sonné le glas de l'ancien Empire romain germanique ; le traité de Presbourg le scella dans son tombeau. « Le 26 août 1806, François II, le vingt et unième prince de la dynastie fondée par Rodolphe de Habsbourg, se déclara délié de ses obligations envers le corps germanique, et délia de son côté tous les membres de l'Empire de leurs devoirs constitutionnels ; il n'était plus dès lors que François Ier, empereur héréditaire d'Autriche. (Himly.) » Le vainqueur d'Ulm et d'Austerlitz avait les mains libres : à la place de l'Allemagne autrichienne, il créa une Allemagne napoléonienne, assez forte pour lui fournir un précieux contingent contre ses ennemis, trop faible pour subsister sans lui et lui marchander son dévouement.

Il avait largement récompensé le concours de ses alliés : les électeurs Maximilien-Joseph et Frédéric prenaient le titre

FIN DU SAINT-EMPIRE ROMAIN GERMANIQUE.

de rois ; la Bavière, agrandie du Tyrol, du Vorarlberg, de Lindau, d'Augsbourg et de la principauté d'Ansbach enlevée à la Prusse, était richement dédommagée de la perte du grand-duché de Berg et même de celle de l'évêché de Wurzbourg qu'elle regrettait davantage ; elle gagnait environ 600,000 habitants et comptait bien ne pas s'arrêter là. Le Wurtemberg recevait dans le Brisgau et la Souabe quelque 200,000 nouveaux

BATAILLE D'AUSTERLITZ (2 décembre 1805).

sujets. Pour rattacher plus étroitement l'Allemagne à ses intérêts, Napoléon introduisait parmi ses souverains son beau-frère, Murat, qu'il nommait grand-duc de Berg, et son oncle, le cardinal Fesch, que Dalberg choisissait pour coadjuteur ; il mariait au prince héritier de Bade la nièce de Joséphine, Stéphanie Beauharnais, qui était, disait-on, amoureuse de son oncle, et dont le désespoir quand elle quitta Paris dut peu édifier sa nouvelle famille [1]. Il désirait depuis plusieurs années pour Eugène Beauharnais la main de la princesse Augusta de

---

[1]. Quoi qu'il en soit de ces cancans suspects, Stéphanie racheta largement les torts qu'elle avait pu avoir par le dévouement qu'elle montra à son mari.

Bavière; Maximilien jugeait le prétendu un peu léger de fortune et d'aïeux; on le menaça de faire enlever la princesse par les grenadiers de la garde. « Croyez-vous que c'est pour les beaux yeux de la Bavière que j'ai vaincu à Austerlitz, demandait Napoléon à l'électeur, qui avait hasardé quelques plaintes. » Après avoir démontré à ses alliés qu'ils n'étaient rien que par lui et avoir cherché sans les trouver les bornes de leur docilité, Napoléon, pour établir sur des bases durables sa domination dans l'ouest et le sud, fonda la Confédération du Rhin.

STÉPHANIE BEAUHARNAIS
(duchesse de Bade).

Les princes, quand ils voulurent plus tard faire oublier leur servilité, attribuèrent à Dalberg la première pensée de la Confédération. Unique survivant des souverains ecclésiastiques, il était fort mal vu à ce titre de ses voisins laïques, qui l'accusaient *in petto* de les avoir lésés de sa part. Maître depuis 1803 d'une macédoine de territoires réunis par le caprice du premier consul et destinés à s'éparpiller dès qu'il retirerait sa main protectrice, le nouvel archevêque de Ratisbonne, sévèrement jugé à Berlin, où on lui reprochait son ingratitude, et fort indifférent à l'Autriche, qu'agaçaient son pseudo-libéralisme et son entregent, n'avait d'autre appui que la France. Il le savait et en rougissait quelquefois. Il se rappelait avec mélancolie les généreuses aspirations auxquelles il souriait jadis quand, dans son gouvernement d'Erfurt, il écoutait

Eugène Beauharnais (1781-1824).

Wieland, Herder, Schiller ou Guillaume de Humboldt et s'imaginait les comprendre. Les dissertations qu'il publiait alors dans divers journaux littéraires, superficielles et pédantes, témoignaient des intentions les plus généreuses. Mais, comme la plupart des prélats « éclairés », médiocrement instruit et incapable d'efforts persévérants, il n'avait que des velléités, et il donnait à ses amis mêmes l'impression qu'il manquerait sa destinée. Après avoir fait preuve d'abord d'un zèle belliqueux, que plusieurs avaient jugé excessif, et proposé en 1797 d'accorder à l'archiduc Charles une véritable dictature, on l'accusait d'avoir un des premiers préparé l'abandon à la France de la rive gauche du Rhin.

Quand Napoléon, au mois de septembre 1804, était venu à Mayence passer une sorte de revue de ses vassaux allemands, l'archevêque était accouru lui présenter humblement ses hommages dans ce palais où il avait dû jadis régner. Au milieu de ses complaisances, il était brusquement secoué par des remords de patriotisme. A Mayence même, sortant d'un entretien avec l'Empereur, où celui-ci s'était bruyamment réjoui de la chute de l'ancienne Europe, il se jetait dans les bras du vieux duc de Bade ahuri et versait des larmes sur l'humiliation de l'Allemagne. Il avait eu un de ces accès de courage en 1805, et il avait lancé pendant la guerre une proclamation fort amphigourique où il était question d'union des cœurs et du devoir commun à tous les fils du pays. Pour désarmer la colère du maître, qui avait peu goûté cette homélie, — en partie sincère d'ailleurs, car chez cette tête folle les idées les plus bizarres prenaient forme de réalité, il envoya à Talleyrand une série de projets qui avaient pour objet de réorganiser la Germanie sous la protection de Napoléon. « Votre génie, Sire, lui écrivait-il, ne doit pas se borner à faire le bonheur de la France; c'est pour le monde entier que la Providence réserve l'homme supérieur. L'honnête nation allemande soupire dans le malheur de l'anarchie politique et religieuse; soyez le régénérateur de sa constitution. »

Ces instigations n'eurent probablement aucune influence

sur les résolutions de l'Empereur; l'idée de constituer sur la frontière orientale de la France une zone intermédiaire sur laquelle s'étendrait son action et qui lui servirait à la fois d'avant-garde et de barrière, flottait dans l'air depuis plusieurs années; Talleyrand n'eut ici qu'à donner une forme concrète et précise aux projets de Sieyès. Le 12 juillet 1806, il présenta aux princes de l'Allemagne du sud et de l'ouest un traité qu'ils entendirent sans plaisir, mais qu'aucun d'eux ne s'avisa de discuter. Les rois de Bavière et de Wurtemberg, l'archevêque de Ratisbonne-Francfort, le grand-duc de Bade, le duc de Berg et de Clèves, le landgrave de Hesse-Darmstadt, les princes de Nassau-Usingen et de Nassau-Weilbourg, de Hohenzollern-Hechingen et Hohenzollern-Sigmaringen, de Salm-Salm et de Salm-Kyrbourg, le duc d'Arenberg, les princes de Lichtenstein et d'Isenburg-Birstein et le comte de Leyen se séparaient de l'ancien Empire romain germanique et formaient entre eux une confédération. Les « États confédérés du Rhin » reconnaissaient pour protecteur Napoléon, qui nommerait à l'avenir l'archevêque-primat; chacun des princes conservait la pleine souveraineté et la libre administration de ses domaines, mais ils formaient avec la France une alliance perpétuelle; toutes les guerres devaient être communes aux parties contractantes; le contingent fédéral était fixé à 63,000 hommes. Pour prévenir toute cause de conflit, on procédait à un apurement général des frontières; les nobles, comtes, villes libres ou princes, dont les domaines étaient compris dans le territoire de la confédération et qui n'avaient pas été admis à en faire partie, étaient médiatisés. Pourquoi avait-on frappé les illustres maisons de Furstenberg, de Schwarzenberg, de Lobkovitz, de Hohenlohe et de Tour-et-Taxis, tandis qu'on conservait celles de Lichtenstein et de Leyen? — Il faut sans doute chercher les causes de ces résolutions fantasques dans la complaisance intéressée de Talleyrand et de ses auxiliaires, La Besnardière et Pfeffel, ou dans un caprice du maître : « Il est dans la nature actuelle des choses, avait-il dit, que les petits princes disparaissent; » mais il avait trouvé bon de faire grâce à quelques-uns, sa puissance paraissait mieux quand il s'affranchissait des règles mêmes qu'il invoquait.

« Il n'y a plus d'Allemagne, » écrivait le *Journal de Mayence*, qui traduisait la pensée de l'Empereur. Étranges illusions des hommes et singulières complications des faits! Prenez les combinaisons les mieux conçues, combien se retournent contre leurs auteurs! En réalité, l'Allemagne de 1803 prenait en 1806 des formes plus nettes : si le grand-duché de Berg et l'archevêché de Ratisbonne, créations artificielles de la fantaisie de Napoléon, n'ont pas survécu à leur fondateur, et si la plupart des principicules qu'avait ménagés sa hautaine indifférence ont disparu à leur tour, les états sur lesquels il espérait fonder sa domination, la Bavière, le Wurtemberg, Bade, Nassau, la Hesse-Darmstadt, ont conservé dans leurs contours les plus généraux l'apparence qu'il leur avait donnée, mais leur grandeur n'a été qu'une étape vers l'unité. Quand, en 1804, le duc de Nassau avait mis la main sur les domaines du chevalier de Stein, le futur réformateur de la Prusse avait protesté dans une lettre éloquente dont le retentissement fut considérable : « L'indépendance et la liberté de l'Allemagne, disait-il, ne tireront qu'un médiocre avantage de la réunion de quelques domaines nobles aux petits territoires qui les entourent; ce qu'il faut, c'est que ces petits états eux-mêmes soient réunis dans une grande monarchie, et Dieu fasse que j'assiste à cet heureux événement! Il est dur d'abandonner des biens qui appartiennent à votre famille depuis sept siècles, dur d'être obligé de se transporter dans des pays inconnus, d'abandonner la perspective de goûter le repos après une existence laborieuse et, je puis le dire, utile, au milieu des souvenirs de la jeunesse, en y attendant le passage à une vie meilleure; mais il est plus dur encore de faire ces sacrifices, non pas à une cause grande, noble, au bien public, mais à l'arbitraire et à la violence, à la...... Il y a une conscience qui juge et une divinité qui punit. » Paroles prophétiques et que vérifia un avenir prochain. Les traditions de l'unité germanique ne s'étaient jamais complètement éteintes dans la noblesse immédiate; quand des griefs particuliers se joignirent à ces instincts héréditaires, ces aspirations patriotiques prirent une intensité inconnue jusque-là, et elles trouvèrent vite un écho dans la masse du peuple dont les récents changements avaient élargi les idées et qui, opprimée par l'étranger, appelait un protecteur. Le moment où la puissance française semble le mieux assise en Allemagne est précisément ainsi celui où commencent à se manifester les symptômes de la résistance devant laquelle elle succombera. Napoléon le pressentait, mais sa clairvoyance même lui fut funeste. Comme il jugeait son œuvre instable et sa victoire incomplète, il chercha de nouveaux triomphes et fut amené à étendre encore sa domination au delà du Rhin; il ne réussit par là qu'à susciter de nouvelles haines et à réunir contre lui dans un même sentiment de rancune l'Allemagne, chancelante déjà, mais encore incertaine et indécise.

CHAPITRE IV

L'AGE D'OR DE LA LITTÉRATURE ALLEMANDE
LE ROMANTISME — CHUTE DE LA PRUSSE

L'opinion publique vers 1806 : Arndt et Palm. — Éclat de la littérature allemande : triomphe définitif des doctrines de Herder. Gœthe et Schiller. Le cosmopolitisme et l'idéalisme. L'école romantique : son caractère, son influence et sa décadence. — La Prusse depuis 1795 : désorganisation politique et affaissement moral. Frédéric-Guillaume III. Hardenberg et Haugwitz. Le Hanovre et la confédération du Nord. La guerre de 1806 et le traité de Tilsit [1].

    Le temps qui s'écoule depuis la disparition de l'empire germanique jusqu'au moment où, vers 1808, après la terrible secousse causée par l'effondrement de la Prusse, une fièvre d'enthousiasme patriotique s'empare de l'élite de la nation, forme dans l'histoire de l'opinion publique allemande une époque de transition. Si la masse reste encore endormie dans sa torpeur, quelques symptômes de mécontentement et d'humeur commencent à se manifester; dans le mariage qu'elle a conclu avec la France pendant une heure de confiance inattentive, l'Allemagne n'a pas trouvé tout ce qu'elle attendait, et, froissée dans sa dignité, blessée dans ses sentiments, elle s'attriste de son avenir sans oser encore s'avouer nettement à elle-même ses désillusions et ses désirs. Sous le ciel

---

    1. Stapfer, *Gœthe et ses deux chefs-d'œuvre classiques;* Bossert, *Gœthe et Schiller;* Haym, *Die romantische Schule;* Gottschall, *National-Litteratur;* Brandes, *Die Hauptströmungen der Litteratur des XIX^{en} Jahrh.;* Hillebrand, *la Société allemande en 1806 (Revue des Deux Mondes,* 1870); Vandal, *Napoléon et Alexandre Ier;* Martens, *Traités conclus par la Russie;* Lefebvre, *Histoire des cabinets de l'Europe;* Ranke, *Hardenberg und die Gesch. des preussischen Staats von 1793-1813;* Foucart, *la Campagne de Prusse;* Foucart, *la Campagne de Pologne;* Goltz, *Rossbach und Iena;* Lettow-Vorbeck, *Der Krieg von 1806 und 1807.*

lourd, de brusques et rapides bourrasques annoncent l'orage prochain.

C'est une observation banale que les révolutions les plus nécessaires produisent un mécontentement universel ; ceux qu'elles atteignent ne sont même pas toujours les plus ardents à les maudire, et leurs pires adversaires se recrutent parmi les désabusés dont elles ne satisfont pas complètement les appétits. Il était inévitable que la suppression d'une multitude de maisons souveraines froissât bien des habitudes et bien des intérêts; les princes disparus avaient leur clientèle, leurs fournisseurs, qui, par définition, étaient les ennemis du nouvel ordre de choses ; l'antipathie très naturelle qu'ils ressentaient pour la France ne trouvait pas, comme on pourrait le supposer, sa contre-partie dans la satisfaction des triomphateurs du jour. M. de Montgelas a très vivement exprimé la déconvenue des protégés de l'Empereur. La campagne de 1805, bien que le succès eût été facilité par les fautes des Autrichiens et qu'elle révélât chez Napoléon une périlleuse inclination à forcer la fortune et une sorte d'outrecuidance hâtive, avait eu un caractère presque miraculeux. Elle avait transporté les âmes dans le monde du merveilleux, et toute réalité paraissait fade en présence de l'intensité des convoitises qu'elle avait évoquées.

Les alliés de l'Empereur, dont les troupes avaient pris à la campagne une part très honorable, attendaient leur récompense avec une telle frénésie que la proie qu'il leur jeta leur parut maigre, parce qu'elle n'atteignait pas les bornes qu'ils s'étaient fixées, et leur déconvenue les rendit plus susceptibles et plus nerveux. Impatient des obstacles, le maître n'admettait aucune discussion et il ne perdait pas son temps à persuader ses interlocuteurs; il dédaignait l'art de ramener les opposants, et ses bienfaits despotiques tenaient souvent lieu d'offense. Comme, de plus, ses résolutions étaient extrêmement mobiles et son imagination sans cesse en ébullition, ses vassaux, à la merci d'une saute d'humeur ou d'une combinaison imprévue, doutèrent vite de la durée de sa fortune ou de la persistance de son amitié, et se préoccupèrent de chercher en dehors de lui une garantie contre ses repentirs ou ses échecs.

Dans l'esprit de leurs sujets, une évolution analogue commençait. Le passage des troupes françaises, auxquelles le major général Berthier donnait l'exemple du désintéressement, n'avait pas imposé aux habitants des charges trop pénibles. Aussi beaucoup de sympathies nous demeuraient-elles fidèles. M. de Fézensac raconte que le vieux chancelier de Souabe chez lequel il avait séjourné, l'embrassa au moment du départ, comme s'il eût été son petit-fils, puis s'enferma dans sa chambre, pour n'avoir pas à « recommencer le sacrifice »; on savait gré à nos soldats de leur facilité d'humeur, de leur entrain; beaucoup prenaient leur part des travaux des champs. A la longue cependant, on se lassait de ces hôtes; les officiers, trop éloignés de leurs hommes, n'empêchaient pas certains abus; dans presque chaque maison il y avait une intrigue galante, et les maris, les pères et les frères appréciaient moins que les femmes l'honneur qui leur était fait. Si les qualités militaires de l'armée française demeuraient intactes, on y constatait les premiers symptômes d'une décadence morale qui s'accentua rapidement. Les généraux étaient plus rogues, plus âpres au gain; les volontaires de la liberté se transformaient en prétoriens.

Dans les classes supérieures, les causes d'irritation étaient autres, non moins graves. Napoléon déclarait officiellement, qu'il ne voulait pas dépasser la frontière du Rhin : « si nous nous étendons au delà, disait-il à un de ses ministres, il n'y a plus de France. » Il se croyait sincère, mais comment le prendre au sérieux, alors qu'il incorporait à l'empire Kehl et Castel, ou rattachait Wesel à une division française, alors surtout que ses régiments occupaient toute l'Allemagne méridionale. Le patriotisme, encore vague et obscur, se hérissait en présence de ses usurpations, en même temps que les procédés par lesquels il se flattait d'étouffer toute opposition révoltaient le sentiment du droit. Entre ses mains, les idées révolutionnaires, que répandaient ses victoires, perdaient leur générosité, et ses actes de violence soulevaient les consciences devenues plus délicates. L'exécution de Palm provoqua ainsi plus de réprobation que d'épouvante.

Gentz, qui continuait sa campagne contre la domination française, avait d'assez nombreux imitateurs. Moins instruit, moins souple que lui, non pas peut-être plus sincère, mais d'une sincérité plus intime et plus désintéressée, avec une éloquence plus âpre et plus populaire, Maurice Arndt commençait alors

ARNDT (Ernest-Maurice) — 1769-1860.

cette carrière d'apôtre du chauvinisme germanique qu'il devait poursuivre sans défaillance jusqu'en 1859. Il venait d'entreprendre la publication de son *Esprit du temps*, dont les appels claironnants rallièrent peu à peu autour du drapeau les fils de la patrie dispersés et découragés. D'autres suivaient, bien qu'avec moins d'audace et de verve, et leurs manifestes contre l'étranger trouvaient d'assez nombreux lecteurs. Cette agitation, très superficielle, émut Napoléon, et, sous prétexte que les pamphlétaires menaçaient la sûreté de l'armée française, il ordonna à Berthier d'en livrer quelques-uns à une commission militaire. Un libraire de Nuremberg, Palm, dont tout le crime consistait à avoir vendu une médiocre et larmoyante brochure, et qui avait jugé son cas si peu grave qu'il avait refusé de prendre la fuite, fut condamné à mort et fusillé (26 août 1806). Cette exécution, que rien ne justifiait, souleva, au dire des témoins les moins suspects, une horreur unanime. Des souscriptions furent ouvertes au profit de la veuve et de l'enfant de la victime. L'indignation « était entretenue, si nous en croyons Montgelas, par la classe des lettrés qui, sans avoir encore la haute influence qu'elle a cru depuis pouvoir revendiquer, exerçait déjà une action décisive sur l'opinion dans l'Allemagne du nord ». Napoléon s'aliénait ainsi peu à peu ces sympathies morales « qui n'avaient peut-être pas moins contribué aux succès de la France que les vastes plans de son gouvernement, la valeur de ses troupes et le talent de ses généraux ».

Non pas cependant que dès lors tous les écrivains prennent ouvertement parti contre Napoléon. Sans parler même de Gœthe, qui conserva jusqu'à la fin pour lui une admiration presque superstitieuse et qui, après avoir profité de la campagne de France pour étudier des phénomènes de psychologie et d'optique, voyait dans la campagne de Prusse une occasion favorable pour poursuivre ses recherches ostéologiques, Jean Paul Richter, le grand humoriste et un des auteurs les plus lus de cette époque, ne ressentait aucune haine contre la France et hésitait longtemps encore à condamner l'Empereur. « Si je savais d'une façon certaine, écrit-il dans son journal en 1808, que Bonaparte a tort, si j'étais sûr aussi que tous les moyens seraient justes contre lui, oh! alors, il me serait facile de me risquer contre lui avec ma plume, mais cette incertitude paralyse et trouble le courage ». Cette olympienne placidité ou cette impartialité scrupuleuse cependant ne sont plus dès lors aussi généralement acceptées par l'opinion. Les esthètes les plus entichés d'idéalisme commencent à comprendre que, si un « individu est rarement assez sublime pour que le mépris et la domination étrangère ne le rendent pas plus mauvais, un peuple ne l'est jamais », et ils sentent qu'en acceptant la servitude, ils ne perdraient pas seulement la liberté politique, mais compromettraient l'originalité et l'indépendance de leur pensée.

Cette transformation, qu'un historien contemporain appelle énergiquement la guérison de l'idéalisme cosmopolite allemand, ne fut ni générale ni complète ; surtout elle ne s'accomplit que peu à peu. De 1803 à 1806, elle est à peine commencée ; ce qui domine alors, c'est un sourd malaise qui se traduit par une ébullition étrange

RICHTER (J.-P.). — 1763-1825.

d'idées et par un débordement extraordinaire de fantaisies. Mécontents des autres et d'eux-mêmes, les écrivains cherchent, par un effort désespéré, à s'arracher aux tristesses de la réalité qui les étreint : avant de s'avouer leur déception, il faut qu'ils aient poussé leurs principes jusqu'à leurs conséquences les plus extrêmes. Ils contribuent ainsi tout d'abord à accentuer le désarroi des âmes, à dissoudre les volontés et à faciliter le triomphe de l'étranger. Mais en même temps, ils maintiennent une prodigieuse activité intellectuelle, qui ne saurait se concilier longtemps avec la servitude politique, et, en achevant de conquérir à leur peuple une véritable primauté morale, ils préparent sa revanche matérielle. Agité par les perpétuels remous et les tourbillons qui arrêtent sa marche et semblent parfois le faire refluer vers sa source, le grand fleuve germain roule des eaux troubles, mais chargées d'un limon fécondant.

Ce qui nous frappe tout d'abord au début de cette période, qui est une des plus éclatantes et des plus productives de la littérature allemande, c'est la défaite définitive et presque la disparition du rationalisme. Dès 1781, Kant, dans la *Critique de la raison pure*, avait pris directement à partie l'orgueilleuse déesse qui prétendait asservir le monde à ses lois immuables, lui avait demandé ses titres, avait délimité sa compétence; dans la *Critique de la raison pratique*, en 1788, en substituant à l'utilitarisme vulgaire du siècle et à son optimisme béat une morale de sacrifice, d'abnégation et de renoncement, il avait opposé un Dieu vivant à l'idole découronnée et réclamé au nom de la volonté la domination usurpée par l'intelligence. C'est en vain que Nicolaï et l'école du bon sens, mortellement atteints, essaient de faire bonne contenance : leurs traits émoussés tombent au milieu de l'indifférence générale, les disciples de Kant remplissent les universités, et ses adversaires mêmes subissent son influence en le combattant. En 1796, les *Xénies*, œuvre commune de Schiller et de Gœthe, portent le dernier coup aux théologiens, « qui admiraient la prévoyante nature dont la bonté, aussitôt qu'elle eut créé le chêne-liège, créa le bouchon », aux poètes qui n'avaient d'autre idéal que la « simplicité spirituelle des femmes de chambre de Leipzig », aux politiques qui avaient pour tous les besoins du peuple des formules et des recettes étiquetées en flacons. « A peine parues, disait Gœthe plus tard, les *Xénies* produisirent dans toute la littérature allemande la plus grande émotion et un véritable ébranlement; leur effet demeure incalculable ». Il n'exagérait pas; le siècle de l'*Aufklärung* avait vécu; l'*Allgemeine deutsche Bibliothek* put continuer sa publication, elle ne répondait plus à rien de réel.

Ce n'est pas à dire que la masse des lecteurs ait brusquement modifié ses goûts. Si la poésie classique a pénétré profondément la vie nationale allemande, parce qu'elle traduit avec une fidélité inspirée les sentiments intimes et les instincts essentiels de l'âme populaire, la période d'initiation fut assez longue. La réputation de Gœthe ne devint véritablement universelle qu'assez tard et ses compatriotes eurent besoin d'être avertis de sa valeur par les hommages de l'étranger. Les auteurs vraiment goûtés de la foule, c'étaient alors l'inépuisable Auguste Lafontaine ou le beau-frère de Gœthe, Vulpius : ils offraient au public ce qui chatouillait ses goûts, des effusions sentimentales relevées d'une pointe de libertinage, des intrigues d'une complexité adroite et banale couronnées par des dénouements heureux, des héros sensibles et naïfs, toute la pâture en un mot de ceux qui ne demandent à un livre qu'une distraction sans fatigue et ne voient dans la littérature qu'un succédané de l'opium. Les maîtres de la scène, c'étaient Iffland, qui, sans jamais épuiser les ressources de son inven-

Gœthe (1749-1832).

tion et la patience des spectateurs, tirait d'*Amour et Cabale* de Schiller une interminable série de drames destinés à illustrer les vices de la noblesse et les vertus de la bourgeoisie ; — Schröder, adaptateur assez adroit des dramaturges anglais, et Kotzebue, dont la fécondité était la providence des directeurs de théâtre. Kotzebue possédait à un rare degré quelques-unes des plus précieuses qualités de l'auteur dramatique, la fertilité d'invention, l'entente de la scène, l'esprit du dialogue ; son drame, *Misanthropie et repentir*, fut joué dans l'Europe entière et on le lit encore sans ennui ; sa comédie des *Provinciaux allemands* (1803) n'eut guère moins de succès, et l'auteur a marqué d'un trait si précis et si incisif les ridicules et les travers de la bourgeoisie des petites villes qu'il a rendu immortel le nom de Kræhwinkel. Chez lui cependant l'observation reste toujours à fleur de peau, et l'heureux agencement des scènes ou le mouvement extérieur ne suffisent pas pour protéger longtemps une œuvre de l'oubli.

Tandis que Berlin faisait ses délices de Kotzebue et de Lafontaine, tous ceux qui avaient véritablement le sens des choses de l'esprit, avaient les yeux fixés sur Weimar, où, sous la protection éclairée du duc Charles-Auguste, s'étaient réunis Gœthe, Wieland, Herder, Schiller, les Schlegel, tandis qu'à quelques lieues de là, Fichte et Schelling enseignaient la philosophie à Iéna ; au moment de sa plus extrême confusion politique, l'Allemagne avait déjà une capitale littéraire, et elle se consolait des tristesses de Rastatt et de Lunéville par la pompe triomphale que menaient ses penseurs. Presque chaque année est marquée par l'éclosion de nouveaux chefs-d'œuvre. Bien peu d'époques dans l'histoire méritent d'être comparées à une période qui, pour ne citer que les noms les plus illustres, est signalée par *Iphigénie, le Tasse, Hermann et Dorothée, Wilhelm Meister*, le premier *Faust*, par *Marie Stuart, Wallenstein, Guillaume Tell*, par quelques-unes des plus admirables poésies lyriques de Schiller et Gœthe, par *Hesperus, Quintus Fixlein*,

Siebenkæs et *le Titan* de Jean-Paul, par les premiers essais d'Alexandre de Humboldt et les *Métamorphoses des plantes* de

MAISON DE GŒTHE, A WEIMAR.

Gœthe, par les études esthétiques de Guillaume de Humboldt, les *Prolégomènes* de Wolf, la *Philosophie de la nature* de Schelling, le *Système de la Morale* de Fichte, la traduction de Shakespeare d'Auguste-Guillaume Schlegel, etc. Au milieu de cette extraordinaire floraison de talents supérieurs, dans cette infinie variété de tentatives fécondes, parmi ces hommes que tout sépare, les tendances politiques et les aspirations religieuses, les dons naturels et l'éducation, un trait essentiel nous frappe, tous ont de la vie et de la nature une conception semblable, tous par là sont des fils de Herder, des apôtres de l'idée allemande, des adversaires de la philosophie française. Seulement, chez les plus grands, l'expérience a calmé et assagi l'exubérance des jeunes années, et leurs convictions apaisées dédaignent, plus sereines et plus hautes, les emportements des anciens combats.

Le poète olympien qui, dans *Iphigénie*, revient au culte de l'antiquité classique, ne renie rien du *credo* de ses premiers espoirs et il n'a jamais détourné ses lèvres de la coupe enivrante que lui avaient tendue ses premiers maîtres. Quand les amis de Kant vieilli lui parlaient du printemps, l'idéaliste secouait tristement la tête : c'est de même chaque année, et toujours de même. — Gœthe, lui, ne s'est jamais lassé du spectacle des choses : à soixante-dix-huit ans « il semblait tout sentir avec la même sérénité joyeuse et la jeunesse d'une âme toute nouvelle ». Il paraissait vivre de la vie du monde : chaque année, au commencement de l'hiver, ses forces déclinaient, à mesure que le soleil s'éloignait ; « il passait dans un état de prostration complète les semaines qui précèdent le jour le plus court, puis renaissait quand le soleil se rapprochait de la terre. » — « Nous avons, écrit-il dans les *Affinités électives*, un rapport réel avec les arbres qui verdoient, fleurissent et fructifient avec nous, avec l'arbuste près duquel nous passons, avec le brin d'herbe sur lequel nous marchons : ce sont nos vrais compatriotes. Les oiseaux qui chantent sur les branches font partie de nous, ils nous parlent de notre enfance et nous apprennent à comprendre leur langue. » La poésie, quelque diverses que soient les formules par lesquelles il cherche à la dégager des choses, et la science, qu'il n'en sépare pas, ne sont pour lui que l'intuition de la vie dans ses manifestations les plus variées. « Je ne crois pas que l'on me taxe de contradiction, avait-il écrit en 1778, parce que de l'étude du cœur humain, la plus mobile, la plus incertaine, la plus inconstante des choses créées, je passe à celle du granit, le plus solide, le plus ferme, le plus immuable des fils de la nature, car toutes les choses de la nature sont en étroite connexion. » Cette nature, qui, suivant l'expression de Helmholtz « est pour lui une œuvre une et indivisible, qui révèle complètement ses mystères » au fidèle qui l'implore, il voudrait la saisir dans son principe essentiel; la théorie de Newton sur la décomposition de la lumière blanche lui paraissait une profanation; ses œuvres scientifiques rappellent par moments les éjaculations du piétiste qui, prêt à se perdre dans son Dieu, le supplie en échange de son renoncement de lui apparaître dans sa splendeur infinie; à propos de l'os intermaxillaire, par lequel il veut prouver le développement régulier des diverses espèces animales, il écrit qu'il est ému jusque dans ses entrailles. « Vous cherchez toujours, lui écrivait Schiller, ce qu'il y a de nécessaire dans la nature, mais vous le cherchez par la route la plus difficile. Vous prenez l'ensemble de l'univers pour en tirer quelque cas particulier, vous regardez la totalité pour expliquer l'existence individuelle. » On comprend que ces paroles aient suffi pour nouer entre Schiller et Gœthe, si différents, cette étroite amitié qui est un des plus nobles épisodes de l'histoire littéraire allemande [1].

La pratique des affaires, les événements extérieurs, l'étude de l'antiquité, les conversations avec Schiller ont révélé à Gœthe ce qu'il y avait d'enfantin et d'excessif dans ses pre-

---

[1]. C'est après son retour d'Italie (1788) et surtout après sa rencontre avec Schiller que commence la grande époque de la vie de Gœthe : les *Métamorphoses des Plantes* et *Torquato Tasso*, 1790; les *Heures*, les *Années d'apprentissage de Wilhelm Meister* et les *Élégies romaines*, 1795; les *Xénies* et *Alexis et Dora*, 1796; *Hermann et Dorothée*, 1797; le premier *Faust*, 1808; les *Affinités électives*, 1809; la *Théorie des couleurs*, 1810; les *Mémoires*, 1811. — Avec le *Réveil d'Épiménide*, 1815,

mières révoltes; il a appris à soumettre l'imagination à la règle, et, après avoir brisé la tyrannie de la raison, il reconnaît ses droits légitimes; mais ses œuvres, plus pondérées et plus calmes, restent émues, parce qu'elles sont partout imprégnées de la réalité vivante qui s'est réfléchie dans son âme, et grandes, parce que ce qu'il poursuit, dans ce tumulte inconsistant des passions passagères, c'est l'humanité tout entière. Ses personnages, de quelques noms grecs, latins ou italiens qu'il les affuble, ne sont pas seulement le produit de son imagination, mais des fragments détachés de son être et participant ainsi à la vie générale de l'espèce. De là souvent leur complexité, leur obscurité; l'art y perd sans doute, mais l'intérêt y gagne; les sources profondes ne sont jamais parfaitement claires; de là aussi leur caractère si profondément national. *Iphigénie* ne paraît si grecque aux admirateurs du poète que parce qu'elle tient par ses racines intimes à la Germanie; même quand il se prosterne devant les déesses de l'Olympe, il entend les appels des ondines et des sylphes.

 Quelque indifférence hautaine qu'il affichât pour la foule, les impressions successives qui agitaient le peuple se répercutaient en lui; il avait vu de près la misère de l'ancien Empire : « ce bon empire germanique, chantent les compagnons de la cave d'Auerbach, comment tient-il encore debout? » Il avait salué à Valmy l'éclosion d'un monde nouveau et le soleil de la liberté dispersant les nuages de ses rouges rayons; puis, dans *Hermann et Dorothée*, ressenti les douleurs des paysans chassés de leurs foyers par l'invasion : « Ne vaudrait-il pas mieux résister là-bas, en avant, à la frontière, plutôt que d'attendre

---

s'ouvre la dernière période, surtout marquée par le *Divan*, 1819, et le second *Faust*, 1830.

 Schiller (1759-1805). Sa rencontre avec Gœthe marque aussi pour lui un réveil et une extension de son talent; de ces années datent ses plus admirables poésies lyriques (*la Cloche*, 1799); ses études d'esthétique les plus ingénieuses et les plus profondes; ses drames les plus célèbres (la *Trilogie de Wallenstein*, 1798-1799; *Marie Stuart*, 1800; *Jeanne d'Arc*, 1801; *la Fiancée de Messine*, 1803; *Guillaume Tell*, 1804; *Démétrius*).

chez soi la misère et la servitude?... Au fond du cœur s'agitent le courage et le désir de vivre et de mourir pour la patrie... En vérité, si la vaillante jeunesse allemande était réunie à la frontière, résolue à ne pas céder aux étrangers, ils ne fouleraient pas le sol sacré, ne commanderaient pas aux hommes, ne conquerraient pas les femmes et les jeunes filles. » Que de jeunes cœurs frémissaient en répétant les paroles d'Hermann à sa fiancée :
« Tu es mienne, et maintenant ce qui est à moi l'est plus que jamais. Plus d'inquiétudes, plus de soucis qui troublent la possession et la joie; du courage et de la force ! Et si, à présent ou plus tard, l'ennemi nous menace, équipe-moi et tends-moi mes armes. » A mesure que l'invasion s'avance, la pensée de la résistance devient plus nette. « Il est écrit, dit le docteur Faust : au commencement était la Pensée? Est-ce donc la Pensée qui crée et produit tout? Il devrait y avoir : au commencement était la Force. Mais,

MASQUE DE SCHILLER.

au moment où j'écris ce mot, un instinct m'avertit de ne pas m'y arrêter. L'Esprit vient à mon aide ; j'aperçois enfin la vérité et j'écris avec confiance : au commencement était l'action. »

L'action, dit Gœthe; la volonté, dit Schiller, et c'est au fond le même mot d'ordre. Les deux poètes s'étaient si intimement pénétrés qu'après avoir passé par des phases analogues, ils exercent une influence semblable. Les drames de Schiller appellent au point de vue littéraire les plus extrêmes réserves : « Chez lui, dit Heine, avec son exagération, mais aussi sa pénétration habituelles, la pensée célèbre ses orgies; des idées abstraites, couronnées de pampres, brandissent le thyrse et dansent comme des bacchantes; ce sont des réflexions ivres. » Les sujets historiques qu'il choisit ne sauraient longtemps nous faire illusion ; le souci de la réalité n'est jamais chez lui qu'apparent, et ce qui le préoccupe surtout, c'est de réaliser certaines formes littéraires. Mais, dans ces cadres fictifs, il versait la magnificence de ses espoirs et la générosité de ses désirs ; sa langue, assez pauvre, mais sonore et éclatante, était admirablement propre à frapper les jeunes imaginations ; il représente dans la littérature allemande la poésie telle que nous la comprenons volontiers, c'est-à-dire l'expression éloquente de lieux communs et de sentiments héroïques : traduit dans ses vers redondants, l'Impératif catégorique s'insinuait peu à peu dans les âmes. Les spectateurs sortaient de *Marie Stuart* et de *Jeanne d'Arc* avec des pensées d'abnégation et de sacrifice ; *Wallenstein* rappelait aux vaincus que la fortune a ses lendemains et l'orgueil, sa punition ; et combien voyaient une personnification de l'Allemagne dans Tell qui, étranger aux complots et respectueux des lois, est réduit à la révolte par l'absurde tyrannie de Gessler !

Gœthe, vers la fin de sa vie, jetant un regard sur sa longue carrière, jugeait son œuvre et la trouvait bonne : « Nous ne pouvons pas tous servir notre pays de la même manière ; chacun fait de son mieux suivant le rôle que Dieu lui a réparti. Je me suis assez donné de tourment pendant un demi-siècle ; je puis dire que dans les choses que Dieu m'avait assignées comme l'œuvre de ma vie, je ne me suis reposé ni jour ni nuit et ne me suis permis aucune distraction. J'ai toujours marché, cherché, agi dans la mesure de mes forces. Si chacun peut en dire autant, tous s'en trouveront bien. » Il ne se trompait pas, quand il affirmait qu'il avait bien mérité de la patrie, et la postérité salue sans hésitation dans les cosmopolites impénitents de Weimar, qui n'eurent jamais une parole de colère contre la France et qui haussaient les épaules quand Schlegel attaquait Molière, les véritables génies protecteurs de l'Allemagne.

LE ROMANTISME.

Voyaient-ils eux-mêmes dans leurs vers ce qu'y aperçurent leurs lecteurs? — L'objection est niaise. Toute œuvre d'art supérieure est un organisme vivant, et dès qu'elle est sortie de leurs entrailles, il n'appartient plus aux auteurs d'en déterminer les transformations et d'en limiter l'influence. Il est parfaitement possible que Schiller et Gœthe n'aient pas eu la volonté de leur action. Si l'on va au fond des choses, il semble bien que le sentiment réel qu'ils éprouvent en face des bouleversements provoqués par la Révolution française était assez analogue à celui d'Erasme vis-à-vis de Luther ; ils jugeaient tout ce tumulte déplaisant, et qu'on oubliait trop pour des intérêts contingents les seules choses sérieuses, la philosophie et l'art; ils auraient répété volontiers avec les romantiques : la vie humaine fuit et les morts vivent éternellement. Si follement que le moût se démène, disait Gœthe, on finit toujours par avoir du vin. A quoi bon dès lors user ses forces à avancer l'inexorable destin? L'homme ne remplit-il pas sa tâche en travaillant à son propre perfectionnement? Le poète, qui est comme le résumé et la floraison de la création, a pour mission de mettre son génie dans les meilleures conditions d'épanouissement; il n'a pas d'autre devoir.

Théorie dangereuse qui aboutit vite à l'égotisme et à la glorification de la fantaisie et du caprice. Gœthe et Schiller furent en général préservés par la vigueur de leur nature et la santé de leur esprit contre les pires erreurs où les induisaient leurs conceptions esthétiques, mais les romantiques n'eurent ni la même clarté de vues, ni la même maîtrise d'eux-mêmes.

C'est dans les environs de 1770 que naissent les principaux représentants du romantisme allemand, les deux Schlegel[1],

---

1. Auguste-Guillaume de Schlegel (1767-1845). Le drame d'*Ion*, 1803; traductions de Shakespeare, de Calderon, etc., 1797-1810; *Leçons sur l'art dramatique et la littérature*, 1808-1810.
Frédéric de Schlegel (1772-1829): *Lucinde*, 1799; *Alarco*, 1802; *Poésies*, 1809; *Sur la langue et la sagesse des Indiens*, 1808; *Histoire de l'ancienne et de la nouvelle littérature*, 1815.

les deux Humboldt [1], Tieck [2], Hardenberg, plus connu sous le nom de Novalis, Gentz, Hölderlin, Schleiermacher. Il faudrait y ajouter Brentano, Achim d'Arnim, Hoffmann, La Mothe-Fouqué, Zach. Werner et quelques autres qui, sans faire partie du même cercle, s'en rapprochent par leurs tendances esthétiques et morales. Jean-Paul Richter a subi un moment leur influence. L'auteur de la charmante idylle de *Fixlein*, du célèbre roman comique *Siebenkäs* et des *Flegeljahre* avait un sens trop aigu de la réalité, un esprit trop mordant, une chaleur d'âme trop sincère, une morale trop haute surtout, pour ne pas apercevoir les ridicules et les faiblesses des fantaisistes d'Iéna. « Celui qui veut transporter dans la réalité le rêve de la vie, a-t-il écrit, est aussi fou que Cléopâtre qui veut avec des perles étincelantes faire une boisson rafraîchissante ; il veut se servir de l'arc-en-ciel de la fantaisie comme d'un pont solide jeté au-dessus des pluies. » La conclusion morale du

SCHLEGEL (Auguste-Guillaume) — 1767-1845.

---

1. Guillaume de Humboldt (1767-1835). *Sur les limites de l'action de l'état*, 1791 ; *Essais d'esthétique*, 1799 ; travaux de linguistique dont l'influence a été considérable.
   Alexandre de Humboldt (1769-1859). *Essai sur la géographie des plantes*, 1805 ; *Vues de la nature*, 1808 ; *Cosmos*, 1845-1858.
2. Tieck (1773-1853). *William Lovell*, 1796 ; *le Chat botté, le prince Zerbino*, 1797 ; *François Sternbald*, 1798 ; traduction de *Don Quichotte*, 1799 ; *Légendes et nouvelles*.

Titan, tout comme celle de *Faust* ou de *Wilhelm Meister*, est que la poésie sous aucune de ses formes ne satisfait pleinement nos besoins; nous ne trouvons l'apaisement que dans l'activité pratique. Mais Jean-Paul n'arriva à cette sagesse qu'après bien des tâtonnements, et il revenait parfois à ses erreurs : dans ses heures d'enthousiasme, il pensait, comme Tieck ou Novalis, que « l'homme haut » est celui dont les regards planent « au-dessus de l'inextricable confusion et des appâts dégoûtants de notre sol, qui désire la mort et a les yeux fixés sur l'infini », et par ses élans mystiques, par sa métaphysique nébuleuse et son manque de mesure, de goût et de composition, il rappelle trop souvent l'école qu'il avait côtoyée.

Schelling (1775-1854).

Les romantiques avaient leurs philosophes dans Fichte et Schelling. Ils trouvaient Fichte un peu timide; « ce n'est pas un idéaliste assez absolu, » disait de lui Frédéric Schlegel. Schelling les satisfit davantage; l'identité du moi et du non-moi, la création se réduisant à une évolution de la pensée éternelle qui se reflète dans l'esprit de l'homme, les ravissaient : « Idée sublime et joyeuse, qui m'élève au rang de Dieu, écrit Tieck; les êtres sont parce que nous les avons pensés; le monde s'estompe dans un lointain nuage, et la lueur qui éclaire ses profondeurs obscures est celle que nous portons en nous ». Le moi, qui seul a une existence réelle, devient dans ce système l'unique mesure des choses et la source de toute règle : « Affranchi de toute chaîne, il va joyeux et hardi à travers la vie, échappé aux lourds devoirs qui n'ont été inventés que pour les sots. » Par un singulier retour, la réaction commencée au nom de la réalité contre l'analyse rationaliste aboutissait à la négation de la réalité; disciples de Herder, mais disciples infidèles, les romantiques ne se contentaient plus de réclamer les droits du sentiment et de l'imagination, mais ils prêchaient le mysticisme et le symbolisme. Herder avait protesté au nom du passé et de l'histoire contre les bouleversements violents et les hautaines prétentions des réformateurs radicaux; ils en concluaient que l'homme, pris dans l'engrenage des choses et incapable de rien changer à l'ordre fatal des événements, ne doit pas même s'y intéresser, et ils cherchaient une revanche de la nécessité extérieure qui les opprimait, en s'abandonnant sans combat à toutes les suggestions de leurs instincts.

Parmi les romantiques, plusieurs avaient reçu du ciel de remarquables qualités. Les *Hymnes à la Nuit* de Novalis [1], les poésies lyriques de Hölderlin [2], de Tieck, d'Achim d'Arnim [3], pour ne citer que quelques noms, renferment d'admirables fragments, témoignent d'une hauteur de sentiments, d'une richesse d'imagination et d'une maîtrise de la prosodie et de la langue qui sembleraient devoir suffire à produire des chefs-d'œuvre; ils ont traduit avec une émotion délicieuse le charme de la nature, les vagues aspirations de l'âme et la mélancolie du cœur que ne satisfont ni les joies vulgaires des sens ni

---

1. Hardenberg ou Novalis 1772-1801; son roman, *Henri d'Ofterdingen*, qui devait être le manifeste de l'école, fut interrompu par sa mort.
2. Hölderlin, 1770-1843 : *Poésies; Hyperion*, roman par lettres, non terminé, 1797-1799.
3. Achim d'Arnim, 1781-1831, une des figures les plus curieuses du romantisme : le *Jardin d'hiver*, 1809, *Fautes et souffrances de la comtesse Dolorès*, 1810, *Nouvelles*, etc.

les explications extérieures de la science. Leurs instincts et leurs théories les poussaient à l'étude des civilisations exotiques, à la résurrection des formes inconnues et des genres oubliés, et leur raffinement érudit trouvait un piquant ragoût à la simplicité naïve des chansons populaires et des légendes primitives : ils ont souvent rapporté de leurs voyages d'investigations d'heureuses trouvailles, des rythmes d'une harmonie insinuante et subtile, des inspirations d'une enveloppante et souple complexité ; ils ont rendu ou donné droit de cité dans la littérature à la nouvelle fantastique, au conte de fées, au roman humoristique : Arnim, Brentano, Chamisso, Hoffmann en ont laissé des modèles qu'on ne dépassera pas. L'admiration qu'affectaient Schiller et Gœthe pour la littérature gréco-latine eût facilement dégénéré en un pseudo-classicisme gourmé et froid ; les romantiques, moins exclusifs, ont l'intelligence fureteuse et les sens aiguisés, ils sont vraiment cosmopolites par ouverture d'esprit et finesse d'intuition. Dans leurs courses vagabondes, l'esprit critique s'éveille et s'affine. Ils demandent aux écrivains le secret de l'âme des peuples qui ont été instruits et charmés par eux ; ils ont le don de sortir d'eux-mêmes, de vivre dans le passé ; ils transforment l'histoire dont ils font vraiment une résurrection.

Chamisso (1781-1838).

Peu importe que leur imagination les entraîne à des conclusions hâtives et qu'ils fassent à la fantaisie une part excessive. L'érudition de leurs disciples revisera le procès qu'ils ont ouvert, rectifiera leurs erreurs ; ils ont tracé la voie et les éclairs de leurs hypothèses impatientes illuminent le siècle entier. Les Schlegel, par leurs études sur l'Inde et sur l'Orient, reculent dans un lointain fabuleux nos origines ; Guillaume de Humboldt, un des esprits les plus souples, les plus variés, les plus originaux du siècle, qui fut l'ami de Gœthe et de Schiller et que l'on réunit quelquefois à eux dans un glorieux triumvirat, crée la philologie comparée; Heyne, le fondateur des *Göttinger gelehrten Anzeigen*, qui avait renouvelé la philologie classique, trouve d'illustres disciples dans Wolf, dont les études modifient toutes les idées reçues sur la formation des épopées primitives, dans Niebuhr qui soumet à sa critique audacieuse les légendes de la Rome primitive, dans Creuzer dont la *Symbolique et la Mythologie des anciens peuples* devient le point de départ de tant d'œuvres admirables.

C'est l'école romantique qui fonde réellement la critique des textes, et dans les légendes, les chansons et les contes qu'elle publie, ouvre aux savants une source dédaignée et inépuisable de documents sur le droit, la religion et la langue. Schleiermacher applique à la théologie la doctrine de l'évolution et, non moins hardi dans son exégèse que fidèle dans ses croyances, il prépare le protestantisme contemporain, tel que l'ont fait de Wette, Strauss et Baur. Savigny renouvelle par l'histoire les études juridiques, et Alexandre de Humboldt transforme la géographie, dont il fait la synthèse du monde extérieur. Les sciences exactes, — comme il est facile de le prévoir, — sont négligées par les disciples de Schelling, — le génie de Gauss, le seul grand mathématicien de l'époque, est longtemps méconnu ; — mais en botanique, en minéralogie d'importantes découvertes se produisent. Sans même parler ici de l'impulsion donnée par les romantiques aux études germaniques proprement dites, sur lesquelles nous reviendrons plus loin, si l'on songe au prodigieux élan que les travaux des Humboldt, des Schlegel, de Schleiermacher, de Savigny et de leurs amis ont imprimé aux sciences morales et naturelles, à la large trouée qu'ils ont percée dans notre horizon intellectuel, aux perspectives qu'ils ont ouvertes dans les directions les plus opposées, on salue avec reconnaissance dans le mouvement romantique un des plus hardis et des plus heureux efforts de l'esprit humain pour élargir son domaine et prendre possession de l'univers.

Ces grands évocateurs n'avaient cependant à aucun degré l'esprit scientifique. La science, dans laquelle leur inquiétude maladive cherchait une distraction, n'était pour eux qu'une maîtresse d'occasion et ses caresses laissaient leur âme inassouvie. Schiller, qui ne les aimait pas, disait qu'ils étaient fantasques parce que leur intelligence était faible. — Non pas faible en réalité, mais incohérente et passionnée. Il leur manquait la mesure et la volonté, le sens commun et la persévérance, la patience et le goût. Sous prétexte d'affranchir l'art, ils mêlent les genres, foulent aux pieds les conventions les mieux fondées et, en poursuivant des effets inconnus, n'arrivent le plus souvent qu'à l'obscurité. Leur poésie n'est plus qu'une musique et leur musique devient une peinture. Si

Weber (Charles-Marie) — 1786-1826

Schubert, en s'inspirant des mélodies populaires, trouve des accents d'une mélodie pénétrante et d'une délicieuse intimité, Weber, le chantre des chevaliers en quête d'aventures, de la vie errante et des elfes, ne se borne plus à nous traduire les émotions de l'âme, mais veut faire passer dans son orchestre la vie extérieure ; et cet effort pour étendre les limites de l'art charme souvent les auditeurs et même les émeut, mais il ne produit jamais cette complète et radieuse jouissance que laissent seuls les chefs-d'œuvre du maître classique de la musique, du rival de Gœthe et de Schiller, Beethoven [1].

BEETHOVEN (1770-1827).

Pour se plaire auprès de ces écrivains tourmentés et incertains, il faut considérer leurs œuvres comme une suite de morceaux de bravoure, souvent succulents, un pot-pourri de rêveries, tantôt exquises, tantôt saugrenues. Plus les personnages sont flottants, les contours fuyants, les idées confuses,

---

1. Schubert (1797-1828). — Ch.-Marie de Weber (1786-1826) ; ses principales œuvres sont d'une époque postérieure : *Freyschütz*, 1820 ; *Euryanthe*, 1823 ; *Obéron*, 1825. — Beethoven (1770-1827) : de 1803 à 1816, symphonies 3-8 (héroïque, pastorale) ; *Egmont*, *les Ruines d'Athènes*, *Fidelio* ; — après, la symphonie avec chœurs, la *Missa*, les dernières sonates.

plus ils croient se rapprocher de l'idéal de l'art tel qu'ils le conçoivent et dont ils voient l'expression suprême dans l'arabesque qui dans ses dessins capricieux ne traduit aucune pensée. Dans le monde où ils nous entraînent, « moins terrestre qu'idéal, plus esthétique que réel, rien ne se présente avec des lignes nettes et arrêtées; un nuage de lyrisme couvre tout d'une teinte monotone et grise, l'amour s'y perd dans l'extase, l'amitié n'est plus qu'un reflet de l'amour, l'histoire s'évapore en mythe, la poésie se dessèche en abstraction, la philosophie devient poésie et la métaphysique, à force de se quintessencier, n'est plus qu'une folie algébrique ». La pensée, après avoir supprimé le monde, s'épuise en systèmes et prétend s'élever au-dessus d'elle-même par l'*ironie* du poète qui juge son œuvre et la condamne. Effort maladif qui aboutit bientôt au dégoût de la vie et à la lassitude d'être. William Lovell, le héros du célèbre roman de Tieck (1796), nous donne une idée assez exacte du malaise et du vide dans lequel ils se débattent : jouet de passions généreuses et indomptées, il traîne sa jeunesse d'orgie en orgie et finit par sombrer dans le crime : « Qui apprend à se connaître regarde l'homme comme un monstre. » — « L'univers n'est qu'imagination et poésie; » c'est la conclusion du roman *Henri d'Ofterdingen* (1802) dans

Novalis (Frédéric de Hardenberg)
(1772-1801).

lequel Novalis écrit en quelque sorte la contre-partie de *Wilhelm Meister* : « Poésie, imagination, voilà le fond solide et le but réel, le commencement et la fin ; le monde des légendes est réel, le monde réel est une légende. »

La conséquence naturelle, c'est que le poète, véritable créateur du monde, est supérieur à toutes les lois. Frédéric Schlegel, dans son fameux et insipide roman de *Lucinde*, prêche l'émancipation de la chair, et Schleiermacher commente son enseignement. Avec lui, tous les *génies* d'Iéna répètent que « comprendre une chose, c'est la justifier, et que les nobles créatures payent non avec ce qu'elles font, mais avec ce qu'elles sont ». Les grands classiques n'étaient pas toujours bien scrupuleux dans leurs mœurs, et le spectacle de Weimar, « où les mariages ne valaient rien », avait fort étonné Jean-Paul ; à Iéna et à Berlin, où les romantiques tiennent leurs assises, les théories sont plus radicales et les fantaisies plus hardies. Le divorce, par lequel les Allemands pallient ce dévergondage, le rend plus répugnant encore. Dans tous ces désordres, rien de semblable à la magnifique exubérance sanguine de l'Italie au XVI° siècle ; ce pêle-mêle d'intrigues et d'amourettes nous fait l'effet d'une gageure où des professeurs d'esthétique se battent les flancs et se montent l'imagination pour se prouver à eux-mêmes qu'ils ne sont pas des *économes*. De leur voyage prémédité à travers les passions, ils reviennent épuisés et mortellement tristes. Hœlderlin devient fou, Novalis meurt à vingt-neuf ans, rongé par la phtisie et la douleur incurable que lui laisse la mort d'une fillette de douze ans pour laquelle il avait conçu un amour maladif. Jean-Paul cherche l'inspiration dans l'ivresse, Tieck et Hoffmann réduisent l'excentricité en système. Brentano, après avoir, comme un moderne troubadour, promené à travers l'Allemagne ses bizarreries, tombe dans la manie religieuse et écrit une compendieuse histoire des Réflexions, des Prophéties et des Sentiments de la nonne

Emmerich, qui portait les stigmates du Sauveur. Grâce à eux, les sectes les plus étranges et les aberrations les plus grotesques ont un regain de popularité ; les librairies sont inondées de traités de magie, d'alchimie, de théosophie ; les médecins attribuent les maladies à la possession de Satan et les guérissent par des incantations. On nous fait l'histoire et la description des fantômes : les esprits tout à fait mauvais sont verts ; s'ils s'améliorent, ils deviennent jaunes.

« Le sentiment poétique, avait écrit Schlegel, est quelque chose de semblable à la divination, au sens religieux et même à la folie. » — « J'ai comparé le Parnasse allemand, écrit de son côté Henri Heine, qui est à la fois le plus illustre représentant

HOFFMANN (Ernest-Théodore-Amédée)
1776-1822.

et le plus amer critique du romantisme, à Charenton, et je n'ai pas assez dit : la folie française n'est pas aussi folle que la folie allemande ; car dans cette dernière il y a une méthode : avec un pédantisme sans pareil, avec une conscience épouvantable, avec une solidité de principes dont un fou français, toujours superficiel, ne peut se faire aucune idée, on poussa cette folie jusqu'à ses dernières conséquences. » Rien de plus lamentable que ce naufrage qui ressemble à un suicide : la fin du romantisme est navrante; partis en guerre contre le rationalisme, ils s'étaient emportés jusqu'à vouloir anéantir la raison : ils expièrent par leur impuissance et leur mélancolie cette croisade impie; par haine de la fatuité révolutionnaire, ils condamnèrent le mouvement, le progrès et la vie, et prétendirent enfermer à jamais le présent dans des formules vieillottes et usées. Ils ne parurent avoir rappelé leur peuple à l'indépendance que pour l'offrir en holocauste à des idoles vermoulues, auxquelles ils n'apportaient eux-mêmes qu'une foi incertaine et trouble; les aspirations qu'ils avaient contribué à créer les remplirent d'épouvante, et, pour les endormir, ils appelèrent à leur aide les conjurations mystiques et la force brutale. Klinger affirmait que c'était le dessein formel des écrivains de cette école d'étouffer pour toujours chez les hommes la force et la joie de vivre, et jamais peut-être, en effet, nihilisme moral n'a été plus sincère et plus lamentable. « En vain ! écrit Brentano; connais-tu ce mot terrible ? Il résume ma vie entière, il est écrit en lettres de feu sur mon front et dans mon cerveau. Pensées, actions, souffrances, mes souffrances infinies, tout a été inutile. » — En vain ! C'est l'épitaphe que les romantiques auraient voulu qu'on gravât sur leur tombe.

Il y aurait sans doute quelque naïveté à attribuer la chute de la Prusse à l'influence du romantisme et il eût été parfaitement possible que l'Allemagne traversât cette crise morale sans péril sérieux : toute cette exaltation était superficielle, cette excitation maladive n'atteignait pas la masse de la nation; et le bon sens vigoureux du peuple savait bien faire le départ entre les extravagances de quelques hallucinés et les idées fécondes qu'ils déformaient. Il est certain cependant qu'au moment où allait sonner l'heure des périls suprêmes, c'était une redoutable complication que ce désarroi des âmes. Dans la rapidité avec laquelle s'effondre le royaume des Hohenzollern, bien des faits ne s'expliquent que par cet abandon de soi-même et cette abdication d'espérance qu'enseignaient les littérateurs d'Iéna.

Depuis le traité de Bâle, la Prusse assistait aux événements, tiraillée entre ses ambitions, qui la rapprochaient de la Révolution, et ses scrupules ou ses effarements qui la ramenaient vers les coalisés. Il y avait vis-à-vis d'elle en France une double et contradictoire tradition. La diplomatie des Bourbons, tout en surveillant les Habsbourgs, redoutait l'ambition des princes secondaires sur lesquels elle s'appuyait. Dès le xviie siècle, les électeurs de Brandebourg, par la verdeur de leurs appétits et l'indépendance de leurs allures, lui avaient inspiré une inquiétude qui se manifeste clairement dans ses alternatives incohérentes de résistances peu farouches et de complaisances aigres-douces. Elle en arriva à ce résultat singulier que la plupart des progrès de la Prusse, obtenus avec notre complicité, n'en parurent pas moins conquis contre nous et qu'elle eut à la fois les profits de sa connivence avec l'étranger et l'honneur d'incarner aux yeux des peuples allemands la résistance nationale. L'empereur Guillaume suivait une tradition fort ancienne, quand il « purifiait » à Sedan l'empire que la bienveillante inertie de Napoléon lui avait livré à Sadowa. La Prusse savait peu de gré au cabinet de Versailles des succès qu'elle remportait sur sa faiblesse et, en dépit de quelques tentatives de rapprochement qui ne furent jamais poussées bien loin, les deux cours, surtout depuis Frédéric Ier, qui n'oublia jamais l'opposition qu'il avait rencontrée près de Louis XIV quand il avait brigué la couronne royale, vivaient dans un état de sourde hostilité.

Bien avant 1789, l'opinion publique à Paris ne comprenait pas les tergiversations des premiers commis des affaires étrangères; les publicistes qui la représentaient et la dirigeaient, d'instruction bornée et de vues courtes, ne voyaient dans les Hohenzollern que des complices naturels contre les

Habsbourgs, et comme ils ne lésinaient pas sur le prix à débattre, ils ne mettaient pas en doute la complaisance de la cour de Berlin. L'engouement des encyclopédistes pour Frédéric II et les désastres dont l'alliance autrichienne de 1756 fut, non pas la cause, mais le prélude, avaient répandu universellement la conviction que notre politique étrangère devait reposer sur une entente cordiale avec la Prusse. L'expédition de 1792, dans laquelle les Révolutionnaires ne voulurent voir que l'erreur momentanée d'un souverain trompé par des ministres incapables ou vendus, ne modifia pas ces dispositions, et, au moment de la paix de Bâle, la chaleur même avec laquelle les Conventionnels briguèrent l'alliance de Frédéric-Guillaume II, fut la véritable cause des difficultés qui se produisirent. Le Comité de Salut public prétendait passer de plain-pied de la guerre à une alliance offensive et défensive : le Directoire et le premier consul à leur tour ne comprirent rien à la réserve de la cour de Berlin et refusèrent de la prendre au sérieux : les sobres représentations de Caillard, les hautaines objurgations et les acerbes ultimatums de Sieyès, les courtoises avances de Bonaparte représentent comme les diverses phases de la cour empressée par laquelle la France, pendant dix ans, chercha à gagner le cœur de la puissance allemande dont le concours lui était nécessaire pour assurer et légitimer ses récentes conquêtes. L'âpreté de rancune que Napoléon apporta dans sa vengeance, quand il vit toutes ses avances repoussées, s'explique en partie par l'amertume de sa déception et l'irritation que lui causait une rupture qu'il jugeait absurde.

La Prusse était à ce moment libre de choisir entre deux lignes de conduite qui lui ouvraient des avantages différents, mais également appréciables. Si elle s'alliait franchement à nous et nous apportait son concours loyal, elle pouvait réclamer en échange, du Directoire et du général Bonaparte, la reconnaissance de l'hégémonie qu'elle revendiquait sur l'Allemagne du nord et le respect scrupuleux de la liberté de l'Allemagne du sud; il est permis de penser que dans des circonstances analogues, M. de Bismarck ou Frédéric II dans sa jeunesse n'eussent pas hésité à accepter la main que leur tendaient les républicains.

Le Frédéric de la deuxième partie du règne eût été peut-être moins résolu. La France était une alliée impérieuse et, en se livrant à elle, on s'aliénait l'Autriche et l'Angleterre; une politique conservatrice, moins lucrative, avait du moins l'avantage, si elle était poursuivie avec fermeté, d'arrêter les envahissements révolutionnaires et de garantir la grande situation de la Prusse. Entre ces deux partis, — et ce fut le malheur de la France, — la Prusse n'osa pas choisir et elle ne sut ni tirer profit des sympathies qui s'offraient à elle, ni fixer à nos conquêtes une limite infranchissable. Incapable à la fois d'oublier ses rancunes contre la maison d'Autriche et de poursuivre énergiquement la ruine de cette rivale détestée et respectée, elle flotta entre des résolutions contradictoires qui, aussitôt abandonnées que conçues, la discréditèrent sans lui apporter aucune compensation matérielle. « Le gouvernement prussien est bien mort, bien endormi, écrivait Barthélemy dès 1795; il n'a point de système. » — « Il nous convient plus que jamais, écrivait Haugwitz à Hardenberg, quelque temps après le traité de Bâle, de nous tracer les règles d'une conduite sage et modérée qui, *plutôt négative,* nous fasse la loi de nous immiscer le moins possible dans les affaires d'autrui. » — Si du moins cette politique, que l'on appelait une politique de résistance et qui n'était même pas une politique de résignation, avait été nettement indiquée et franchement suivie! Mais la somnolence où l'on se berçait était troublée par des hallucinations séduisantes; on avançait vers elles une main tremblante que l'on retirait au premier bruit avec une visible mauvaise humeur. On allait ainsi à l'aveuglette, et, sous couleur de ne mécontenter personne, pour de maigres avantages mal assurés, « on inspira de la défiance à toutes les puissances, de la confiance nulle part ; on contracta des obligations envers tout le monde, sans gagner de force et de solidité. » Au bout de quelques années, sans échecs retentissants, la Prusse, suspecte à la coalition et à la France, fut acculée à une situation équivoque et humiliée dont elle ne crut pouvoir sortir que par la guerre.

A ne considérer que l'apparence, le règne de Frédéric-Guillaume II (1786-1797) avait été prospère : les margraviats d'Ansbach et de Bayreuth ouvraient aux Hohenzollern les bassins du Mein et du Danube ; depuis le dernier partage de la Pologne, la frontière du royaume atteignait le Bug et la Vistule du côté de l'Autriche, le Niémen du côté de la Russie, et renfermait, avec Varsovie, presque toute la Grande-Pologne et la Mazovie ; désormais Berlin était à l'abri de l'invasion et la Prusse royale solidement rattachée au reste de la monarchie.

Mais si les Franconiens avaient accepté sans peine leur nouvelle condition, il n'en fut pas de même des provinces polonaises. La langue, la religion, les mœurs rendaient une fusion impossible entre les Allemands et les Slaves. La rudesse et l'ineptie des administrateurs prussiens aigrirent encore les esprits et créèrent dans ce pays si profondément divisé une unanimité de haine contre les envahisseurs. « La noblesse, le clergé, les juifs et les paysans, écrivait en 1797 le premier président de la Prusse méridionale, tous sont extrêmement mécontents. La noblesse regrette son indépendance, et les tracasseries des employés entretiennent son esprit de révolte ; le clergé ne se résigne pas à la perte de ses domaines et travaille en secret à soulever les habitants ; la bourgeoisie est atteinte dans ses ressources par l'arrêt du commerce et de l'industrie et se croit déjà ruinée par les impôts annoncés ; les juifs se plaignent du manque d'affaires et, comme les autres habitants, trouvent les impôts trop lourds. Dans les classes supérieures apparaît partout le dessein d'être affranchi de la tutelle prussienne, et la conduite des Polonais de distinction est si insolente, si dédaigneuse pour tout employé allemand, qu'ils doivent se croire sûrs de quelque appui pour leurs plans qui visent le rétablissement de leur existence politique. » Les victoires de la France et la propagande des exilés entretenaient l'agitation; les salons, d'où l'on écartait soigneusement les étrangers, étaient autant de foyers de conspiration. Le gouvernement, pour se défendre, expulsait les suspects, violait le secret des lettres, ravalait ses officiers au métier de mouchards, et ces mesures brutales exaspéraient jusqu'aux indifférents. Comme, sur neuf millions d'habitants, la Prusse comptait alors quatre millions de Slaves, cette masse frémissante gênait toute la vie politique et empêchait les réformes les plus urgentes; la Prusse était en quelque sorte prisonnière de sa conquête, et elle expiait par de justes déconvenues la perfidie dont elle s'était rendue coupable vis-à-vis de la Pologne.

Les partages de 1793 et 1795 avaient livré à l'état d'immenses domaines: la proie était tentante pour les courtisans. Frédéric-Guillaume II avait toujours eu la main percée; malade, vieilli, il était moins capable que jamais de résister aux sollicitations. Malgré tout ses prodigalités ne satisfirent pas ses favoris. Sous la direction du gouverneur même de la Prusse méridionale, Hoym, fripon pusillanime et vaniteux, une entreprise de déprédations et de vols s'organisa au détriment du trésor public; Mme de Rietz, qui était coutumière du fait, et Bischoffswerder, qui avait perdu toute pudeur et ne repoussait même pas, à ce qu'il semble, les présents de l'ambassadeur français, figuraient parmi les associés avec le grand chancelier Goldbeck, le conseiller intime de Beyer, l'ambassadeur Lucchesini, le major-général Rüchel et jusqu'au parangon du chauvinisme germanique, Blücher. Le trésor y perdit quelques dizaines de millions, mais, ce qui était plus grave, ces scandales révélaient une redoutable démoralisation dans cette administration prussienne qui était, avec l'armée, une des colonnes de la monarchie.

Les Hohenzollern, dont les ressources étaient modestes, très pressés aussi de mobiliser leurs forces pour profiter des occasions que leur offrait la désorganisation de l'Allemagne, avaient cherché un système de gouvernement qui leur permît de concentrer aux moindres frais toutes les forces du pays entre leurs mains. Après avoir plié la noblesse sous leurs lois inflexibles, ils avaient respecté ses prérogatives et fondé leur domination sur la souveraineté patrimoniale des seigneurs et la séparation rigoureuse des castes. Au commencement du xixe siècle, la Prusse présentait ainsi un curieux mélange de bureaucratie et de féodalité : les souverains, satisfaits de trouver dans l'aristocratie les officiers et les administrateurs qui leur étaient nécessaires, lui abandonnaient en revanche, sous leur contrôle lointain, une large part d'autorité sur ses domaines et une importante fraction de la puissance publique.

Ce régime, qui avait l'avantage d'intéresser aux affaires une partie des sujets, rendait très difficile l'établissement d'une législation uniforme et surtout maintenait la masse de la nation dans une condition très voisine de la servitude. Non seulement la plupart des paysans n'avaient pas la propriété héréditaire de leurs fermes, mais leur liberté personnelle était soumise à d'odieuses restrictions. Épuisés par des charges trop lourdes, les cultivateurs perdaient le goût du travail et n'avaient même pas l'idée d'augmenter le rendement de biens qui ne leur appartenaient pas. Par un de ces retours qui sont la rançon des iniquités sociales, les maîtres n'étaient guère plus heureux que les sujets : ils payaient leurs privilèges par la rigueur de règlements inextricables qui étouffaient toute liberté individuelle et arrêtaient ou du moins retardaient singulièrement le progrès économique.

La nation avait été en quelque sorte sacrifiée à l'état,

mais l'état souffrait de cette conception fausse qui prenait la fin pour le moyen et subordonnait la réalité à de trompeuses apparences : il ne se maintenait que par une tension excessive de tous les ressorts et à chaque effort paraissait à bout de souffle. C'est ainsi qu'après les héroïques tours de force de Frédéric II, ses successeurs s'étaient trouvés en présence d'un peuple surmené et anémié, de castes égoïstes et jalouses, de villes ruinées par une législation industrielle et commerciale absurde, d'une noblesse endettée, entichée de ses prétentions et enfoncée dans le souci exclusif de ses intérêts, de paysans qui croupissaient dans une misère noire et une ignorance sordide.

C'est par un abus de langage que l'on parle du gouvernement personnel des Bourbons : l'étendue même du royaume et les exigences de l'étiquette réduisaient les plus actifs d'entre eux à une surveillance sommaire. En Prusse, au contraire, tout partait du roi et tout revenait à lui. Sous Frédéric II, les chefs de services, qu'il ne réunissait qu'à de rares intervalles et qui le plus souvent ne communiquaient avec lui que par écrit, étaient des expéditionnaires, qu'il ne daignait même pas toujours informer de ses résolutions ; les ministres des affaires étrangères n'avaient pas connaissance des dépêches des ambassadeurs ou des instructions qu'ils recevaient du prince. Malgré l'extraordinaire application du souverain, il ne pouvait pas suffire à la besogne matérielle qu'il acceptait et il avait besoin de collaborateurs : des « secrétaires du cabinet » avaient pour mission de classer et de résumer les lettres qui lui arrivaient et de rédiger les réponses qu'il écrivait ordinairement en marge. Ces secrétaires, dont les fonctions étaient humbles, étaient seuls en contact régulier avec le roi, et peu à peu leur influence s'accrut : le dernier résultat d'une organisation qui avait pour but de tout réunir entre les mains du monarque, fut ainsi à la longue une sorte d'anarchie gouvernementale ; il se créa, à côté des agents officiels, un pouvoir occulte et irresponsable, qui souvent la combattit et toujours la gêna ; ces tiraillements, presque inaperçus tant que l'autorité resta entre les mains vigoureuses de Frédéric II, éclatèrent au grand jour sous Frédéric-Guillaume II, dont la politique personnelle fut souvent opposée à celle que poursuivait au grand jour son gouvernement. La confusion était d'autant plus grande que l'on avait cru indifférent, à cause même de l'unité qu'était censée maintenir dans les affaires l'intervention du cabinet, d'introduire dans l'administration centrale certaines modifications, qui sans cela eussent paru indispensables. Les ministères formaient des collèges : le département des affaires étrangères, par exemple, sous Frédéric-Guillaume II, avait à sa tête six fonctionnaires dont ni les attributions, ni la hiérarchie n'étaient déterminées avec précision. Comme en France jusqu'à la Révolution, mais à un degré encore bien plus marqué, le système moderne qui répartit les affaires d'après leur nature, se combinait dans une extrême complication avec le système du moyen âge, qui réunissait entre les mains de certains fonctionnaires l'administration complète de régions déterminées ; diverses directions jouissaient d'une complète autonomie et certaines provinces avaient conservé avec des privilèges spéciaux un gouvernement distinct. On eût vraiment dit qu'on s'était ingénié à provoquer des rivalités entre les fonctionnaires, à ralentir l'expédition des affaires et à embarrasser l'action des pouvoirs publics.

C'est un lieu commun d'opposer aux oscillations et aux secousses des démocraties l'unité et la persévérance de vues des gouvernements absolus : mais en fait l'absolutisme véritable est rare, parce qu'il suppose chez le souverain des talents supérieurs et une fermeté de volonté exceptionnelle. De 1786 à 1806, la Prusse connut toutes les agitations des régimes parlementaires, avec cette circonstance aggravante que les luttes se poursuivaient dans les couloirs du palais et que la décision dépendait des caprices ou des abdications du roi. S'il est d'ailleurs parfaitement normal que les partis se disputent le pouvoir, il est inadmissible que l'administration devienne un foyer d'opposition, et c'est ce qui se produisit à cette époque à Berlin. Wöllner, Bischoffswerder et leurs complices rencontrèrent parmi les principaux employés une résistance d'abord sourde, puis ouverte, et les décrets du monarque n'eurent pas d'adversaires plus ardents que ceux qui avaient pour mission de les exécuter. Après la mort de Frédéric-Guillaume II (1797), son successeur, bien qu'il aperçût les inconvénients du régime suivi jusqu'à lui, n'y renonça pas, parce qu'il lui eût fallu pour cela abandonner au moins quelques-unes de ses attributions et qu'il y eût vu à la fois une déchéance et une désertion : le « cabinet » resta, plus encore que par le passé, le centre de la politique, et comme cette politique fut en général malheureuse, les protestations s'enhardirent et les rivalités prirent une acuité inconnue auparavant. Les hommes, qui dirigeaient les affaires, menacés par de sourdes menées, se préoccupèrent souvent moins de l'intérêt suprême du royaume que de la nécessité de ne pas fournir de prétexte aux accusations de leurs adversaires, et l'on vit ainsi, dans la crise de 1806, des ministres qui redoutaient la guerre la précipiter par une série de mesures qui avaient dans leur esprit pour but unique de donner le change à l'opinion et auxquelles ils ne s'étaient résolus que sous la pression de l'opposition.

Dans un pays où l'état avait absorbé toutes les énergies et concentré toutes les espérances, cette lamentable faillite jeta les âmes dans une sorte de désespoir. Il avait tout demandé aux individus, le sacrifice de leur personnalité, l'abdication de leurs préférences et de leurs goûts, l'abandon de leurs droits : qu'offrait-il en échange? Au dedans, l'inertie et le conflit organisé, au dehors l'impuissance. Dans cette banqueroute, à quoi se rattacher? La religion avait perdu sa force, la morale que prêchait Kant était trop austère et trop haute pour une génération grandie sous l'influence de Nicolaï et de l'école du bon sens; on accueillit comme des prophètes les coryphées du romantisme qui prêchaient, avec l'indifférence politique, l'affranchissement de la chair et la liberté des instincts.

Berlin était alors une ville de 150,000 habitants, et les étrangers qui y accouraient en assez grand nombre, vantaient la largeur de ses rues, la beauté de ses femmes et la splendeur de ses fêtes. Éclat factice qui dissimule mal un état social peu favorable! Le luxe qui s'étale, tout d'apparat, n'a pas pour soutien un commerce actif ou une industrie florissante, et il n'est entretenu que par l'oisiveté d'une aristocratie restreinte qui trompe dans les salons son incurable ennui. La gêne perce sous les dépenses d'ostentation : un observateur avisé s'aperçoit vite que dans les diverses maisons ce sont les mêmes serviteurs qui reparaissent, les mêmes argenteries qui ornent les tables; dans toute cette richesse apparente, il y a beaucoup de plaqué. Les dames témoignent de leur haine pour la Révolution en restant longtemps fidèles aux modes de l'ancien régime, les coiffures compliquées et hautes d'une aune, les paniers et les vertugadins; elles étalent de longues traînes de velours bleu sur lesquelles brillent des étoiles de diamants; les toilettes des élégantes valent jusqu'à 3,000 thalers; les hommes ne sont pas moins resplendissants avec leurs fracs de soie brodés, leurs gilets ruisselants d'or, leurs jabots et leurs manchettes en dentelle de Bruxelles. Mais ne leur demandez pas quels sont leurs revenus. Ils ne défrayent leur luxe qu'en pressurant leurs paysans; beaucoup, à bout de ressources, leurs terres criblées d'hypothèques, n'ont d'autre espoir que la générosité royale qui leur accordera quelque domaine polonais.

Parmi ce tout Berlin, les juifs presque seuls possèdent une fortune liquide, et leurs salons, plus fastueux, moins guindés, donnent le ton. Chez le banquier Itzig, ancien petit prêteur sur gages; chez ses collègues Cohen et Meyer, dont la fille a épousé le prince de Reuss, alors ambassadeur d'Autriche en Prusse; chez le conseiller intime Éphraïm, mêlé à toutes sortes d'affaires louches et de négociations obscures et qui offrait avec une persistance suspecte ses bons offices aux ambassadeurs français; chez Henriette Herz, la femme du célèbre médecin Marcus Herz, dont l'altière et tragique beauté subjuguait tous les cœurs sans danger pour elle et inspirait au jeune Bœrne une juvénile passion, se réunissait une foule bizarre et composite d'écrivains, d'étrangers, de nobles et de faiseurs d'affaires. Chez Henriette Herz, la Ligue de la Vertu qu'elle a fondée, tient ses assises : les affiliés se tutoyaient tendrement, s'écrivaient en caractères hébraïques de longues lettres où ils analysaient avec une complaisance subtile les aspirations de leurs

Marcus Herz.

âmes, et faisaient profession de substituer aux conventions de la morale vulgaire le développement des facultés affectives.

C'est dans ce monde que Mme de Staël distingua Z. Werner, qui venait de divorcer pour la troisième, non pas pour la dernière fois, encore esclave du péché dont il sortit plus tard avec un pieux éclat; Chamisso, Français germanisé, inquiet déjà des conflits qu'il prévoyait entre ses deux patries, y préparait son *Pierre Schlémihl*, dont les obscures tristesses symbolisent bien cette foule qui flottait au hasard des vents, sans boussole et sans but. Fessler, capucin défroqué, fondateur de l'ordre des Évergètes, dont la vertu admettait bien des tempéraments, y coudoyait Schleiermacher, qui préludait à son rôle de restaurateur de la foi en commentant aux nobles et honnêtes dames du lieu *Lucinde* et la doctrine de l'amour sans devoirs. Pauline Wiesel, la maîtresse déclarée du prince Louis-Ferdinand, écoutait, et, à côté d'elle, Louise Rahel, la plus charmante incarnation de cette société raffinée, si supérieure à ce monde romanesque et frivole par la candeur de son âme et la réelle élévation de sa pensée, souriait, en partie gagnée par la contagion. Le soir, l'esprit et le cœur un peu grisés, Schleiermacher, *le bijou*, petit

WERNER (Zacharias). — 1768-1823.

et légèrement contrefait, songeait avec une douce mélancolie à la somme de bonheur qui se perdait dans le monde, « où il suffirait de quelques échanges pour faire, en réunissant trois ou quatre couples, d'excellents ménages », et il répétait avec Schlegel : « Jurons-nous gaiement, en nous embrassant, une infidélité éternelle. Partout où des charmes nous attirent, goûtons-les et cherchons des joies légères dans de beaux changements. » « L'amour est une religion en Allemagne, — écrivait

Mme de Staël, qui, si elle n'avait pas beaucoup de préjugés, avait l'esprit trop clair et le cœur trop chaud pour ne pas apercevoir tout ce qu'il y avait de trouble et de malsain dans ce marivaudage libertin, — mais une religion poétique qui tolère volontiers tout ce que la sensibilité peut excuser. On ne saurait le nier, la facilité du divorce dans les provinces protestantes porte atteinte à la sainteté du mariage; on y change aussi tranquillement d'époux que s'il s'agissait d'arranger les incidents d'un drame ; le bon naturel des hommes et des femmes fait qu'on n'y mêle point d'amertume à ces faciles ruptures et, comme il y a chez les Allemands plus d'imagination que de vraie passion, les événements les plus bizarres s'y passent avec une facilité singulière. Cependant c'est ainsi que les mœurs et les caractères perdent toute consistance, l'esprit paradoxal ébranle les institutions les plus sacrées et l'on n'y a sur aucun sujet des règles assez fixes. »

Frédéric-Guillaume III, que protégeait du moins contre ces toquades la sécheresse de son cœur, n'avait pas assez d'autorité pour contenir le courant ; les vertes algarades que valut à sa femme et à sa belle-sœur leur enthousiasme de mauvais ton pour Jean-Paul, ne les corrigèrent pas. L'idole de la cour et de la ville était le prince Louis-Ferdinand, l'Alcibiade berlinois, prodigue, incohérent, incapable d'efforts suivis et d'affections constantes, qui brûlait sa vie et gaspillait dans des aventures suspectes des qualités éminentes. Louis-Ferdinand racheta ses fautes par une mort héroïque, mais pas plus que ses compagnons il ne pouvait mettre au service de la patrie l'abnégation persévérante qui prépare la victoire, ou la sérénité d'âme et l'esprit de sacrifice qui ennoblissent la défaite. Les romantiques avaient prétendu rejeter toute règle sociale et proclamé dans chaque individu « le Dieu et le prêtre de son moi ». Seulement, comme le remarque encore Mme de Staël, bien qu'il semble naturel de supposer « qu'un système de philosophie qui attribue à ce qui dépend de nous, à notre volonté, une action toute puissante..., doit fortifier le caractère et le rendre indépendant des circonstances extérieures, il y a lieu de croire que les institutions politiques et religieuses peuvent seules former l'esprit public et que nulle théorie abstraite n'est assez efficace pour donner à une nation de l'énergie; car, il faut bien l'avouer, les Allemands de nos jours n'ont pas ce qu'on peut appeler de caractère. »

C'est par les sommets qu'il convient de juger d'une société : pour connaître un peuple, ce qui importe, c'est de connaître la valeur de ses entraîneurs. Assez vite l'exemple parti d'en haut est suivi par les masses. La foule ne lisait pas les philosophes idéalistes; elle entendait mieux leurs disciples et appliquait leurs doctrines à sa manière : « Dans la capitale, écrivait un contemporain, on a porté les plaisirs physiques jusqu'au plus haut développement. C'est surtout la classe des officiers, depuis longtemps déjà adonnée à l'oisiveté et étrangère aux sciences, qui va le plus loin dans cette voie. Ils foulent aux pieds, ces vauriens privilégiés, tout ce qui était sacré : la religion, le mariage, toutes les vertus domestiques; les femmes sont parmi eux comme une propriété commune qu'ils vendent, qu'ils échangent... Comme Berlin est le centre de la monarchie, le point d'où tout le bien et tout le mal se répandent sur les provinces, la corruption a peu à peu gagné de proche en proche. »

Les Prussiens, loin de se dissimuler l'importance de la crise, s'exagéraient plutôt la gravité de symptômes plus effrayants que réellement dangereux. Le malade souffrait surtout pour le moment, s'il est permis de parler ainsi, d'une erreur de diagnostic : après le surmenage du règne de Frédéric II, on avait cherché un soulagement dans une sorte de nihilisme politique, on avait nié les devoirs sociaux, rejeté comme un fardeau importun le poids des obligations civiques, cherché un refuge dans le scepticisme et les plaisirs faciles. Ce qui manquait au pays, ce n'était ni les bonnes volontés ni

CHUTE DE LA PRUSSE.

les talents et l'énergie, c'était un but à poursuivre, un mot d'ordre, une direction, une espérance. Ses ardeurs sans emploi se consumaient en agitations convulsives, et sa foi, ne sachant où se prendre, abjurait dans le désespoir.

Le guide et le chef capable d'apercevoir la vraie cause du désordre et de la souffrance générale et de démontrer à tous ces désabusés la vanité de leurs négations, la Prusse le cherchait vainement alors dans son roi. Les historiens nous parlent pieusement des vertus privées de Frédéric-Guillaume III (1797-1840), et il est vrai qu'il aimait beaucoup sa femme : après le cynisme de Frédéric II et les fantaisies polygames de Frédéric-Guillaume II, il n'était pas inutile que la cour de Potsdam donnât l'exemple de mœurs régulières. Bon père de famille, bon époux, appliqué, pétri de bonnes intentions, Frédéric-Guillaume III n'avait pas les épaules assez fortes pour le lourd héritage qu'il avait reçu. Pâle, avec son visage long, ses yeux bleus de faïence, sa démarche gauche et embarrassée, il n'avait pas même comme son père l'apparence d'un roi. Son éducation avait été mal dirigée et la contrainte qu'il s'était imposée à la cour de son grand-oncle avait accentué chez lui une gêne et une timidité innées, qui donnaient à toutes ses allures quelque chose de

Frédéric-Guillaume III, roi de Prusse de 1797 à 1840.

raide et de disgracieux. Il s'acquittait mélancoliquement, comme un élève consciencieux et médiocre, de son pensum royal : toute occupation intellectuelle lui était une fatigue et la pêche à la ligne était son plaisir préféré. Hanté avec cela par la peur d'être gouverné, il avait une aversion invincible pour les mesures hardies et les esprits originaux : ce prince, dont le règne est marqué par tant de réformes audacieuses, était le plus timide, le plus conservateur, le plus effarouché des hommes, et il ne prit jamais plaisir à l'œuvre qu'il accomplissait. A la fois défiant de lui-même et fort entêté, il ne s'arrêtait à une résolution que quand il avait trouvé des approbateurs, mais il ne cessait de réunir des avis que quand on l'avait conseillé suivant ses propres désirs ; les hommes qui pénétrèrent le plus avant dans sa confiance, Haugwitz, par exemple, ou Lombard, le conseiller de cabinet, gagnèrent son affection par l'art avec lequel ils devinaient ses préférences secrètes et lui soufflaient ses pensées inavouées.

Comme sa principale préoccupation était d'éviter les hasards et qu'il avait horreur de la guerre, à la fois par humanité et parce qu'il n'avait aucun talent militaire, il s'accrocha avec une énergie désespérée à la politique de neutralité ; défendant à grand'peine contre les séductions de la France et les entreprises de la coalition sa vertu pudibonde, il accueillit avec une joie sincère le coup d'état de brumaire, parce qu'il y vit la promesse d'une ère de tranquillité. Il s'aperçut bien vite que Bonaparte était un voisin fort incommode. Après la rupture de la paix d'Amiens, les troupes françaises occupèrent le Hanovre. Le principal ministre d'alors, Haugwitz, pour écarter les dangers que leur présence créait à la monarchie, avait conseillé de prévenir le premier consul et de mettre la main sur ces provinces qui formaient une dépendance naturelle de la Prusse. Le roi s'y refusa. Ce fut la première des fautes qui l'acculèrent peu à peu à une situation inextricable. Lombard, envoyé auprès de Napoléon, rapporta beaucoup de bonnes paroles, mais l'amitié qu'offrait l'Empereur était fort exigeante. Il cherchait moins dès lors des amis que des affidés, et, fort défiant, avant de les récompenser, il voulait qu'ils se compromissent : la condition *sine qua non* de toute alliance avec la Prusse était qu'elle commençât par rompre avec la Russie. Frédéric II, qui avait senti la lourde patte de l'ours moscovite, en avait gardé une terreur salutaire, et depuis lors le premier acte de son *credo* avait toujours été de rester en bons termes avec Saint-Pétersbourg ; ses successeurs avaient suivi de leur mieux son exemple. Lombard, bien que très flatté des frais que Napoléon avait faits pour le séduire, avait l'esprit juste, sinon haut, et à la réflexion il éprouvait quelque épouvante au souvenir des conversations dans lesquelles il avait entrevu par échappées les grandioses et fumeuses espérances de son interlocuteur : ce n'était pas là un allié auquel on pût sans folie se fier entièrement. Plus que jamais le roi résolut de se renfermer dans une réserve absolue : Haugwitz répondit aux offres d'entente cordiale par des protestations de bon vouloir, très sincères, mais qui ne satisfirent pas l'Empereur, et la Prusse, qui devina son mécontentement, chercha ailleurs une protection contre les rancunes de cet amour éconduit.

A l'entrevue de Mémel en 1802, la grâce souveraine d'Alexandre, alors dans tout l'éclat de sa jeunesse, son exquise courtoisie, le besoin et l'habitude de plaire qu'il apportait dans la politique, l'habileté avec laquelle il sut deviner et caresser les fibres les plus dissimulées de la vanité du roi en vantant son honnêteté et la droiture de son cœur, le soin qu'il prit de mettre à l'aise sa timidité, avaient séduit Frédéric-Guillaume et lui avaient inspiré pour le tsar une amitié reconnaissante qui survécut à de redoutables épreuves. Alexandre était-il sincère dans les déclarations sentimentales dont il accablait son partenaire ? Avec de pareilles natures on fausse la réalité, dès qu'on la précise. Il se prenait lui-même à son manège de flatteries et de prévenances et, comme les coquettes sentimentales, savait au moins un certain gré aux naïfs qui répondaient à ses avances; mais il ne se donnait jamais tout entier et se reprenait vite. Ses intentions vis-à-vis de la Prusse ne différaient guère de celles de Napoléon. En échange de l'appui qu'il lui offrait, il réclamait son concours sans restriction ni réserve, et ne reculait pas au besoin devant la pensée de lui forcer la main. Si cependant elle désertait le devoir qu'il lui indiquait, il était juste qu'elle en portât la peine, et il écoutait, sans parti pris bien arrêté, mais sans remords, les insinuations du prince Adam Czartoryski, son ami le plus cher, qui l'invitait à reconstituer la Pologne en réunissant à la Russie les provinces que les intrigues des Hohenzollern lui avaient soustraites. Profondément russe, mystique et réaliste, Alexandre eût volontiers expié le crime commis par sa grand'mère contre le droit des peuples, en étendant jusqu'à l'Oder les frontières de ses états.

Frédéric-Guillaume, beaucoup moins compliqué, comptait absolument pour les jours de danger sur une protection, à laquelle il prétendait cependant ne rien sacrifier de ses desseins, ou plus justement de ses abstentions. Sa femme, la reine Louise, avait été plus vivement encore que lui frappée par la séduction fascinatrice qui, chez Alexandre, était à la fois un don naturel et un talent soigneusement acquis. Les allusions grossières dont Napoléon a obstinément poursuivi la reine Louise prouvent une fois de plus que ce grand homme, si mal élevé, manquait de goût, c'est-à-dire qu'il ne possédait pas cette délicatesse supérieure de l'esprit sans laquelle nous ne saurions concevoir une âme vraiment noble. La reine Louise a souffert jusqu'à en mourir des souffrances de son peuple; pour adoucir l'impitoyable vainqueur elle a foulé aux pieds les plus légitimes révoltes de sa dignité de souveraine et de femme, et elle est devenue comme l'image même, radieuse et touchante, de la patrie en deuil. L'expiation a été si cruelle et elle a été supportée avec tant de dignité qu'elle a effacé les fautes commises; l'histoire, respectueuse du martyre de la reine, n'en a pas moins le devoir de constater que son intrusion brusque dans un rôle actif auquel rien ne l'avait préparée fut malheureuse. « Jeune, belle, jalouse de plaire et douée de ce degré de coquetterie qui convient à une reine, répandant autour d'elle le charme qui accompagne la vertu, la bonté et les grâces sur le trône », elle avait, comme presque toutes les femmes de son temps, subi l'influence de la littérature romantique, qui avait développé chez elle une imagination déjà très inflammable ; le roi, fort épris, n'avait pas toujours eu une confiance entière dans la fermeté de son jugement, et, quelque temps

Reine Louise de Prusse.

après son mariage, il avait cru prudent de l'éloigner de Berlin, pour la soustraire aux exemples peu édifiants de la cour de son père et aux empressements du prince Louis-Ferdinand. Alexandre, par goût, par habitude et par calcul, déploya devant elle toutes ses grâces et, à la voix de ce jeune héros dont les paroles de gloire sonnaient comme une caresse, le cœur de la reine, qui jugeait un peu terne la sagesse de son mari, s'émut et s'anima. Napoléon, qui manquait de courtoisie, mais non pas de finesse, ne se trompait pas tellement quand il la comparaît à Armide : elle rêva d'être l'héroïne d'une guerre de l'indépendance européenne et elle introduisit dans la diplomatie un élément sentimental qui compliqua singulièrement la situation. Elle groupa autour d'elle quelques femmes, la princesse Radziwill, la duchesse héréditaire de Weimar, sœur d'Alexandre, la princesse de Cobourg, la princesse électorale de Hesse ; autour de ce centre gravitaient beaucoup de jeunes officiers, mécontents de la longue inaction où ils languissaient, quelques administrateurs aussi, dont le patriotisme sincère était avivé par le désir de supplanter leurs rivaux dans la faveur royale, et il se constitua ainsi peu à peu à la cour un parti de la guerre qui résolut d'entraîner malgré lui Frédéric-Guillaume à une rupture avec la France.

Le roi, qui plus que jamais désirait « un isolement avec honneur », entendait ne refuser à Napoléon aucune des concessions qui ne seraient pas directement incompatibles avec sa dignité. Au mois d'octobre 1804, celui-ci avait fait enlever sur le territoire des villes hanséatiques l'agent anglais Rumboldt, accrédité auprès du cercle de Basse-Saxe ; Frédéric-Guillaume protesta, mais bien que convaincu qu'il n'obtiendrait pas satisfaction « pour cet acte impardonnable », il lui répugnait, comme il l'avouait à Haugwitz, qui avait cédé à Hardenberg la direction des affaires, mais qui avait toujours conservé l'oreille du maître, de déclarer la guerre pour une telle raison, et il espérait « qu'on pourrait bien s'en tirer sans aller à l'extrême ». Aussi quand Napoléon, qui, à la veille de sa rupture avec l'Autriche, ménageait la Prusse, montra quelque condescendance, la joie fut extrême dans le parti pacifique. La lettre ridicule que Lombard écrivait à cette occasion à Laforest, notre ambassadeur, donne une idée des sentiments qui dominaient parmi les confidents du roi : « Embrassons-nous, disait-il, avec une joie que la crainte ne trouble plus et soyons orgueilleux de nos patries ! Oh ! cette lettre de l'Empereur ! L'avez-vous lue ? C'est un mélange de noblesse et d'amitié dont l'effet est irrésistible. Le mal que nous avons craint est devenu pour le roi la source de la satisfaction la plus pure... Napoléon, accoutumé aux conquêtes, vient d'en faire une par un trait de plume. » — A quoi bon ménager un prince que l'on regagnait si vite !

Le discrédit dans lequel cette attitude ultra-pacifique avait peu à peu jeté la Prusse et le sans-gêne blessant avec lequel on la traitait irritaient à la longue l'amour-propre national ; le mécontentement contre la politique officielle, limité jusqu'alors à un cercle restreint, gagnait du terrain, et au moment où le calme eût été plus que jamais nécessaire, une certaine surexcitation gagnait les esprits. Frédéric-Guillaume, très mécontent des intrigues qui s'agitaient autour de lui, de fort mauvaise humeur contre le tsar, qui, avant de rejoindre ses troupes, s'entêtait à lui arracher une promesse de coopération, avait donné l'ordre de repousser, même par les armes, les colonnes russes qui pénétreraient sur son territoire, quand il apprit que Bernadotte avait violé la neutralité de la Prusse en traversant la province d'Ansbach. Napoléon, qui savait parfaitement à quoi s'en tenir sur les intentions de la cour de Berlin, avait feint de se croire autorisé par les précédents. A la suite de l'émotion que provoqua la nouvelle de cette provocation, Hardenberg conseilla de prendre vis-à-vis de la France une attitude énergique, et Alexandre accourut pour emporter les dernières hésitations. Assez peu satisfait de cet empressement, Frédéric-Guillaume n'osa pas refuser la main qu'on lui tendait : par le traité de Potsdam (3 novembre 1805), il s'engagea à présenter à Napoléon l'ultimatum des coalisés et, dans le cas où celui-ci ne l'accepterait pas, à se joindre à eux. Sûr de lui désormais, Alexandre, avant de retourner à l'armée, demanda à s'agenouiller sur le tombeau du Grand Frédéric : on ouvrit la chapelle en toute hâte, et là, à la lueur tremblotante de quelques torches, après une fervente prière, le tsar se jeta dans les bras du roi et de la reine et leur jura une éternelle amitié.

Le roi était plus agacé qu'ému de ces manifestations mélodramatiques : aussi incapable d'accepter la guerre que de maintenir la paix, il lui déplaisait fort d'être traîné à la remorque d'alliés qui ne lui sauraient aucun gré de son adhésion tardive, et de défier, pour les sauver, un ennemi dont les armées occupaient Vienne. Son seul désir était de satisfaire à ses nouveaux engagements sans pousser Napoléon à un éclat, et Haugwitz qu'il choisit pour proposer à l'Empereur la médiation prussienne, connaissait ses intentions et était prêt à les servir. La bataille d'Austerlitz refroidit encore l'ardeur belliqueuse du souverain. Quand il connut le traité de Schœnbrunn (15 décembre 1805), par lequel la Prusse, en échange de certains territoires, prenait possession du Hanovre et acceptait l'alliance française, il fut à la fois très satisfait d'échapper au péril qu'il avait redouté et fort marri d'être engagé dans de nouvelles complications. Afin de mettre fin du moins aux manœuvres de la faction anti-française, il saisit la première occasion pour ramener au pied de paix l'armée qui avait été mobilisée (24 janvier 1806). On se livrait ainsi pieds et poings liés à un vainqueur qui n'avait pas coutume de ménager ses adversaires.

La consternation fut extrême dans les cercles officiels quand on sut par les lettres d'Haugwitz, qui continuait à Paris les négociations, que Napoléon, dont les plans de domination sur l'Allemagne étaient devenus plus précis depuis Austerlitz et qui ne voyait désormais dans l'alliance de Frédéric-Guillaume qu'une gêne et une limite, non seulement refusait tout adoucissement au traité de Schœnbrunn, mais prétendait imposer à la Prusse des conditions beaucoup plus pénibles. Par le traité de Paris (15 février), Haugwitz avait dû s'engager à fermer immédiatement au commerce anglais les bouches de l'Ems, du Weser et de l'Elbe. — Comment résister ? En cas de rupture, la Prusse, désarmée et entourée de toutes parts par les troupes françaises, eût été occupée presque sans combat.

Hardenberg, tout en blâmant la conduite d'Haugwitz, n'osa pas conseiller de le désavouer; il était urgent du moins, pensait-il, de se ménager les moyens d'échapper à la lourde protection de Napoléon et, au moment même où le roi promettait à l'Empereur de le soutenir contre l'Angleterre, il se rapprocha de la Russie.

Malgré le mystère dont on entoura ces nouvelles négociations, elles n'échappèrent pas à Napoléon, très bien renseigné sur tout ce qui se passait à Berlin, et une note furieuse du *Moniteur* exigea le renvoi de Hardenberg, qu'il accusait d'être vendu à la Grande-Bretagne. Étrange ironie du sort qui condamnait Napoléon à désigner lui-même à la Prusse ses futurs héros, Hardenberg d'abord, et plus tard Stein! Hardenberg n'avait pas montré jusqu'alors plus de résolution que ses collègues, et, s'il n'est pas responsable du décret qui avait remis l'armée sur pied de paix, il ne semble pas s'y être sérieusement opposé. Les attaques de Napoléon, fort peu justifiées, irritèrent sa vanité, qui était très vive, et le désignèrent à la confiance du parti anti-français. — Les derniers incidents avaient exaspéré l'opposition, qui du palais gagnait l'armée et la capitale; Haugwitz, à son retour de Paris, fut accueilli par des huées et des coups de pierre. La reine, le prince Louis-Ferdinand et les généraux les plus audacieux s'efforçaient d'obtenir le renvoi des ministres du cabinet, Beyme et Lombard, dont ils s'exagéraient l'influence et auxquels ils attribuaient les tergiversations du roi. Les Anglais, heureux de l'occasion qui s'offrait à eux de ruiner le commerce prussien, avaient répondu à la fermeture des ports de la mer du Nord par une déclaration de guerre immédiate : en quelques semaines, ils confisquèrent trois cents navires; la Silésie était ruinée par l'interruption des relations avec la Grande-Bretagne, on craignait en Poméranie une invasion suédoise. L'énervement général était exacerbé par la pusillanimité du roi qui, convaincu, avec Haugwitz, que la sagesse ordonnait de se concilier Napoléon à force de confiance, n'osait pas rompre ouvertement avec l'opposition et redoutait de se fermer toute retraite. La conduite de la France n'était pas faite d'ailleurs pour lui rendre la résignation facile. Le grand-duc de Berg, Murat, prenait possession de territoires prussiens et recevait avec une dédaigneuse insolence les réclamations qu'on lui présentait. Wesel, réuni à l'Empire malgré les traités, était transformé en une citadelle de premier ordre, véritable tête de pont sur l'Allemagne du nord ; les troupes françaises continuaient à occuper les bassins du Danube et du Mein, et la Confédération du Rhin (12 juin 1806) créait, sur les frontières méridionales et occidentales de la Prusse, une menaçante puissance militaire. L'Empereur, il est vrai, laissait entendre à l'ambassadeur prussien qu'il ne s'opposerait pas à la formation d'une confédération du nord, sous la direction de Frédéric-Guillaume ; mais à peine Haugwitz essaya-t-il d'engager des négociations dans ce sens qu'il se heurta partout aux mauvaises dispositions de la diplomatie française : on apprit même que M. de Talleyrand cherchait à attirer dans la ligue du Rhin la Saxe et la Hesse.

Le Hanovre du moins, suivant l'expression de Lombard, remplaçait tout, consolait de tout. Et ce domaine, si chèrement acheté, on soupçonnait Napoléon de songer à l'enlever à la Prusse. — Pitt était mort, et le nouveau ministre anglais, Fox, avait ouvert des pourparlers avec la France. Si l'Angleterre exigeait la restitution du Hanovre, l'Empereur renoncerait-il à obtenir la paix par fidélité à ses engagements? Le 6 août arriva à Berlin une grave dépêche de l'ambassadeur à Paris, Lucchesini : le plénipotentiaire anglais, lord Yarmouth, lui avait révélé, après boire, que le retour du Hanovre à la Grande-Bretagne était acquis.

La nouvelle, bien qu'elle reposât sur des données exactes, était fortement exagérée, mais elle tomba à Berlin dans une atmosphère d'orage qui troublait les esprits les plus calmes.

Depuis un an, par un revirement qui ne paraîtra étrange qu'à

L'Héroïne de Berlin haranguant ses troupes.
(Gravure satirique de l'époque.)

ceux qui ne connaissent pas les sautes dont sont capables les esprits affolés par le mysticisme littéraire, un accès de chauvinisme avait succédé à l'indifférence politique dont on faisait profession. Cette agitation, superficielle et factice, créait à la faiblesse du gouvernement de sérieux embarras. En pleine revue, le comte de Kalckreuth avait demandé au roi la permission pour les dragons d'Anhalt de prendre le nom de la reine et, quelques semaines plus tard, elle traversait la ville à la tête du régiment qui portait ses couleurs, aux acclamations d'une foule en délire, qui poussait des cris de mort contre les Français. A Pyrmont, où l'avait reléguée le roi, ennuyé de ses intrigues, elle devenait le centre d'une sorte de congrès féminin où s'étalaient les sentiments de haine contre Napoléon (mai-juin) : « Napoléon ne veut pas la guerre, disait une lettre adressée à la comtesse Lucchesini et qui tomba entre les mains des Français; c'est pour cela qu'il faut la lui faire. » Depuis plusieurs mois, au théâtre de Berlin, où l'on jouait alternativement *le Camp de Wallenstein* et *la Vierge d'Orléans*, les moindres allusions à la guerre étaient accueillies avec des applaudissements furibonds et les officiers soulignaient de leurs cris les vers de Schiller : « Le peuple doit se sacrifier pour son roi; c'est la loi et la destinée du monde. Indigne est la nation qui n'expose pas tout pour son honneur. » On comprend les colères et les rancunes de l'Empereur contre ces femmes et ces nobles qui avaient rendu fatale une rupture que ses annexions et ses incartades avaient sans doute provoquée, mais qu'il n'avait certainement pas concertée de propos délibéré et dont son génie pressentait les lointains retentissements.

Avec un peu de réflexion et de sang-froid, la cour de Berlin eût sans peine compris qu'il était absurde de se laisser entraîner à une résolution dont l'issue était trop facile à prévoir, sur la foi de racontars suspects. Mais depuis le traité de Potsdam, une sorte de fatalité pesait sur Frédéric-Guillaume : « on avait déclaré la guerre à la France sans la faire, on avait contracté une alliance avec elle sans la ratifier ; on en avait subi une seconde qu'on avait ratifiée sans la vouloir sincèrement ; » on mit le comble à ces fautes quand, pour donner satisfaction à l'opinion, on adressa à Napoléon un véritable ultimatum et quand, sans accepter l'idée d'un recours aux armes, on se ferma tout moyen de retraite en envoyant sur tous les points de la monarchie avec une ostentation provocatrice l'ordre de mobiliser l'armée.

L'Empereur, au moment où furent lancés (9 août) ces ordres de mobilisation qui n'étaient guère moins intempestifs que le désarmement précipité du 24 janvier, ne songeait pas le moins du monde à une invasion en Prusse ; il espérait la paix avec l'Angleterre, il se croyait sûr d'une entente avec la Russie, et ses intentions pacifiques sont démontrées par la marche de ses troupes qu'il ramenait vers l'ouest. L'attitude singulière de la cour de Berlin éveilla sur-le-champ sa défiance ; quand il apprit, quelques jours plus tard, que le tsar refusait de ratifier la convention signée à Paris par M. d'Oubril, il ne douta pas un instant de l'existence d'une nouvelle coalition, et il n'eut plus dès lors qu'une pensée : profiter de l'admirable situation militaire qu'il occupait pour écraser les Prussiens sans laisser aux Russes le temps de se porter à leur secours.

Les concessions par lesquelles Haugwitz et Lombard avaient cru satisfaire le parti de la guerre, avaient encore accru ses exigences ; on ne cessait, par écrit ou de vive voix, de dénoncer au roi la vénalité, la faiblesse et la perfidie de ses conseillers habituels. « Toute l'armée, disait un factum célèbre, signé par des princes, des généraux et des ministres, tout le public et aussi les cours étrangères les mieux disposées ne regardent qu'avec la plus extrême défiance votre cabinet tel qu'il est actuellement composé. » (2 septembre.) Frédéric-Guillaume refusait de se séparer de ses confidents ; mais ceux-ci, ahuris par les passions déchaînées autour d'eux, étaient incapables de toute politique suivie et raisonnable. Ils semblent n'avoir eu d'autre pensée dès lors que de déconcerter les attaques de leurs rivaux à force de précipitation, tandis que les scrupules persistants du roi enlevaient à la monarchie les avantages qu'elle aurait trouvés dans une rapide offensive. Tiraillés entre des influences opposées, les généraux combinaient des plans d'attaque qui, timidement engagés et presque aussitôt abandonnés, compromirent l'armée et lui enlevèrent en partie cette assurance qui est une des conditions essentielles du succès.

Napoléon, dont l'admiration pour Frédéric II était sincère, regardait comme très sérieuse la partie qu'il allait jouer : les recherches les plus récentes démontrent d'ailleurs que la sévérité implacable avec laquelle on a longtemps jugé les vaincus d'Iéna et d'Auerstædt contient une large part d'injustice. En face d'adversaires aguerris plutôt qu'affaiblis par leur dernière campagne, exaltés par le souvenir de victoires prodigieuses, refaits par un long séjour dans les plus grasses provinces d'Allemagne, entraînés par des chefs de premier ordre et dirigés par le plus admirable génie militaire qu'ait produit l'histoire, il n'y avait aucune honte à succomber, et il n'est pas nécessaire, pour expliquer les succès de l'Empereur, de rabaisser ses ennemis.

Dans la lutte qui allait s'engager, ce n'étaient pas seulement deux états qui allaient se heurter, mais deux systèmes politiques et comme deux mondes : l'ancien régime avait réuni ses forces pour un suprême combat contre la Révolution; en dépit de la valeur des éléments individuels, l'issue du conflit ne pouvait être douteuse. La Prusse avait commis au point de vue militaire la même faute qu'au point de vue politique, ou, plus exactement, elle allait subir sur les champs de bataille la peine de la timidité et de la routine de ses administrateurs. L'armée qu'elle mettait en ligne, il convient de ne pas l'oublier, comptait déjà dans son sein la plupart des officiers qui, quelques années plus tard, la conduisirent à la victoire; mais leurs talents et leur énergie étaient paralysés par les vices d'une organisation qui, depuis Rosbach, n'avait subi aucune modification essentielle. Le gouvernement dissimulait sous une fausse piété pour le passé son impuissance à accomplir des réformes dont la condition préalable était une révolution sociale, et, par l'action du temps, les abus qu'avaient révélés déjà les récentes campagnes s'étaient aggravés.

Les soldats, uniquement recrutés dans les classes inférieures du peuple et maintenus dans l'obéissance par une discipline brutale, n'avaient que l'apparence de la solidité et de la cohésion; la plupart des miliciens n'avaient pas même un an de présence au corps, et comme, de plus, tous ceux qui parmi eux inspiraient quelque confiance à leurs chefs étaient autorisés à exercer un métier, les effectifs des compagnies ne dépassaient pas en temps ordinaire trente ou quarante hommes, ce qui rendait l'instruction difficile, entraînait un relâchement général et ne permettait pas aux officiers d'acquérir l'expérience de leur métier. Les capitaines étaient des entrepreneurs, dont le plus clair de la solde consistait dans les produits plus ou moins licites qu'ils tiraient de l'exploitation de leurs compagnies, et ils accueillaient en maugréant la perspective d'une guerre qui, en les forçant de retenir tous leurs hommes sous les drapeaux, tarissait la source de leurs bénéfices. Les soldats de leur côté, en grande partie mariés, sans contact moral avec leurs supérieurs, brusquement arrachés à leurs pacifiques travaux, supportaient mal des épreuves où ne les soutenaient ni espoir de récompense ni conviction patriotique. La lenteur de l'avancement et le désœuvrement avaient répandu parmi les officiers un esprit de critique et de fronde qui, encore aiguisé par les influences romantiques, avait peu à peu affaibli la discipline et divisait les états-majors en coteries jalouses et turbulentes.

Pendant les dernières années le gouvernement, au lieu de

chercher un remède à ses embarras financiers en soumettant à l'impôt les classes privilégiées, avait eu recours à des économies dangereuses : les fusils, très inférieurs au modèle français, étaient si usés qu'on osait à peine les essayer; les exercices de tir avaient été si négligés qu'au début de la campagne la plupart des soldats ne connaissaient pas leur arme. On a quelque peu exagéré l'âge des officiers supérieurs : il était difficile pourtant que Brunswick, quelque gaillardement qu'il portât ses soixante et onze ans, déployât la même activité que les généraux français qui, pour la plupart, avaient à peine quarante ans; sur 66 colonels, 28 avaient plus de soixante ans, et sur 281 majors, 86 avaient dépassé cinquante-cinq ans, et 190 cinquante. La cavalerie, bien montée et bien dressée, bien qu'elle ne fût pas habituée à agir par grandes masses, aurait probablement montré plus de vigueur avec des chefs plus jeunes et plus dispos. Tandis que dans les rangs inférieurs se maintenait un mépris superbe pour l'armée française, les officiers supérieurs, mieux instruits des changements qui s'accomplissaient autour d'eux, avaient peu à peu perdu leur foi dans des institutions qu'on livrait sans cesse à leurs études critiques sans leur permettre de les modifier, et ils ne dissimulaient pas la terreur superstitieuse que leur inspirait Napoléon.

L'armée, déjà inférieure en nombre à l'armée française, fut encore affaiblie par les essais d'offensive; les marches étaient très lentes, embarrassées par une interminable file de voitures et de bagages; les généraux n'avaient pas voulu recourir au système des réquisitions, et, au milieu d'une des contrées les plus riches de l'Allemagne, les soldats souffraient de la faim. L'incohérence évidente des manœuvres, l'absence de plan, l'incertitude et les hésitations de l'état-major fatiguèrent les troupes et ruinèrent leur confiance dans leurs chefs. Brunswick, dont l'âge avait encore affaibli la volonté, ne cherchait qu'à dégager sa responsabilité en restreignant le plus

CHUTE DE LA PRUSSE.

possible son action. La présence du roi ralentissait les mouvements et augmentait la confusion. Le prince de Hohenlohe, plein de feu et de courage, mais vaniteux et bavard, affectait de mépriser les ordres du généralissime : « J'ai battu les Français dans plus de soixante affaires, répétait-il à tout venant et, ma foi, je battrai Napoléon, pourvu qu'on me laisse les mains libres. » Myope au point de ne pas reconnaître à vingt pas un Français d'un Prussien, il mettait sa coquetterie à ne pas en convenir, et cet amour-propre bizarre le condamnait à ne voir que par les yeux d'un fat ignorant, son chef d'état-major, Massenbach ; les conseils se succédaient, interminables, et l'écho de leurs discussions violentes arrivait jusqu'à l'armée, houleuse et sceptique.

DAVOUT (1770-1823).

Napoléon s'avançait par la trouée qui s'ouvre entre les monts de Thuringe et les monts Métalliques, et menaçait ainsi directement Berlin ; après les brillants combats de Schleiz et de Saalfeld, où fut tué le prince Louis-Ferdinand, il se replia vers l'ouest, afin d'envelopper les Prussiens qu'il supposait concentrés autour d'Erfurt. Brunswick aperçut le danger ; mais quand, après un conseil de neuf heures, il se décida enfin à une retraite urgente, il rencontra près d'Auerstædt Davout qui lui barrait le passage, tandis que Hohenlohe, qui commandait l'arrière-garde, était assailli à Iéna par le gros des forces françaises (14 octobre 1806). L'incohérence ne fut pas moindre dans le camp prussien le jour du combat que dans les marches qui l'avaient précédé. A Iéna, Tauenzien, Holzendorf, Grawert, Hohenlohe et Rüchel vinrent tour à tour sans ordre et sans plan se jeter sur l'armée française et furent ramenés en désordre ; puis, quand Hohenlohe ordonna enfin la retraite, une charge de cavalerie acheva de jeter la confusion parmi ses troupes ébranlées et précipita leur déroute. A Auerstædt, où Brunswick avait été mortellement blessé au début de l'action, les Prussiens, sans commandement, n'avaient pas profité de leur supériorité numérique, et le roi avoua sa défaite en abandonnant le terrain.

Les fuyards d'Iéna se heurtèrent aux régiments qui se repliaient d'Auerstædt et les emportèrent dans leur débandade affolée. La « jactancieuse armée » prussienne n'existait plus. Des 150,000 hommes que Frédéric-Guillaume avait opposés à l'invasion, il ne restait plus que quelques régiments épuisés que Hohenlohe entraînait après lui et qui finirent par capituler à Prentzlau. Beaucoup de généraux s'étaient peu à peu accoutumés à regarder la guerre comme une sorte de jeu d'échecs, réglé par des lois très précises et où le succès dépendait uniquement de la science manœuvrière des chefs : une fois délogés de certaines positions, la partie était perdue, et prolonger la résistance leur paraissait une faute de goût, en même temps que leur sentimentalisme humanitaire répugnait à un acharnement qui, sans profit possible, condamnait à la mort de nouvelles victimes. Cette résignation veule, qui n'est pas en somme très rare chez les hommes habitués à placer toute leur confiance dans l'organisation militaire, explique la honteuse apathie avec laquelle la plupart des chefs acceptèrent

BATAILLE D'IÉNA (14 octobre 1806).
D'après une eau-forte de D. Bertaux. (Bibliothèque nationale.)

l'arrêt du destin. Le lendemain d'Iéna, 8,000 soldats capitulèrent à Erfurt, sans essayer de résistance ; Kalckreuth, qui dirigeait la retraite sur Magdebourg, ne parlait que de se rendre avant d'avoir aperçu les Français ; les hussards de Murat enlevaient les forteresses de Stettin et de Custrin, et Magdebourg, le donjon de la monarchie, avec une garnison nombreuse et des ressources considérables, ouvrait ses portes à la première sommation. « Il y aura dans l'histoire des lignes étonnantes, écrivait un des hommes qui devaient plus tard préparer le relèvement de la Prusse; plutôt mourir mille fois que de revoir cela ! »

Le 27 octobre, Napoléon faisait à Berlin son entrée triomphale. « Toute la monarchie prussienne est en ma puissance, » écrivait-il sans exagération quinze jours plus tard; quelques forteresses de Poméranie et de Silésie, quelques milliers d'hommes qui fuyaient devant l'invasion, voilà tout ce qui demeurait de la monarchie de Frédéric II, six semaines après l'ouverture des hostilités. Jamais effondrement ne fut aussi rapide et aussi complet. Plus que dans les désastres militaires, c'est dans cette piteuse débandade de la nation entière qu'il faut chercher l'origine de la haine que les Prussiens ont dès lors vouée à la France. La France depuis lors a plusieurs fois connu les jours de deuil, elle a vu ses armées succomber et les drapeaux ennemis ont souillé sa capitale ; mais en vain les vainqueurs lui ont fouillé le corps et l'âme, ils n'ont jamais pu lui infliger cette suprême insulte qui consiste dans la trahison d'un peuple envers lui-même ; ses pires défaites, elle les a ennoblies par l'opiniâtreté de sa résistance et l'intensité de sa douleur.

Après Iéna, Frédéric-Guillaume n'avait eu qu'une pensée, désarmer son ennemi à force d'humilité, solliciter son pardon ; la contagion de cette pusillanimité gagna le peuple. Les preuves de courage même passif furent très rares; les employés prêtèrent le serment de fidélité à l'Empereur et

NAPOLÉON Ier A LA BATAILLE D'IÉNA.
D'après le tableau de H. Vernet. (Musée de Versailles.)

perçurent régulièrement les impôts pour Daru. Les représentants de la plus haute aristocratie n'hésitèrent pas à recourir à l'intervention bienveillante des envahisseurs : c'était de la main des agents français que la veuve du prince Henri, ainsi que le prince et la princesse Ferdinand recevaient leurs pensions, et la propre sœur du roi, la princesse Auguste, les fonds nécessaires à l'entretien de sa maison. Pourquoi les petits et les humbles se seraient-ils crus tenus à plus d'austérité? Avant même la défaite, les magistrats de Leipzig invitent les habitants bien pensants à mériter la bienveillance de l'ennemi « par un accueil modeste et amical »; ceux de Berlin se hâtent de rappeler à leurs administrés que le calme est leur premier devoir. Les journaux racontaient les événements avec la même indifférence placide que s'il se fût agi du nouveau monde. Les théâtres n'avaient pas interrompu leurs représentations : la foule se pressait avec curiosité sur le passage des troupes françaises, et les badauds commentaient avec une sentimentalité niaise les actes ou les paroles de l'Empereur et de ses agents. « A sa fenêtre, écrivait un journal de Berlin, se tient le gouverneur de la capitale, un très vaillant homme, qui exige sévèrement que chacun fasse son devoir, mais est bienveillant et juste : à voir cet homme, on éprouve un sentiment de bien-être; la population reconnaît ce qu'il a fait pour son repos et sa sécurité. »

Les ressources de la France paraissaient si prodigieuses que personne n'avait même l'idée d'une revanche possible. Depuis longtemps on éprouvait des doutes sur la solidité de l'édifice élevé par Frédéric II; maintenant que la fortune avait prononcé, pourquoi se révolter contre ses arrêts? Un patriote allemand, un vétéran de la guerre de Sept ans, Archenholz, publiait, dans la *Minerve*, ses méditations sur le tombeau de la monarchie prussienne : « Le xviiie siècle avait vu paraître à l'horizon un météore inconnu jusque-là dans l'histoire; c'était un état, composé de parcelles insignifiantes; malgré les

ENTRÉE DE NAPOLÉON A BERLIN (27 octobre 1806).
D'après un croquis lavé de Debret. (Bibliothèque nationale.)

obstacles de la nature et du temps, il grandit rapidement, admirable par diverses institutions, digne de servir de modèle dans beaucoup de branches de la législation; sa destinée singulière fut de commencer avec le siècle et de finir avec lui. Il a disparu tout d'un coup, comme par l'effet d'une baguette magique, et pour toujours. Depuis octobre 1806, la monarchie prussienne n'est plus qu'un phénomène historique. » — « Il n'y a plus d'Allemagne, écrivait un autre : ce que l'on pourrait être tenté de prendre pour l'effort d'une nation qui lutte contre sa dissolution n'est que la plainte de quelques hommes qui pleurent sur la tombe d'un peuple auquel ils ont survécu. » On ne désirait qu'une chose, la paix, même achetée par les plus durs sacrifices. Une pauvre femme, voyant entrer dans sa cabane deux officiers supérieurs, leur demandait curieusement s'il était bien vrai que l'armée avait capitulé : « Ah! si du moins on les prenait tous! Nous aurions la paix. » La presse de Berlin protestait bruyamment contre un article d'un journal russe qui avait soutenu que les défaites n'avaient pas affaibli l'attachement des Prussiens pour leur roi et que tous désiraient la continuation des hostilités.

De fait, si l'Empereur se fût inspiré des véritables intérêts de la France, la guerre était finie. Malheureusement, chez Napoléon, la passion était plus forte que le calcul, ou plus justement le calcul n'était chez lui que l'instrument de la passion. Ses triomphes inouïs avaient laissé dans son âme une sorte d'ivresse, et tout lui paraissait permis parce que tout lui paraissait possible. Non content d'affaiblir la Prusse, il voulut l'humilier; ses conditions inexorables rejetèrent Frédéric-Guillaume dans l'alliance russe. L'Empereur s'en réjouit, parce qu'il espérait préparer à Alexandre un autre Austerlitz; mais ce ne fut pas Austerlitz qu'il rencontra en Pologne, ce fut Pultusk (26 décembre 1806) et Eylau (8 février 1807).

Dans la première partie de la campagne, les Français avaient conservé une remarquable discipline, et le plus récent

VUE DU CHAMP DE BATAILLE D'EYLAU
Au moment où l'empereur Napoléon s'y rend le 9 février 1807, lendemain de la bataille, pour faire donner des secours aux blessés.

historien de ces événements, M. de Lettow-Vorbeck, après une étude minutieuse des faits, arrive à cette conclusion que les déprédations qui leur ont été reprochées ont été fort exagérées. Mais la rapidité extraordinaire de leur marche avait bientôt entraîné quelque désordre : pendant plusieurs semaines, certains corps d'armée firent tous les jours des étapes de 20 à 27 kilomètres, à travers des campagnes déjà ruinées par le passage des fuyards prussiens. La solde n'avait pas été payée, les distributions se faisaient mal ; on commença à marauder. « Voici les meilleurs marcheurs de l'armée, disait Napoléon au 7° léger ; on n'en voit jamais un seul en arrière, surtout quand il faut marcher à l'ennemi ; mais pour vous rendre justice entière, ajoutait-il en riant, je dois vous dire que vous êtes les plus criards et les plus maraudeurs. — C'est vrai, c'est vrai, » répondirent les soldats, dont chacun avait un canard, un poulet, ou une oie dans son sac. Il fallait tolérer cet abus, remarque Marbot ; chacun était obligé de vivre sur le pays, comme il pouvait.

Très vite, la maraude multiplia les traînards, relâcha les liens de l'obéissance, et quand survint la campagne de Pologne, l'armée était dans un état assez médiocre. Dans ces régions marécageuses et désolées, ravagées systématiquement par les Russes, les soldats furent soumis à de cruelles souffrances qui affaiblirent leur vigueur physique et morale. En quelques semaines, les effectifs diminuèrent d'un tiers ; des vétérans d'Égypte, désespérés, se brûlèrent la cervelle. Les derniers événements avaient inspiré aux chefs une audace fataliste qui souvent était très voisine de l'imprudence : « Un officier avait toujours un cheval excellent ; il connaissait le pays, il n'était pas pris, il n'éprouvait pas d'accident, il arrivait rapidement à sa destination, et l'on en doutait si peu qu'on n'en envoyait pas toujours un second... Cette habitude de tout tenter avec les plus faibles ressources, cette volonté de ne rien voir d'impossible, cette confiance illimitée dans le

BATAILLE DE FRIEDLAND (14 juin 1807).

succès, qui avaient été d'abord une des causes de nos avantages, ont fini par nous devenir fatales. »

A la nouvelle de la tentative manquée de Pultusk et de la boucherie d'Eylau, un frémissement parcourut le monde; en Prusse, l'émotion fut extrême. Le passage continuel des troupes imposait au pays de cruelles misères. « Un régiment logé dans un village prenait tout pour lui, sans s'embarrasser de ceux qui devaient le suivre ; les nouveaux venus, à leur tour, ne se montraient pas moins exigeants. » Si les Français conservaient encore une certaine modération, les soldats de la Confédération, les Bavarois surtout, étaient fort avides; puis venait la horde des malandrins : « Ils exigeaient de l'argent, des draps, des chevaux, des voitures, emprisonnaient les habitants jusqu'à ce qu'on eût satisfait à leurs exigences; les uns employaient la force ouverte; les autres, ayant l'effronterie de se dire chargés de faire rentrer les contributions, fabriquant à cet effet de faux ordres, s'affublant même d'épaulettes et de décorations. » Ajoutez à ces exactions les redevances écrasantes dont l'Empereur frappait les vaincus.

Au milieu du désespoir morne de la défaite, Eylau parut comme une aurore d'espérance ; la part glorieuse qu'avait prise à la bataille le corps prussien de Lestocq ranima les courages; à la servilité succédèrent la réserve et la froideur. Frédéric-Guillaume repoussait maintenant les propositions de paix que lui adressait l'Empereur, et signait, avec la Russie et l'Angleterre, la convention de Bartenstein (26 avril 1807), par laquelle les coalisés s'engageaient à chasser les Français de l'Italie et de l'Allemagne. Au moment où les peuples commençaient à s'agiter sous la lourde main du conquérant, les cabinets traçaient le programme de leurs revendications. Napoléon eut beau ramener la fortune, écraser l'armée russe à Friedland (juin 1807) et pousser jusqu'au Niémen ses bandes réorganisées, il n'effaça pas complètement l'impression d'Eylau; il morcela la Prusse, il ne lui arracha plus cette volonté dé revanche qui est le sûr garant des victoires futures.

L'Empereur pressentit dès ce moment qu'il avait devant lui un ennemi irréconciliable : aussi sa seule pensée fut-elle d'empêcher à jamais son relèvement par de savantes combinaisons. Il fonda dans l'Allemagne du nord une série d'états vassaux destinés à lui rendre les mêmes services que la Bavière et le Wurtemberg dans le sud. La Hesse et le Brunswick, agrandis des domaines du prince d'Orange et des territoires prussiens situés sur la rive gauche de l'Elbe, servirent à former le royaume de Westphalie, qui fut donné au plus jeune des frères de l'Empereur, Jérôme, ou à étendre le grand duché de Berg, qui appartenait encore à son beau-frère, Murat. Les petits ducs de Saxe, qu'avait épargnés un caprice de la clémence impériale, durent entrer dans la Confédération du Rhin, ainsi que le Mecklembourg et l'Oldenbourg. L'électeur de Saxe, que recommandaient à Napoléon sa réserve et sa prudence, reçut, avec le titre de roi, le grand-duché de Varsovie, constitué par les provinces polonaises enlevées à la Prusse.

Réduite de près de dix millions de sujets à moins de cinq millions, avec un territoire diminué de moitié, dépossédée de Magdebourg, sa principale forteresse sur l'Elbe, et de Dantzig qui devenait ville libre, surveillée par la Westphalie et la Saxe qui, enrichies de ses dépouilles, épiaient ses fautes pour se partager ses derniers débris, la Prusse semblait condamnée à une irrémédiable décadence. Le tsar, qui l'avait protégée contre une ruine immédiate, n'entendait pas compromettre pour elle les profits qu'il entrevoyait dans sa nouvelle politique d'entente cordiale avec la France. Napoléon trouvait dans la Russie l'allié qu'il jugeait nécessaire pour forcer l'Angleterre à la paix et plier l'Europe entière à sa domination ; jamais il n'avait semblé plus près du but que s'était proposé son audace, et l'histoire, après un siècle écoulé, ne se défend pas sans peine de l'éblouissement qui aveugla les contemporains.

Les avantages du traité de Tilsit (7 juillet 1807) étaient, en réalité, beaucoup moins décisifs et surtout moins assurés qu'on n'est tout d'abord porté à l'admettre. Le rapprochement de la Russie et de la France ne reposait que sur la coalition équivoque d'ambitions contradictoires ; les lourds sacrifices économiques qu'imposait à celle-là sa rupture avec l'Angleterre n'étaient tolérables que s'ils lui rapportaient d'immenses bénéfices politiques, et Napoléon, qui avait fait entrevoir à Alexandre la domination de la Baltique et la conquête de la Turquie, mais ne se croyait pas lié par des conversations, répugnait à l'idée de lui sacrifier nos cliens séculaires et de lui livrer toute l'Europe orientale ; au moment même où il se répandait en effusions de sympathie, il créait le grand-duché de Varsovie qui, incapable de subsister dans la forme qu'il lui avait donnée, était une menace permanente contre la Russie. Comment, cependant, les désirs qu'il avait surexcités ne lui auraient-il pas imputé à trahison ses tardives réserves ? Malgré les avantages qu'il trouva dans son amitié, Alexandre en ressentit surtout les limites et les arrière-pensées. Disposition d'autant plus dangereuse que l'alliance française était le résultat d'un acte spontané de la volonté du souverain et qu'il était nécessaire qu'il la maintînt par une sorte de réaction continue contre les résistances de sa noblesse et de sa cour. Très sincère dans l'essai loyal d'une union cordiale, le tsar lui-même n'avait pas entendu pourtant s'engager pour toujours ; il avait subi l'irrésistible fascination de l'Empereur, mais il était de ceux que leur mobilité préserve des entraînements irréparables. Le goût très vif que lui inspirait son nouvel ami lui laissait toute la lucidité de sa pensée et il ne renonçait au rôle qu'il avait longtemps caressé de protecteur de la liberté de l'Europe qu'autant que sa complaisance pour la France ne risquerait pas de lui devenir funeste.

L'alliance russe ne fut ainsi pour Napoléon qu'un leurre

qui, par la fausse sécurité qu'elle lui inspirait, l'engagea dans de plus vastes et plus périlleux projets. Il serait téméraire d'affirmer qu'il ait vu lui-même une solution dans ce qui n'était qu'un expédient. Le trait dominant de son imagination,

ENTREVUE DE TILSIT (25 juin 1807).
(Lithographie de Levilly, d'après le tableau de Gautherot.)

c'était peut-être moins encore le gigantesque que l'inconstance. En admettant même qu'il ait été sans cesse dominé par la volonté d'amener l'Angleterre à capituler, — et il semble bien pourtant qu'il ait souvent oublié le but pour les moyens par lesquels il comptait l'atteindre, — l'acuité de son regard était troublée par un papillotement continuel d'images prestigieuses et de conceptions incohérentes. Nous savons, par ses propres aveux, qu'il ne sut jamais clairement où il allait, et cette absence de conception générale donne à ses actions quelque chose d'irrésolu et d'incertain. On se laisse souvent tromper par la forme, et parce que chez lui le ton était cassant, on ne s'aperçoit pas que la pensée était flottante. Presque toujours ses traités sont marqués au coin de l'indécision. Nulle part cette hâte d'échapper aux difficultés du moment par une convention boiteuse, cette tendance à laisser toutes les questions ouvertes et toutes les solutions possibles, ne se manifestent plus clairement que dans ce pacte de Tilsit, où il essaye de se ménager l'appui de la Russie tout en relevant la Pologne et se ferme toute réconciliation avec la Prusse sans l'atteindre dans ses œuvres vives.

Après Friedland, deux hypothèses étaient possibles : en offrant à Alexandre de reconstituer la Pologne sous sa domination, on ménageait à sa générosité une tâche qui eût longtemps absorbé son attention et qui eût rendue fort improbable une nouvelle coalition contre la France ; la Prusse, sans espoir désormais de ce côté, n'avait plus dès lors d'autre ressource que de se rattacher à notre politique et d'attendre de notre confiance la récompense de sa soumission. Si Napoléon, au contraire, préférait relever la Pologne, il fallait prévoir une opposition acharnée du tsar, et la simple prudence ordonnait alors de porter à la Prusse des coups si profonds qu'elle ne fût plus en état de servir d'avant-garde à la Russie ; pour cela, il fallait acheter la connivence de l'Autriche, et malgré les réserves pudibondes dont s'enveloppait François Ier, il est permis de supposer qu'il n'aurait pas résisté à certaines tentations. Il est vrai que pour obtenir d'Alexandre l'abandon absolu de Frédéric-Guillaume, une nouvelle campagne eût été probablement nécessaire, mais le sang versé eût été moins inutilement répandu que celui qui coula en Portugal et en Espagne.

Tout valait mieux, dans tous les cas, que la décision ambi-

NAPOLÉON RECEVANT LA REINE LOUISE DE PRUSSE A TILSIT.
D'après le tableau de Gosse. (Musée de Versailles.)

guë à laquelle s'arrêta l'Empereur. La Russie, grandie et défiante, maintenait sur la Prusse une main protectrice et encourageait ses haines, en lui laissant entrevoir pour les jours du danger une ressource suprême. Les petites souverainetés que l'on organisait dans l'Allemagne du nord n'avaient ni puissance réelle ni raison d'être; la Saxe, discréditée par la médiocrité de ses souverains et usée par sa longue abdication, n'avait ni ressources ni volonté, et on l'affaiblissait en la soudant à des peuples dont tout la séparait, l'origine, la religion, la langue et la géographie. Au milieu de ces fantômes d'états, la Prusse seule, malgré ses revers, vivait d'une vie réelle; elle avait une histoire glorieuse, des traditions, des espérances : les territoires qu'elle avait perdus n'étaient que des annexes secondaires; elle cessait d'être une puissance hybride, à demi slave, reprenait la liberté de ses allures et la maîtrise de sa pensée : Napoléon l'avait en quelque sorte rendue à l'Allemagne, et l'âpreté avec laquelle il la poursuivait la désignait aux sympathies de tous ceux qui supportaient en frémissant la domination étrangère; c'est vers elle que tendaient toutes les pensées d'affranchissement; en l'humiliant sans la détruire, son ennemi avait préparé sa fusion avec la Germanie.

La reine Louise était plus clairvoyante que l'Empereur quand elle refusait d'admettre que les décisions de la fortune fussent sans appel. Pendant la campagne de Pologne, gravement malade d'une fièvre typhoïde, elle avait exigé qu'on l'emportât, afin de ne pas tomber vivante aux mains des Français; après un terrible voyage de trois jours et de trois nuits, au milieu d'une épouvantable tourmente de neige, elle arriva mourante à Mémel; c'est un miracle qu'elle n'ait pas succombé : une nuit, elle n'avait eu d'autre asile qu'une hutte abandonnée, sans fenêtre et sans porte. Son courage fut plus haut encore quand elle alla à Tilsit implorer pour son peuple la pitié de l'ennemi qui l'avait outragée dans son honneur de souveraine et de femme ; pour sauver Magdebourg, elle humilia devant lui sa beauté. « La reine de Prusse est réellement charmante, écrivait Napoléon à Joséphine ; elle est pleine de coquetterie pour moi, mais n'en sois point jalouse ; je suis une toile cirée sur laquelle tout cela ne fait que glisser. Il m'en coûterait trop cher pour faire le galant. » Plaisanteries d'une

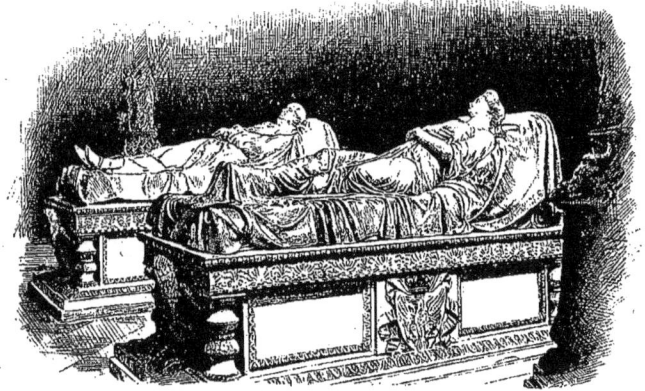

MAUSOLÉE DE FRÉDÉRIC-GUILLAUME III ET DE LA REINE LOUISE.
(OEuvre de Rauch.)

médiocre saveur ! Jamais la reine Louise ne fut plus grande devant l'histoire que dans ces heures de sacrifice : pendant ces jours d'épreuves, elle renoua entre la dynastie et le peuple les liens qui s'étaient relâchés depuis la mort de Frédéric II. « Certainement des temps meilleurs viendront, écrivait-elle à son père, en 1809 ; je ne puis croire que l'empereur Napoléon soit ferme et assuré sur son trône resplendissant : il n'agit pas d'après les lois éternelles, son but n'est pas légitime, son ambition n'a d'autre loi que son intérêt personnel ; or, la vérité et la justice sont immuables. Certainement des temps meilleurs viendront, mais je ne les verrai pas. » Elle mourut en effet (1ᵉʳ juillet 1810), avant d'avoir vu se lever l'aurore qu'elle annonçait, mais elle léguait à sa race et à son peuple le grand exemple de sa douleur qui n'avait pas voulu être consolée et de son héroïque entêtement d'espérance.

CHAPITRE V

L'ALLEMAGNE FRANÇAISE ET LE RÉVEIL DU SENTIMENT NATIONAL

La domination napoléonienne en Allemagne : les provinces rhénanes, la confédération du Rhin, la Bavière et le royaume de Westphalie ; influence des idées françaises. — Apogée de la puissance impériale : entrevue d'Erfurt. — Le romantisme et le réveil national. — Les réformes en Prusse : Stein et Scharnhorst. — Le Tugendbund. — La guerre de 1809, les premières insurrections et le traité de Vienne [1].

« Lorsque Dieu, les frimas et les Cosaques eurent détruit les meilleures troupes de l'empereur Napoléon, écrit Henri Heine, il nous prit la plus grande envie de nous débarrasser du joug étranger. » La phrase n'est pas juste, l'envie existait avant 1813, et non seulement l'envie, mais la volonté ; seulement cette volonté ne se développa que par degrés et, en 1808, les colères soulevées par la domination étrangère n'étaient encore ni bien profondes ni générales : « Le grand levier que des princes ambitieux et avisés savaient si bien faire jouer autrefois, disait aussi Heine sous le règne de Louis-Philippe, la nationalité, avec ses vanités et ses haines, est maintenant émoussé et usé : toutes les âpres singularités des peuples sont écrasées sous l'action de la civilisation générale européenne ; il n'y a plus de nations en Europe, il n'y a plus que

---

[1]. Beugnot, *Mémoires* ; Rambaud, *l'Allemagne sous Napoléon I*[er] ; Perthes, *Politische Zustände und Personen in Deutschland zur Zeit der französischen Herrschaft* ; Gœcke et Ilgen, *Das Königreich Westphalen* ; Kleinschmidt, *Das Königreich Westphalen* ; Max Duncker, *Aus der Zeit Friedrich Wilhelms III* ; Hassel, *Gesch. der preuss. Politik*, 1807-1815 ; Lehmann, *Scharnhorst* ; Pertz, *Stein* ; Seeley, *Stein* ; Meier, *Reform der Verwaltungs-Organisation* ; Bornhak, *Gesch. des preuss. Verwaltungsrechts* ; Cavaignac, *Formation de la Prusse* : I, *les Origines* ; Vandal, *Napoléon et Alexandre I*[er] ; Beer, *Zehn Jahre österreichischer Politik*, 1800-1810.

des partis. » Assez peu fondée en 1840, cette affirmation l'était beaucoup plus au lendemain de Tilsit. Napoléon avait beau s'être affublé de la pourpre impériale, il n'en demeurait pas moins le légataire universel de la Révolution, et quelque impitoyable que fût son autorité, les Allemands n'étaient pas insensibles à ses bienfaits : éblouis par sa gloire, habitués à mettre leur orgueil dans une impartialité cosmopolite et disposés par les instincts fatalistes de leur race à accepter les arrêts de la fortune, médiocrement préparés d'ailleurs par un long passé de servilité et d'inertie à d'héroïques résolutions, beaucoup d'entre eux se résignaient à la tutelle de l'envahisseur et ils ne secouèrent leur torpeur que devant l'obstination du vainqueur à lasser à la fois leur patience et la fortune.

Sur la rive gauche du Rhin, l'assimilation faisait d'incontestables progrès. Après les victoires du général Bonaparte en Italie, le Directoire avait jugé que le moment était venu de prendre définitivement possession du pays et, le 4 novembre 1797, il avait nommé un commissaire général de gouvernement, chargé d'organiser les provinces rhénanes. Rudler divisa le pays en quatre départements et il procéda avec une telle rapidité que, le 23 janvier 1798, la répartition en districts était terminée. Le département de la Roër, chef-lieu Aix-la-Chapelle, comptait 670,000 habitants; celui de Mont-Tonnerre, chef-lieu Mayence, environ 400,000 habitants; ceux de la Sarre, chef-lieu Trèves, et de Rhin-et-Moselle, chef-lieu Coblentz, 260,000 et 280,000 habitants. Dans une question qui touchait à tant d'intérêts, il eût été préférable d'agir avec un peu moins de hâte et de tenir mieux compte des souvenirs et des besoins de la population ; dans les villes en particulier qui avaient été autrefois des centres de gouvernement et qui étaient reléguées au second rang au profit de cités rivales, le mécontentement fut assez vif, et il fut accru par le décret du 30 mai 1798 qui déclarait que le français serait la langue de l'administration et de la justice; il fallut instituer près des tribunaux des interprètes dont beaucoup ne savaient guère mieux le français que l'allemand et dont la probité n'était pas toujours au-dessus du soupçon.

Malgré une certaine infatuation qui explique cette précipitation et qui l'exposait à subir de regrettables influences, Rudler était un administrateur intègre et éclairé, un esprit droit et bienveillant : il rétablit un peu d'ordre dans les affaires et quelque sécurité dans le pays. Marquis et Lakanal qui lui succédèrent furent moins heureux. Lakanal (août-décembre 1799), dont les intentions étaient droites, mais qui était fort peu préparé à sa tâche, blessa les habitants en voulant hâter l'assimilation et, sous sa surveillance négligente, tous les abus recommencèrent : « Le désordre dépasse toute limite, écrivait un contemporain; aucune affaire au fond de laquelle on ne trouve camaraderie, rancune ou exactions. Naturellement la plupart des agents et des administrations municipales suivent l'exemple qui leur vient d'en haut; partout l'incurie et la cupidité. Les tribunaux ont perdu tout crédit; on se dit ouvertement que sans argent il est impossible d'obtenir justice. La vénalité est devenue un système. » Beaucoup des nouveaux décrets étaient restés lettre-morte, et les anciennes institutions avaient disparu sans que de nouvelles les eussent remplacées; le désarroi qui en résultait était augmenté par la qualité très inférieure des agents du Directoire : « Il a traité les quatre départements, écrivait Goerres, comme autant de pachaliks qu'il livre à ses janissaires et où il établit ses favoris. Toutes les réclamations sont mises de côté avec un dédain révoltant; on semble prendre à tâche de blesser les habitants ou de froisser leur dignité... Un point ne saurait être contesté : le but de la Révolution est complètement manqué. Au pied de la colonne où l'histoire écrit ses annales, le citoyen du monde s'arrête et lit : A la fin du xviiie siècle, le Peuple français s'éleva dans la sphère d'une dignité supérieure, mais violemment entraîné par les temps et sa propre nature, il n'atteignit pas le but qu'il poursuivait. »

Sans prendre à la lettre les réquisitoires d'idéalistes passionnés qui, comme Venedey et Goerres, ne tenaient pas toujours assez compte des difficultés extraordinaires avec lesquelles la République s'était trouvée aux prises et qui, d'ailleurs, pardonnaient difficilement au Directoire de ne leur avoir pas fait dans le gouvernement la place à laquelle leur donnaient droit leurs convictions libérales, il est incontestable que la situation du pays était fort mauvaise. Il n'en est que plus curieux de constater que l'excès même des souffrances n'aboutit pas dans les provinces rhénanes à un réveil du sentiment allemand et ne laissa pas de rancunes durables contre la France : « Ce que nous voulons, lisons-nous dans la *Feuille rouge* de Mayence, c'est être débarrassés du despotisme militaire, des exactions, des réquisitions, des brigandages ; ce que nous demandons, c'est que notre peuple jouisse enfin des bienfaits de la Révolution. » Les plaintes, très vives, visaient uniquement les personnes et les procédés d'une administration incohérente et despotique ; ce que l'on désirait, ce n'était pas le retour des anciens souverains, mais la fin de l'anarchie et un

Goerres (Jacques-Joseph, von) — 1776-1848.

régime réparateur. Les clubs, les journaux, le va-et-vient surtout des armées avaient préparé la fusion en secouant peu à peu la torpeur des populations; le nombre croissait des habitants qui s'intéressaient aux affaires publiques. Si, à ce moment, il se fût établi en France un gouvernement libéral et modéré, les députés des provinces rhénanes auraient pris naturellement leur place dans le classement régulier des partis, sans qu'il fût à craindre que la vie parlementaire fût troublée par ces oppositions intransigeantes qui, dans certains pays, faussent aujourd'hui tout l'organisme politique.

Après le 18 brumaire, les hommes qui avaient donné le plus de gages aux idées nouvelles, déçus dans leurs espérances et trompés dans leurs aspirations, s'éloignèrent de Bonaparte, dont ils devinèrent dès le premier jour les projets, et ne pardonnèrent pas à leur nouvelle patrie d'avoir résigné ses libertés entre les mains d'un despote : ils cherchèrent une consolation à leurs déboires et un emploi à leur activité dans le culte des souvenirs nationaux et, par un revirement étrange, le mouvement pangermaniste sur la rive gauche du Rhin recruta ses adeptes les plus fervents dans les cercles mêmes qui avaient accueilli avec le plus de joie la chute du Saint-Empire.

La retraite maussade dans laquelle s'enfermèrent quelques mécontents, passa tout d'abord inaperçue au milieu de la satisfaction qui accueillit le retour d'un ordre de choses plus régulier et plus équitable. « Tout est nouveau dans ce qui nous entoure, disait le maire de Mayence, en ouvrant les délibérations du conseil municipal : les lois, les usages, les coutumes, les mœurs, la langue et les hommes. Nous sommes étrangers à nos amis et nos amis nous sont étrangers. Chaque pas de rapprochement se fait avec hésitation et défiance; il faut que cela change ; c'est à nous d'ailleurs, les plus faibles, à faire les premières avances; prenons plus de confiance en nous, plus de confiance aussi dans ceux qui sont à nos côtés. »

Ce discours traduisait l'expression générale, une extrême bonne volonté à se plier aux circonstances, un parti pris d'entente et de modération, une reconnaissance sincère pour les mesures de justice. Le premier consul répondait de son mieux à ces bonnes intentions en étendant sur les nouveaux Français sa main protectrice. « Les employés, avait-il dit au Corps législatif, sont nommés pour le peuple, et non dans l'intérêt d'une faction ou d'un parti. » Le décret du 30 juin 1802 avait assimilé les provinces rhénanes aux anciens départements; les exactions des généraux furent réprimées, les administrations épurées, une surveillance rigoureuse ramena au devoir ceux qui n'avaient été coupables que de légèreté et de faiblesse. Jean Bon-Saint-André, que Bonaparte appelait le modèle des préfets et qui administra Mayence pendant douze ans, mit au service du nouveau régime les vertus des républicains héroïques; il renouvela la race de ces grands intendants dont le labeur obstiné a si fortement serré la trame de l'état français. Les Allemands admiraient son application, son entente des affaires, sa simplicité austère, son intégrité rigoureuse, la franchise avec laquelle il soutenait leurs intérêts. Ses collègues des départements voisins, s'ils n'avaient pas la même envergure, étaient honnêtes, appliqués, tenus en éveil d'ailleurs par des inspections fréquentes et par la crainte qu'inspirait l'Empereur.

Tout leur zèle ne suffisait pas sans doute à écarter les motifs de plaintes. Les impôts étaient lourds; les droits réunis, fort impopulaires. L'impôt sur le sel (1806), l'impôt sur les boissons surtout (1806) et le monopole du tabac étaient supportés avec impatience dans ces pays de vignerons et de fumeurs. Un historien récent prétend qu'un bourgeois de Mayence payait alors dix fois plus que du temps de l'électeur: la comparaison n'est pas si facile à faire; il faudrait tenir compte des surcharges qu'imposaient aux contribuables, avant 1789, les exemptions multipliées, des redevances perçues par la noblesse et le clergé, du progrès de la richesse publique et de la baisse de la valeur de l'argent, de ce que le gouvernement aussi rendait aux contribuables en travaux publics et dépenses d'utilité générale. Si, malgré tout, les plaies de la guerre se fermaient, bien qu'avec une trop réelle lenteur, il est certain d'autre part que les difficultés des relations avec les provinces de la rive droite auxquelles tant d'intérêts rattachaient encore les départements rhénans, les règlements commerciaux souvent absurdes, plus tard le blocus continental, imposaient aux affaires une gêne, lourdement ressentie par une partie de la population ; les conflits étaient incessants avec les douaniers qui, intraitables pour les contrebandiers, savaient fort bien adoucir pour leur propre bénéfice la rigueur des décrets officiels. La conscription aussi était lourde et, dans les dernières années en particulier, les réfractaires étaient nombreux. Les classes éclairées, de leur côté, étaient mécontentes des tracasseries de la police, soupçonneuse et agitée, des atteintes à la liberté individuelle, des entraves surtout mises à la circulation des livres et à la publication des journaux. Ce fut un des points les plus faibles peut-être du régime nouveau. On répète volontiers que Napoléon ne comprenait pas les forces morales ; il serait plus vrai de dire qu'il ne comprenait que certaines d'entre elles ; le peuple n'existait pour lui qu'encadré en régiments ; il jugeait inutile de gagner lentement les âmes, parce qu'il prétendait les enlever de haute lutte.

Il y réussit souvent. Tous ceux qui furent en contact avec lui, qui l'entrevirent de loin, en gardèrent une sorte d'éblouissement. « Quand il parcourut les nouveaux départements, en 1804, écrit Hüffer, on célébra son voyage dans les discours et les inscriptions comme l'apparition d'un être supraterrestre, dont la seule présence apportait la félicité au pays. » Sous ces flatteries de commande nous apercevons comme une prostration sincère d'enthousiasme. « Mais, monsieur, disait à Beugnot le ministre de la justice du grand-duché de Berg, j'avais lu bien des choses sur l'Empereur, j'en avais entendu dire davantage, mais je ne le connaissais pas encore : c'est plus qu'un homme. » Devant ce génie souverain, les âmes s'inclinaient effarées, et toute pensée de révolte paraissait une sorte d'impiété. Chez les soldats l'impression était plus vive encore. Beaucoup partaient pour le service la mort dans le cœur, uniquement pour ne pas exposer leurs parents à l'amende et à la prison ; après quelques mois de caserne en France, ils s'apprivoisaient : « Nous nous trouvions bien à Paris, dans cette capitale du monde, écrit un de ces conscrits mayençais ; nous savourions le bon pain français. » Transportés sur les champs de bataille, un regard du maître transformait ces réfractaires en héros ; rentrés dans leur pays, même après les défaites et l'effondrement final, ils ne se reprirent jamais tout à fait, restèrent comme envoûtés : que de tendresse contenue et de respect dans la façon dont, un quart de siècle plus tard, ils parlent « de notre grand empereur et général » ! Pendant cinquante ans, ce ne sont pas les victoires de la Prusse, mais les défaites de l'Allemagne que chantent les cercles d'anciens militaires. Si Louis-Philippe eût essayé de recommencer l'épopée révolutionnaire, il eût trouvé dans Mayence et dans Cologne les restes d'un parti français, et l'union avec la Prusse n'était pas si cordiale encore qu'un divorce eût laissé après lui d'inconsolables regrets.

Vers 1810, les préfets estimaient qu'au bout de deux générations la fusion serait complète et que le pays serait français « de tout cœur, sincèrement, comme il avait été allemand ». Il eût fallu soutenir et hâter cette transformation par la fondation d'écoles qui auraient répandu la connaissance de la langue française. Personne n'y songea. Les communes, à qui on laissait la charge de l'instruction primaire, obérées ou indifférentes, ne s'en occupaient pas : beaucoup d'écoles n'avaient pas de titulaires, restaient fermées une grande partie de l'année. Comme les traitements étaient dérisoires, les candidats aux postes d'instituteurs étaient rares ; ceux qu'on acceptait faute de mieux auraient eu besoin d'être surveillés de près : mais que signifiait la tournée annuelle et prévue d'un inspecteur distrait, qui ne savait pas l'allemand et que l'on bernait à plaisir ! L'instruction secondaire était moins négligée ; dans les lycées, les études étaient assez bonnes et on y envoyait comme boursiers des élèves originaires des départements de l'intérieur, « pour unir dans un seul tout la jeunesse de la vieille France et celle des nouvelles provinces ». L'intention était excellente, mais les résultats médiocres ; Napoléon n'apporta pas à cette œuvre capitale l'attention persistante qui seule l'eût rendue féconde. Il ne prit pas assez garde aussi de ménager les transitions, de gagner peu à peu les sympathies qui se réservaient.

Obsédés par la réglementation excessive à laquelle l'Empereur prétendait soumettre les esprits, quelques indépendants, trop isolés et trop surveillés pour se risquer sur le terrain politique, protestaient à leur manière contre le despotisme en opposant au culte de l'antiquité les études germaniques et aux théories classiques le romantisme. Néophytes suspects qui, même dans leur foi nouvelle, ne cessent d'adorer leurs anciens dieux ! A voir la ferveur avec laquelle ils parlent d'affranchissement et de liberté, on devine vite dans ces disciples de Schlegel les élèves impénitents des encyclopédistes. C'est pour rendre à l'Allemagne le sentiment de ses droits que Goerres s'efforce de lui révéler son passé, qu'il étudie les vieilles légendes, publie le *Lohengrin* ou encourage les frères Boisserée à rechercher les anciens monuments de l'art germanique. Il n'apercevait pas la possibilité d'une révolte prochaine contre l'homme « qui avait le droit de dire : Dieu me donne la force d'accomplir tout ce que j'ai entrepris » ; mais, bien que l'espérance même lui semblât interdite, il avait la nausée « de la monotonie à crier », qui était l'idéal impérial : « Le vieux goût des jardins français, écrivait-il, qui transformait les arbres en hommes, taille maintenant les hommes en haies et en bosquets; Indiens et Persans, Turcs et Zélandais, il faudrait que tous, s'ils faisaient partie de l'Empire, eussent des préfets et des sous-préfets, le code et la censure. »

Blessures de raffinés. — Cette uniformité, dans laquelle Goerres étouffait, était pour la masse des habitants un immense bienfait. Désormais plus de douanes intérieures, plus de ces barrières qui parquaient presque chaque village : un air plus large circule dans un horizon plus ouvert. En dépit des erreurs de détail, des souffrances particulières, des récriminations accidentelles, le pays goûtait le bienfait d'une administration plus régulière, plus hardie, plus soucieuse des intérêts généraux. Les remparts des villes étaient abattus, les vieux quartiers transformés ; les cimetières étaient transportés hors des murs et de sages mesures d'hygiène diminuaient la mortalité ; la vaccine, sérieusement appliquée, rendait plus rares et moins meurtrières les épidémies de petite vérole ; le service de l'assistance publique était fondé et on ouvrait des hospices d'enfants trouvés et des maternités. La monnaie était excellente et l'argent abondant ; les fonctionnaires, largement payés, recevaient des frais de représentation qu'ils étaient tenus de dépenser exactement, au plus grand profit du commerce local ; les soldats, qui touchaient leur solde à leur retour d'Allemagne, étaient d'excellents clients, et certaines industries étaient actives et prospères. Les désastres de la fin du règne eurent naturellement leur contre-coup dans les provinces rhénanes, mais les résultats acquis ne pouvaient être compromis par des incidents momentanés. Chez ces populations, douées de si remarquables qualités naturelles, mais chez lesquelles un régime séculaire d'inertie avait supprimé le goût et comme la puissance du travail, des besoins nouveaux étaient nés, des coutumes de confort et de luxe, surtout l'habitude d'un labeur plus intense et un désir viril de progrès ; un sang plus chaud et plus généreux courait dans les veines, et la bourgeoisie, réveillée de sa léthargie, était reconnaissante à la France du surcroît de vitalité qu'elle sentait en elle.

Dans les campagnes, la transformation était plus radicale encore. « L'agriculture prospérera dans les quatre nouveaux départements du Rhin, avait dit Napoléon, dès que, par la vente des biens nationaux, les terres se trouveront dans les mains des véritables agriculteurs. » L'événement justifia ces prévisions. Lorsque la réunion à la France parut définitive, de puissantes compagnies se constituèrent et morcelèrent les domaines qu'elles avaient acquis ; l'abolition des corvées, des dîmes et des droits féodaux produisit vite son plein effet ; les paysans, laborieux et économes, vendaient bien leurs produits et s'enrichissaient à ce point que Goerres prédisait l'avènement de l'*ordre rural* qui remplacerait la bourgeoisie, comme celle-ci avait remplacé la noblesse. La sécurité était complète ; les bandes de brigands qui, pendant la période d'anarchie, tenaient la montagne, et dont quelques chefs, comme Schinderhannes, avaient acquis une sorte de célébrité, avaient été exterminées, et la gendarmerie inspirait à tous confiance et respect. Des routes nouvelles étaient ouvertes : Jean Bon-Saint-André, « qui avait voulu avoir son petit Simplon », construisait dans une région difficile, entre Coblentz et Mayence, une voie magnifique qui ouvrait à la civilisation un pays perdu. La gêne que causait l'emploi du français était plus que compensée par la diminution des frais de justice et l'égalité devant la loi. Le code d'instruction criminelle (1809), le code pénal (1810), le code de procédure civile (1807), quelques critiques légitimes qu'ils aient soulevées depuis, n'en marquaient pas moins alors un progrès considérable sur l'ancien ordre de choses ; bien plus encore le code civil, qui, introduit dès 1804, préparait sûrement la fusion de l'ancienne et de la nouvelle France, en répandant partout une notion semblable de la famille et de la propriété. Savigny et les patriotes allemands étaient bien avisés quand ils combattaient avec tant d'opiniâtreté l'adoption de ce code latin et révolutionnaire, qui, suivant les paroles d'un historien très hostile à Napoléon, « a développé dans le pays du Rhin le progrès continu, fortifié parmi les habitants le sentiment de l'indépendance, de la sûreté personnelle et de la liberté », et dans lequel les adversaires de l'Empereur voyaient avec raison le plus puissant instrument de ses conquêtes.

Peu à peu, des liens se créaient aussi entre les immigrés et les indigènes. Les fonctionnaires étaient mieux accueillis, les fêtes officielles attiraient un concours plus général ; les réjouissances publiques auxquelles donna lieu la naissance du roi de Rome provoquèrent un enthousiasme universel et sincère ; symptôme caractéristique, que les populations saluassent avec joie un événement qui paraissait devoir consacrer définitivement leur union avec la France ! La Convention n'avait pas trop compté sur la puissance d'assimilation de la république ; elle n'avait pas eu tort de voir dans ces provinces, allemandes d'origine et de langage, mais que tant de traits de caractère et de mœurs rapprochaient de nous et où la résistance ne s'appuyait ni sur des sentiments de fidélité dynastique ni sur d'illustres traditions historiques, une sorte de matière politique en formation qu'elle avait le droit de marquer de son empreinte. Elle avait rempli tout son devoir envers la patrie en lui donnant ses frontières naturelles et en mêlant au sang latin et gaulois ce sang germanique qui devait apporter à la vieille race française de nouvelles et si précieuses qualités ; sans violer aucun droit réel, sans provoquer de protestations sérieuses, sans blesser aucun sentiment légitime, elle avait jeté les bases d'une organisation rationnelle de l'Europe, fondée sur l'équilibre des nationalités, et si son œuvre échoua, la faute en incombe tout entière à ses successeurs, lorsqu'ils prétendirent non plus seulement s'adjuger des territoires vagues et abandonnés, mais menacer l'Allemagne dans son existence nationale et imposer à la France une tâche que ses forces ne suffisaient pas à remplir.

Les résistances que provoquait la domination française, insignifiantes et purement superficielles sur la rive gauche du Rhin, ne se manifestèrent qu'avec beaucoup de lenteur dans l'Allemagne du Sud, et elles n'y furent jamais redoutables. Ici encore, bien qu'à un moindre degré que sur la rive gauche, le sentiment national était vague et flottant ; depuis longtemps, les jeunes gens des classes supérieures avaient pris l'habitude d'aller terminer leurs études en France, et ils en rapportaient, avec le tour d'esprit classique, le goût des méthodes rationalistes ; l'incurie des gouvernements avait développé chez tous ceux qui ne se complaisaient pas dans l'admiration béate d'institutions surannées, le mépris du passé et le tempérament révolutionnaire. Les modifications introduites sous l'influence de Napoléon dans l'organisation politique du pays furent, en général, acceptées avec une satisfaction plus ou moins avouée, et les dynasties disparues ne laissèrent que d'éphémères regrets.

La tutelle impériale, insupportable pour un grand royaume tel que la Prusse, ne causait pas la même humiliation à des états de troisième ordre, comme la Bavière et le Wurtemberg. Les membres de la Confédération du Rhin n'ignoraient pas que leurs droits souverains avaient pour limite la volonté de leur protecteur, et celui-ci ne prenait pas même souci de sauver les apparences. — Une amusante anecdote, rapportée par Beugnot, nous montre comment ses agents traitaient ses alliés : il voulait obtenir du duc de Nassau-Siegen quelques échanges de territoire que celui-ci n'acceptait pas volontiers ; Talleyrand chargea Beurnonville de l'y décider. Beurnonville, à qui le ministre avait recommandé la bonne grâce et les ménagements, y mit des formes : l'Empereur a besoin de votre province, dit-il au duc ; vous avez de bonnes raisons pour refuser, mais sacredieu ! vous n'êtes pas le plus fort ; aussi, croyez-moi, faites beau c...! « Et le prince a fait beau c...? demanda M. de Talleyrand. — Oui, sans barguigner. » — Les autres ne barguignaient pas davantage, et ils accompagnaient leur soumission de flatteries lourdes et maladroites, qui ne touchaient guère l'Empereur, mais qui le rendaient plus dédaigneux et plus hautain.

Malgré tout, les princes de la Confédération lui savaient gré de les avoir affranchis des Habsbourgs et ils n'oubliaient pas que, grâce à lui, ils n'étaient plus des vassaux du Saint-Empire, mais de véritables souverains. Ils désiraient peu une reconstitution de l'Allemagne, qui aurait imposé à leur autonomie d'inévitables sacrifices. Quand Dalberg ou le roi de Saxe mirent en avant l'idée de donner quelque réalité à la Confédération, proposèrent d'organiser un congrès avec des pouvoirs réguliers et une compétence déterminée, leurs projets échouèrent autant devant la froideur du Wurtemberg et de la Bavière, bien décidés à ne rien abandonner de leurs droits nouveaux, que devant les calculs de Napoléon, qui préférait n'avoir en face de lui que des alliés isolés et impuissants.

Si l'influence des membres de la confédération était absolument nulle dans la politique générale, ils avaient dans leurs domaines un champ assez vaste pour leur activité. Ils se dédommageaient de leur servilité au dehors par leur *oulta nisme* au dedans. Il convient de ne pas trop leur en vouloir. A la suite des sécularisations et des remaniements qui suivirent les divers traités, leurs nouveaux sujets, venus un peu de tous les côtés, n'avaient ni souvenirs, ni intérêts communs. Les unitaires allemands, si impitoyables pour les dynasties secondaires, n'apprécient pas assez le service considérable qu'elles rendirent alors à la patrie entière : en supprimant les encombrants vestiges d'un passé qui avait jusque-là garrotté les peuples enfants, elles créèrent les premiers éléments d'une conscience nationale ; puis elles restaurèrent l'idée de l'état presque disparue au milieu de populations qui, sous la main de leurs anciens souverains, véritables grands propriétaires pourvus de droits régaliens, végétaient dans une sorte d'anarchie patriarcale, et avaient peu à peu perdu la notion de leurs devoirs envers la communauté.

Il fallait constituer de toutes pièces une administration, établir un système financier, organiser des forces militaires. Lourdes charges pour des sujets émasculés par un long *far niente* politique ! En dernière analyse le nouveau régime devait assurer la prospérité publique ; mais bien des intérêts particuliers étaient lésés : les impôts, même s'ils n'étaient pas plus lourds que les charges précédentes, paraissaient intolérables, parce qu'on n'y était pas accoutumé ; l'opposition que soulève nécessairement toute réforme sérieuse était fomentée et appuyée par les classes privilégiées, par la noblesse immédiate surtout, qui ne se consolait pas de sa décadence et formait dans toute l'Allemagne un cadre permanent de révolte. Pour mener à bien, en dépit de tant de difficultés, l'unification et l'organisation de leurs domaines, il fallait aux princes une main ferme et une volonté inflexible : leurs tendances étaient ici d'accord avec les intérêts généraux du pays ; leur régime absolu forme une période d'apprentissage, pendant laquelle s'établirent de nouvelles traditions et naquirent de nouveaux instincts. Napoléon, — et ce n'était pas un des moindres motifs de leur reconnaissance, — encourageait ses alliés dans la voie où les poussaient leurs passions, les invitait à briser toutes les résistances, à affranchir leur autorité de toute limite. « Chassez-moi tous ces bougres-là, » disait-il au roi de Wurtemberg, en lui parlant de la diète. — Ne nous laissons pas tromper par les mots : les assemblées qui furent supprimées alors, presque exclusivement composées de représentants de l'oligarchie, ne défendaient que les privilèges de leur caste : leur existence rendait impossibles des assemblées vraiment populaires.

Le pouvoir qu'ils avaient conquis, tous les princes en usèrent dans le même esprit ; tous s'inspirèrent des principes de la Révolution, naturellement avec plus ou moins de ménagements ou d'intempérance. Napoléon eut ses fanatiques :

le duc d'Anhalt-Kœthen, qui gouvernait en tout 28,000 habitants, introduisit dans ses domaines la constitution de l'empire avec des préfets, un conseil d'état, une cour de cassation. — Le landgrave Louis de Hesse-Darmstadt (1790-1830) et le grand-duc de Bade, humains, modérés, forment avec cet écervelé un heureux contraste.

GRAND-DUC CHARLES DE BADE.

Aucun prince n'avait plus profité de la révolution que Charles-Frédéric de Bade et aucun n'était traité avec plus de courtoisie par Napoléon; le duc, « à qui ses vertus souveraines avaient valu depuis longtemps l'estime de l'Europe », restait cependant sur la réserve : « Je suis un libre prince allemand, répondait il jadis aux ministres qui lui représentaient la nécessité de s'entendre avec la France, et je veux mourir dans cette dignité. » Trop faible pour résister, il se consolait de sa dépendance en appliquant à un plus vaste territoire les idées d'humanité et de justice que lui avaient enseignées les physiocrates. Très pieux, avec un esprit plus droit qu'étendu, il appartenait à la catégorie de ces réformateurs timorés, qu'effrayent vite les conséquences imprévues de leur doctrine, et, sans renier ses convictions premières, il ne les appliquait qu'avec précaution. Il se plaisait à dire qu'il voulait gouverner « un peuple riche, moral et chrétien », et il accordait sa confiance à des conseillers probes, laborieux et modérés, Jung-Stilling, qui s'efforçait de développer la vie morale, Brauer, qui fut longtemps son principal auxiliaire et dont il

Frédéric, roi de Wurtemberg.

appréciait la science juridique et la mesure ; il releva l'instruction publique, protégea l'université de Heidelberg, s'efforça de concilier avec d'importantes améliorations le respect du passé.

Ses voisins, les rois de Wurtemberg et de Bavière étaient

fort étrangers à ces préoccupations. Frédéric de Wurtemberg (1797-1816), s'il ne manquait ni de connaissances ni surtout d'énergie, était le plus parfait représentant de ces tyrans au petit pied dont Stein flétrissait le despotisme, et il faisait lourdement sentir son autorité à ceux qu'une fortune adverse avait placés sous sa loi; il aimait à s'appeler lui-même « l'Empereur Paul de Souabe ». Chasseur passionné, malgré son embonpoint légendaire, — Napoléon, à qui il osa quelquefois résister et qui ne l'aimait pas, disait que la Providence avait voulu prouver en lui à quel point pouvait s'étendre la peau humaine, — il comprenait surtout, parmi les nouvelles idées, celles qui lui permettaient de s'affranchir des entraves qui gênaient ses caprices ou de blesser ses anciens égaux, les chevaliers d'Empire ou les princes médiatisés.

Il y a souvent aussi une intention de taquinerie dans la façon dont les réformes sont appliquées en Bavière. Maximilien-Joseph avait du moins certaines qualités de surface, de la bonne humeur, une générosité qui l'entraîna souvent dans de graves embarras; ses flatteurs l'appelaient le Henri IV bavarois, et la cordiale simplicité de ses manières, sa *Gemüthlichkeit,* son sincère esprit de tolérance, lui valurent une réelle popularité et empêchèrent peut-être que le mécontentement inévitable provoqué par son gouvernement ne dégénérât en insurrection ouverte. Bien que les documents prouvent qu'il ne méritait pas complètement sa réputation de paresse, il manquait de persévérance et s'en remettait volontiers à ses ministres et en particulier à Montgelas du soin des affaires.

Montgelas, qui n'avait aucun patriotisme allemand, était un excellent Bavarois; il avait eu la sagesse de comprendre que l'Empereur ne lui saurait gré de son adhésion que si elle était sans réserves; il ne lésinait ni ne biaisait, mais sa soumission était perspicace; il sentit très vite le moment où la fortune de son protecteur commençait à chanceler et ne compromit pas par une fidélité trop obstinée l'avenir du royaume qu'il avait placé à la tête de l'Allemagne du sud. Il représentait fort bien le type du diplomate éclairé de l'ancien régime:

Monument de Maximilien-Joseph, a Munich.

il en avait le laisser-aller, le dédain du détail, les convictions infatuées et le radicalisme dédaigneux, accru chez lui par des rancunes qui ne désarmèrent jamais. Les catholiques l'abominaient, et leurs plaintes étaient justifiées par la violence et la précipitation qui donnaient à des mesures justes en elles-mêmes un caractère de persécution. Peut-être pensait-il que dans un pays où les influences cléricales étaient si tenaces, une secousse violente était nécessaire. Il semble cependant qu'il entrait dans sa conduite plus d'impatience encore et de légèreté que de calcul. Dans la hâte d'atteindre le but, il se souciait assez peu des moyens d'exécution. Nous avons un curieux exemple de l'arbitraire avec lequel on procédait dans la façon dont on compléta le contingent en 1809 : sous prétexte de ménager la population des campagnes, on organisa dans les villes une véritable *presse;* à Munich, la police et les soldats arrêtèrent au petit bonheur toutes les personnes qu'ils rencontraient dans les rues, puis conduisirent leurs prisonniers au préfet de police ; ils durent attendre, en plein air, par l'aigre et dur printemps bavarois, que le préfet daignât les écouter ; il les reçut le chapeau sur la tête, la pipe à la bouche, les pieds sur le manteau de la cheminée, et là, sans enquête, suivant son caprice, il libéra les uns et envoya les autres à la caserne ; dans la razzia avaient été enveloppées des personnes qui occupaient une haute situation, des agents des ambassadeurs étrangers ; le ministre des finances n'avait échappé que par hasard. Montgelas ne paraît pas se douter de ce qu'il y avait d'odieux dans ces façons d'agir ; l'affaire qui avait fait scandale fut vite étouffée et le directeur de la police garda sa place.

On s'explique sans peine l'irritation que provoquaient ces façons d'agir, mais il serait puéril d'autre part d'attacher à des incidents regrettables une portée excessive et de méconnaître les avantages que comportait l'introduction des idées françaises : arrachée par des mains souvent maladroites et brutales au joug de l'église et de la féodalité, l'Allemagne du sud et de l'ouest s'instruit à une vie nouvelle. La liberté des cultes est reconnue, les mariages mixtes autorisés, les écoles échappent à l'autorité du curé ; l'admissibilité de tous les citoyens aux fonctions publiques est proclamée; la suppression des dîmes et la vente des domaines ecclésiastiques améliorent la condition des paysans; dans la plupart des états de la Confédération, les lois règlent et diminuent les corvées et les redevances des laboureurs, adoucissent le régime féodal et en préparent l'abolition; l'administration devient plus régulière et plus active : « Nous voulons, disait un des princes les plus modérés, qu'à l'esprit d'équité et de mansuétude qui a dirigé notre gouvernement depuis plus de quarante ans, s'unisse désormais plus de cohésion dans l'administration, plus de rapidité dans l'expédition des affaires, plus de décision et de force dans l'exécution. » La conscription rapproche les classes et les régions jusqu'alors ennemies, et la gloire militaire, même conquise sous les drapeaux d'un maître étranger, ouvre aux viriles pensées les âmes depuis longtemps engourdies. Jamais les appels des patriotes n'auraient trouvé un écho aussi sonore si, après que la Révolution avait enseigné à l'Allemagne les droits de l'homme, Napoléon n'eût complété son éducation en lui inculquant le sentiment de l'honneur militaire.

Tandis que les provinces du sud étaient une pâte molle qui se pliait à toutes les combinaisons, la France se heurtait dans le centre et le nord à des traditions plus vigoureuses, à une fierté plus ombrageuse, à des conceptions politiques et philosophiques très particulières. C'était comme le sanctuaire de l'Allemagne : de là étaient partis la Réforme et le grand mouvement littéraire du xviiie siècle : les princes, s'ils subissaient avec plus ou moins de bonne grâce la protection de l'étranger, se refusaient à mettre leur autorité au service de la Révolution; les ducs d'Oldenbourg et de Mecklembourg, même le roi de Saxe, Frédéric-Auguste, accablé de nos bienfaits, défendaient les vieilles institutions et, comme par le passé, continuaient à voir dans les privilèges de la noblesse la meilleure garantie de leur propre pouvoir. « Bah! disait l'Empereur à Bignon qui essayait de sauver la couronne de l'électeur de Hesse; Brunswick,

Nassau, Cassel, tous anglais; ils ne seront jamais de mes amis. » En présence de cette inertie et de ce mauvais vouloir d'autant plus difficile à entamer qu'il ne se traduisait pas par

Frédéric-Auguste, roi de Saxe (1750-1827).

une opposition ouverte, afin de proportionner son action aux difficultés qu'il rencontrait, il avait créé de toutes pièces deux états français, dont il avait confié le gouvernement à son beau-frère et à son frère, mais qu'il comptait bien en réalité diriger lui-même, le grand duché de Berg, qui eut pour capitale Düsseldorf et, au moment de sa plus grande extension, compta près de 900,000 habitants, et le royaume de Westphalie, qui en 1808 en avait environ 2 millions.

Murat et Jérôme n'avaient pas la moindre idée de l'extrême complication de leur tâche. — Non seulement, il fallait prévoir la sourde et tenace opposition des classes privilégiées, dont l'influence était énorme; mais ici, quelque médiocre qu'eût été souvent le gouvernement des dynasties dépossédées, le loyalisme allemand ne se souvenait plus que de leurs malheurs. Les anciennes provinces des Hohenzollern surtout n'acceptaient qu'avec désespoir leur séparation de la monarchie. « La gloire d'un long règne, écrit Beugnot, qui, après le départ de Murat (1808), fut le véritable souverain du grand-duché, le retentissement du nom de Frédéric II avaient donné aux Prussiens une idée exagérée d'eux-mêmes et aussi un amour de la patrie poussé jusqu'à l'idolâtrie... Je m'aperçus que tout n'était pas fini avec des hommes qui ne s'avouaient pas vaincus et qui rêvaient la vengeance, lorsque l'ennemi les tenait sous ses pieds, prêt à leur porter le dernier coup. » Arriverait-on jamais à désarmer ces haines? Il n'était pas impossible du moins de les noyer dans un vaste courant de sympathie.

Murat (1771-1815).

Les Allemands, « qui ne résistent pas à la gloire militaire, aux yeux desquels le serment de fidélité n'est pas un titre vain et qui ressentaient pour la France je ne sais quel vieux penchant dont nous les avons cruellement corrigés », se défendaient mal d'une involontaire faiblesse pour Murat ou pour Jérôme. Jérôme, que son mariage avec Catherine de Wurtemberg avait à demi naturalisé, avait pour lui le charme de la jeunesse, la bonne grâce des manières, beaucoup de bonne humeur et de dignité : partout où il passait, les passions désarmaient. Ses proclamations, que Napoléon jugeait emphatiques, étaient lues avec plaisir. « C'est pour les peuples que Napoléon a vaincu, disait-il. Chaque paix qu'il a signée est un pas de plus vers le but que s'est proposé son grand génie politique, former pour chacune des nations une patrie, n'en laisser aucune plus longtemps dans le néant fâcheux où elle ne peut ni se défendre contre les maux de la guerre, ni jouir de la paix... Éloignez de votre mémoire le souvenir de cette souveraineté divisée, reste de la féodalité, où presque chaque arpent de terre avait un seigneur. » Comme les exactions de l'Empereur, les paroles de ses lieutenants travaillaient à répandre l'idée de l'unité germanique. Jérôme espérait bien ne pas rester longtemps confiné dans son étroit royaume : pourquoi n'eût-il pas rassemblé sous son autorité l'Allemagne du nord, transformée et réorganisée ?

Beugnot (Claude) — 1761-1835.

C'était un beau rêve dont se berçaient aussi ses sujets en en modifiant les détails, et qui assoupissait leurs regrets.

La constitution qu'avait reçue le royaume de Westphalie était fort bonne et les habitants l'avaient favorablement accueillie : « J'aurais voulu que tu fusses là, écrit à son frère Jean de Müller, en lui dépeignant l'ouverture de la première session des états; la cour était magnifique, tout le monde ému; le roi a parlé du haut du trône, virilement, noblement. Dans tout, dans les institutions, on aperçoit les germes d'une transformation complète, d'un développement tout à fait nouveau du caractère allemand, et vraiment, pourquoi tout ne deviendrait-il pas plus grand et plus vivant? Sous certaines conditions, cette hypothèse n'est pas plus invraisemblable que le contraire. » Jean de Müller, qui, après avoir été en 1806 un des membres les plus ardents du parti belliqueux prussien, avait si vite accepté de devenir le ministre du frère de Napoléon, et dont la défection, même à cette époque de fréquentes palinodies, avait causé un bruyant scandale, avait sans doute ses raisons pour être optimiste; mais les faits confirment ses appréciations. Les délibérations de la diète, sérieuses et calmes, témoignèrent d'un extrême bon vouloir réciproque. « Dans un royaume comme le nôtre, fondé sur la victoire, disait le ministre Malchus, il n'y a pas de passé; c'est une création où, comme dans la création du monde, tout ce qui existe n'est qu'une matière première dans la main du créateur. » On s'en remettait avec une pieuse confiance à sa volonté : parmi les hommes qu'il avait chargés de construire sur cette table rase l'édifice du nouvel état, plusieurs étaient fort distingués, le jurisconsulte Siméon, qui avait joué un rôle important dans la préparation du Code civil et qui, au ministère de la justice, eut un auxiliaire dévoué dans l'éminent professeur de Göttingue, Leist; le général Éblé, et parmi les Allemands, à côté de Jean de Müller, écrivain brillant, très sincère dans son exaltation, bien que capable d'inconstance, Martens, si connu par ses travaux d'histoire diplomatique, Dohm, qui jadis avait mérité la confiance de Frédéric II et avait été un des promoteurs de la Ligue des princes. Aucune défiance contre les nationaux : ils occupaient la plupart des places du conseil d'état, les préfectures, sans parler des postes secondaires; on les traitait avec des ménagements auxquels les anciens souverains ne les avaient guère accoutumés : « Il est nécessaire, écrivait Siméon aux préfets, que les représentants de l'autorité s'efforcent d'inspirer l'amour du gouvernement et, pour cela, témoignent sans cesse à leurs subordonnés l'intérêt et l'estime que mérite tout citoyen qui se consacre à son service, à quelque degré de l'échelle qu'il soit. Au lieu donc d'envoyer aux sous-préfets et aux maires des instructions écrites sur un ton de commandement et avec une brièveté voisine de la sécheresse, vous devez leur découvrir l'esprit et le motif des ordres dont l'exécution leur est confiée. »

L'administration avait été réorganisée sur un plan très simple et elle fit preuve d'une remarquable activité. La tolérance religieuse fut proclamée et les juifs rentrèrent dans le droit commun; le servage et la sujétion personnelle furent supprimés (23 février 1808), et les seigneurs ne conservèrent d'autres droits féodaux que ceux qui pouvaient passer pour le prix d'une concession primitive des terres occupées par les paysans. La propriété fut affranchie des entraves qui en empêchaient la libre transmission, les corporations furent abolies, les tribunaux spéciaux supprimés et tous les habitants relevèrent des mêmes lois et des mêmes juges. On introduisit le code Napoléon (1808), le régime français des hypothèques, l'assistance publique. « Rarement, dit l'écrivain allemand qui a étudié cette histoire avec le plus de soin, et qui n'est pas suspect de partialité pour la France, un pays a reçu d'aussi bonnes lois que cet éphémère royaume. » Le ministre prussien à Cassel constatait avec tristesse que le nouvel état « arriverait bientôt à un haut degré de perfection et de prospérité ».

« Que l'on passe aux Allemands leur flegme, leur vanité, leur langage, leur littérature, écrivait l'ambassadeur français Reinhard, qui connaissait bien la situation et qui n'aimait pas Jérôme ; dès que les Westphaliens s'apercevront qu'on veut les respecter en tant qu'Allemands, leurs cœurs seront gagnés » ; il espérait que la Westphalie deviendrait l'Allemagne française, de même que les provinces rhénanes étaient devenues la France allemande. De fait, lors des premières tentatives d'insurrection, les agitateurs échouent devant l'indifférence des habitants, qui, sans aimer la domination étrangère, en reconnaissent les bienfaits. Quand, après la chute de l'Empire, les anciens princes reviendront, ils auront beau vouloir reprendre leur règne là où il a été interrompu : il faudra bien, quoi qu'ils en aient, qu'ils comptent avec les changements qui se sont accomplis, avec les besoins de liberté et d'égalité introduits par la domination française. « Le royaume de Westphalie, dit Gœthe, bien que son créateur n'y eût guère songé, fut le premier essai d'une reconstruction de l'Allemagne échappée à l'Empire germanique. »

Très vite, malheureusement, un sentiment d'inquiétude et d'instabilité déconcerte les sympathies naissantes : « Nous nageons dans un grand fleuve, écrivait Reinhard à Gœthe, et nous assistons avec étonnement aux changements à vue qui se produisent à chaque moment ; cela durera jusqu'au moment où une grande vague nous lancera sur un rocher. » La faute en revient avant tout aux exigences et aux sautes d'humeur de Napoléon. Jérôme, qui, ni comme officier de marine ni comme général, n'avait révélé des qualités supérieures, mais qui était animé d'intentions excellentes, aurait eu besoin d'être guidé doucement, encouragé au travail, soutenu dans ses bonnes dispositions. Comme presque tous les acteurs de cette éclatante et fantastique épopée, il n'était pas très sûr de ne pas vivre dans un rêve, et il se hâtait de jouir d'un présent qui n'aurait peut-être pas de lendemain. Il semble que les contemporains de Frédéric-Guillaume II et de Frédéric de Wurtemberg eussent dû avoir quelque indulgence pour les fantaisies galantes d'un adolescent, et s'il est humiliant pour les Allemands de constater l'aimable complaisance avec laquelle les plus vieilles et les plus nobles familles accueillaient ses avances, les lecteurs de *Lucinde* n'étaient pas gens à prendre au tragique quelques intrigues amoureuses. Après tout, les apparences furent longtemps assez bien gardées pour que Catherine de Wurtemberg ne conçût aucune inquiétude sur la fidélité de son mari, et, quand plus tard elle eut perdu toute illusion, l'affection qu'elle conserva pour lui, le refus obstiné qu'elle opposa à son père, qui, après l'avoir contrainte à ce mariage, exigeait qu'elle se séparât de son mari, prouvent que Jérôme ne méritait pas complètement les reproches dont l'accabla la pudeur teutonne. Il y a une forte part de légende dans les prétendues débauches du roi, et les dépenses même dont on lui fait un crime ne sauraient être comparées à celles qu'avaient entraînées les fastueuses constructions du palais de l'orangerie de Cassel ou cette résidence de Wilhelmshöhe et ce château des Géants, qui avaient coûté au peuple, suivant

JÉRÔME-NAPOLÉON, roi de Westphalie.

l'expression d'un contemporain, autant de souffrances que les pyramides d'Égypte.

Le défaut le plus grave de Jérôme, son extrême frivolité, aurait sans doute été amendé par le sentiment de la responsabilité. Comme son frère ne lui laissa que l'apparence de la royauté, il n'en comprit que l'apparat, l'étiquette, le luxe. Par un travers fréquent chez les Français, sa paresse se dissimulait sous une apparence de dédain et il jugeait plus commode de railler ses sujets que de les connaître; il avait promis à la diète d'apprendre l'allemand, mais son application était faible et ses progrès furent nuls; il resta ainsi isolé au milieu de son peuple, non par orgueil, mais par indolence, et, bien qu'il ne fût pas méchant, il n'eut pas pitié de ses maux, parce qu'il les voyait à travers des récits incomplets. Pour occuper ses loisirs ennuyés, il inventait des spectacles et des fêtes, appelait de Paris des acteurs et des danseuses, réunissait des camps qui, sans profit pour l'instruction des soldats, ruinaient le trésor. A quoi bon s'ingénier à introduire dans les finances un ordre que bouleversaient sans cesse les réquisitions venues des Tuileries?

Le traité du 14 juillet 1810 suffit à montrer comment l'Empereur traitait son frère : il cédait à la Westphalie le Hanovre, dont il avait jusqu'alors retenu l'administration ; précieux cadeau, mais qu'il faisait payer cher! Il se réservait les revenus des domaines jusqu'à concurrence de quatre millions et demi, valeur très supérieure, au dire des ministres de Jérôme, à leurs revenus réels ; la Westphalie devait se charger des dettes du Hanovre, entretenir jusqu'à la paix maritime 18,000 hommes de troupes françaises et élever son contingent de 12,500 à 32,000 soldats. Si l'on songe que le blocus continental avait supprimé tout commerce maritime et que des droits de douane fort élevés empêchaient les échanges avec la France, que les frontières étaient très difficiles à surveiller, que le pays avait été ravagé par des insurrections, on ne sera pas surpris que Jérôme n'ait pas accepté sans hésitation une augmentation de territoire qui se traduisait surtout par une aggravation de charges. Pour y faire face, ou l'essayer, il fallut lever de nouveaux impôts, décréter des emprunts forcés, rehausser les taxes : comment s'étonner que les exigences du trésor aient entretenu le mécontentement d'un peuple dont il eût fallu gagner les sympathies et désarmer les souvenirs?

Dans les classes instruites, les tracasseries de la police, la violation du secret des lettres, la censure, la rigueur avec laquelle on traitait les professeurs et les étudiants, étaient autant de griefs. Le découragement se glissait dans les rangs de l'administration : on vivait dans l'attente perpétuelle d'une « combinaison » imprévue; qui pouvait se flatter de deviner les plans qui germaient dans le cerveau de l'Empereur? — Son idée de fonder en pleine Allemagne un royaume français était déjà fort étrange; il est plus difficile encore de comprendre pourquoi il ne lui avait pas donné des frontières, des côtes, pourquoi il se ravisa trois ans plus tard en lui cédant le Hanovre, et pourquoi, par un nouveau revirement, il lui en reprit la plus grande partie pour la réunir à la France. Les raisons qu'il donnait de ses résolutions ne jettent aucune lumière sur ses véritables intentions : « Arrangez-vous avec Cadore, disait-il au ministre de Westphalie, Bülow, venu à Paris pour protester contre les actes de réunion. Je prends le Hanovre parce que j'en ai besoin : les longs discours sont inutiles. En dernière analyse, tout dépend de la force; la force, vous ne l'avez pas. Arrangez-vous donc avec Cadore. Que tout soit terminé dans une semaine; sinon, je déciderai la chose par décret. »

« Je vois qu'il n'y a plus dans ce monde de bonheur assuré pour personne, écrivait Catherine, après la déchéance du roi de Hollande, Louis; où y a-t-il aujourd'hui une garantie pour les souverains? » A plusieurs reprises, Jérôme pensa à abdiquer. Il avouait naïvement qu'il n'aimait ni l'Allemagne ni les

Allemands; mais comment se serait-il attaché à des fonctions qui ne lui apportaient que des déconvenues et comment ses sujets auraient-ils conservé quelque respect pour le fantoche que son frère traitait avec une telle désinvolture? Les impôts, si lourds en eux-mêmes, auraient paru moins intolérables, si l'argent sué par le peuple n'eût été en grande partie exporté à l'étranger; la conscription, que ces populations belliqueuses eussent facilement acceptée, était odieuse parce que l'on expédiait les recrues en Espagne, et que leur gloire même était confisquée par l'Empereur. La réconciliation, qui avait paru assez facile au début entre les vainqueurs et les vaincus, devenait ainsi moins probable à mesure que le régime napoléonien se prolongeait, et la réserve toujours plus marquée des sujets provoquait des rigueurs qui, sans abattre leur courage, exaspéraient leur mauvaise humeur. « Cela marche chez nous d'un train assez régulier et assez joli, écrivait Reinhard à Gœthe en 1810; notre *olla podrida* de royaume peut, avec le temps, devenir un plat très agréable ». Cette satisfaction fait bientôt place aux plus sombres prévisions. « La fermentation est extrême, écrit Jérôme à la fin de 1811; on nourrit les espérances les plus hardies et on les entretient avec enthousiasme, on se propose l'exemple de l'Espagne, et si la guerre éclate, toute la région du Rhin à l'Oder sera le foyer d'une insurrection générale... La cause de cette fermentation universelle n'est pas seulement dans la haine contre la France et le mécontentement du joug étranger; elle est bien plutôt dans le malheur des temps, la ruine complète de toutes les classes, le poids excessif des impôts, les contributions de guerre, le passage des armées, les vexations de toutes sortes qui se répètent sans cesse... Il faut craindre les explosions de désespoir des peuples qui n'ont plus rien à perdre, parce qu'on leur a tout pris. »

Ces prédictions pessimistes laissaient l'Empereur assez froid, à la fois parce qu'il avait confiance dans son génie militaire et parce qu'il estimait que les maux qu'entraînait l'occupation française étaient plus que compensés par l'amélioration matérielle et morale qu'elle impliquait. Mais chacun des pas que faisaient les peuples dans la voie de l'affranchissement leur rendait plus odieuse la domination de l'envahisseur. En brisant les anciennes divisions politiques et en détruisant les liens séculaires qui rattachaient les habitants à leurs petits souverains, celui-ci avait supprimé l'obstacle le plus réel qui s'opposât à la naissance du patriotisme pangermanique ; en arrachant les serfs à l'oppression et en les appelant à la vie civile, il avait créé le besoin de la liberté politique ; en réunissant sous son drapeau les troupes de la confédération du Rhin, il avait réveillé le goût de la gloire et l'horreur de la servitude. Le moment était proche où les éléments les plus divers se combineraient dans une même fièvre de vengeance : l'égoïsme des privilégiés qui détestaient en Napoléon l'exécuteur testamentaire de la Révolution et les rancœurs des libéraux, la haine des cours qu'il avait dépossédées et les calculs convoiteux de ses protégés, désireux par une défection opportune d'assurer ou d'augmenter leurs gains, l'enthousiasme des jeunes gens qui refusaient de se plier au joug et les tristesses des commerçants que ruinait le blocus continental, l'exaspération des bourgeois écrasés d'impôts et l'orgueil des écrivains blessés dans leurs sentiments les plus intimes. Dès 1809, l'irritation avait fait de tels progrès que les plus impatients crurent le moment venu d'une révolte ouverte : ils échouèrent parce que les forces de la France étaient encore considérables, que l'opinion était incomplètement préparée aux sacrifices suprêmes, surtout parce qu'ils furent forcés de confier la direction du mouvement à une puissance qui, comme l'Autriche, n'avait ni l'habitude de ces insurrections, ni l'oreille de la nation ; mais leur défaite exigea de tels efforts qu'elle sembla n'être qu'un encouragement pour de nouvelles tentatives.

Divers symptômes prouvent que Napoléon, lorsqu'il se rendit à Erfurt en 1808, pressentait l'orage qui se préparait : son voyage en Allemagne eut cependant tous les caractères d'une marche triomphale. « La fille d'un marchand de fer des environs, devenue duchesse, nous dit Heine dans ses *Mémoires*, avait raconté à ma mère, son amie, que son mari avait gagné beaucoup de batailles, qu'il aurait bientôt de l'avancement et parviendrait au grade de roi... Voici, hélas! que ma mère, rêvant pour moi les épaulettes les plus dorées ou les hautes charges les plus brodées de la cour de l'Empereur, voulait me consacrer tout entier à son service. » Que de rêves pareils volaient à la rencontre du dieu qui avait fait de l'histoire une incomparable féerie! La veille de la bataille d'Iéna, Hegel, chassé de sa maison par les soldats français, éprouvait une telle émotion à voir passer l'Empereur, « cet homme extraordinaire, qu'il est impossible de ne pas admirer..., cette âme du monde », qu'il en oubliait un moment les transes que lui causait le sort de son manuscrit de *la Phénoménologie de l'Esprit*. Bien rares étaient les cœurs assez fermes ou assez froids pour résister aux effluves enivrantes que répandait sur sa route le vainqueur d'Austerlitz et d'Iéna. Heine nous a tracé un merveilleux tableau du passage de Napoléon, quelque temps plus tard, à Dusseldorf : « En me pressant à travers la foule ébahie, je songeais aux faits et aux batailles que le tambour Legrand m'avait tant tambourinés ; mon cœur battait la générale tandis que l'Empereur et sa suite chevauchaient au milieu de l'allée ; les arbres interdits se courbaient en avant à mesure qu'il s'avançait, les rayons du soleil dardaient en tremblotant et d'un air de curiosité à travers le feuillage, et sur le ciel bleu on voyait distinctement étinceler une étoile d'or. Dans ses traits, on lisait : Tu n'auras d'autre dieu que moi..... et le peuple criait de ses mille voix : Vive l'Empereur! »

Ce qu'il y avait au fond de cette adoration furibonde, ce

n'était pas de la servilité ou de la crainte, c'était le culte du génie, « la sensation prodigieuse de voir, sur un point déterminé, sur son cheval, le maître qui étend son esprit sur l'univers et le domine ». Napoléon n'apparaissait plus comme l'ennemi de l'Allemagne, pas plus qu'il n'était en réalité le roi des Français; il était la Force triomphale, le Génie et la Victoire. « Tous les yeux s'attachaient sur lui, écrit à Hegel un de ses amis (7 octobre 1808).... La foule entière était fascinée par la vue de cet homme, simple dans sa grandeur, toujours pensant, toujours actif... C'est l'homme plus que l'Empereur qui ravit. On a trouvé dans ses traits, avec une certaine expression de mélancolie qui est au fond de toute âme réellement élevée, non seulement les marques d'un esprit supérieur, mais une véritable hauteur de sentiment que n'ont pu effacer les événements et les efforts de sa vie. En un mot, on est enthousiaste du grand homme. »

Les princes de la confédération étaient arrivés en foule, et ils se pressaient dans le cortège, obséquieux près des Français, insolents et hautains vis-à-vis de leurs compatriotes. Jamais successeur de Charlemagne n'avait eu de vassaux plus attentifs et plus humbles. A Weimar, où Napoléon alla rendre visite au duc Charles-Auguste, à qui il avait laissé son trône dans une heure de générosité, dans la cité sainte des lettres germaniques, il mit une sorte de coquetterie à établir à la fois sa puissance et l'étendue de son esprit : après le dîner, où il avait discuté avec le prince-primat quelques points de détail de l'ancienne constitution germanique et rappelé aux auditeurs, étonnés de son érudition, que pendant qu'il était lieutenant d'artillerie le temps ne lui manquait pas pour s'instruire, il assista à la représentation de la *Mort de César* : on eût dit qu'en faisant à Talma un parterre de rois, il voulait marquer le triomphe de la littérature française sur l'art germanique.

L'Empereur manquait souvent de mesure et de tact : si

NAPOLÉON EN COSTUME DE COLONEL DE CHASSEURS DE LA GARDE.
(D'après la sépia de Dahling.)

l'on ajouta une chasse au lièvre à la visite qu'il avait projeté de faire avec le tsar au champ de bataille d'Iéna, cette faute de goût, qui indigne les Allemands, n'est peut-être imputable qu'à ses hôtes, mais il n'était pas généreux, dans tous les cas, d'inviter à cette promenade le prince Guillaume de Prusse. Implacable dans ses rancunes, il avait, quand il lui plaisait, un charme irrésistible. Il s'était fait présenter Gœthe, lui avait prodigué les éloges les plus délicats, l'avait étonné par la profondeur de ses aperçus. Il voulut voir Wieland, se mit en frais pour le vieux poète, effaré, timide, qu'on avait tiré de son lit, et qu'il retint une partie de la nuit; Wieland sortit de l'entretien ahuri de cette rapidité de conception, de cette exubérance de pensée, de cette incomparable souplesse d'imagination. Ce n'était pas à Wieland seul que s'adressait Napoléon quand il lui parlait du christianisme : « Les philosophes se tourmentent à forger des systèmes; ils cherchent en vain quelque chose de supérieur à cette religion qui réconcilie l'homme avec lui-même et garantit l'ordre public et la paix des états en même temps qu'elle assure aux individus le bonheur et l'espérance »; il comptait que ces paroles retentiraient dans toute l'Allemagne et lui concilieraient de nombreuses sympathies chez un peuple dont il connaissait la profonde religiosité. Il pensait bien aussi que la nation entière lui saurait gré des délicats hommages qu'il rendait aux plus illustres de ses enfants.

S'il comprenait ainsi le besoin de caresser l'opinion publique, c'est qu'il avait le soupçon qu'elle commençait à lui échapper. Il en éprouvait une stupéfaction navrée. Tous les contemporains nous parlent de la vague tristesse qui voilait son regard quand il quitta Erfurt. L'avenir ne lui appartient plus et il le sent. Autour de lui, des adversaires grandissent, plus implacables et plus dangereux que ceux qu'il a abattus. Cette entrevue avec le tsar, qu'il a si impatiemment désirée, malgré les protestations d'amitié qu'ont échangées les deux

LE RÉVEIL DU SENTIMENT NATIONAL.

souverains, n'a dissipé aucun des nuages qui s'étaient élevés entre la France et la Russie. Retombé de son rêve, Alexandre, depuis qu'il n'espère plus profiter du bouleversement de l'Europe pour conquérir Constantinople, revient à une politique conservatrice ; il a été fortifié dans ses résolutions par Talleyrand, dont il s'exagère l'influence et qui a dès lors commencé cette œuvre de trahison pour laquelle l'histoire a montré de si singulières indulgences. Le tsar n'envisage pas encore nettement la pensée d'une défection ouverte, mais il laisse clairement entendre qu'il n'a pas dit son dernier mot. Cette alliance toute de surface, sorte d'épouvantail vite percé à jour par les intéressés, Napoléon n'en maintient l'apparence qu'au prix de concessions dangereuses : il lui a fallu ainsi renoncer à son projet d'enlever la Silésie à la Prusse, ce qui eût achevé la ruine des Hohenzollern et écrasé dans l'œuf leurs espoirs de revanche.

Plus perspicace que ses généraux et ses diplomates, l'Empereur comprenait que la Prusse avait été surprise par la fortune, mais non accablée par le malheur. Les rigueurs du destin allaient révéler en elle des ressources que personne ne soupçonnait. « J'ai pleuré toute la journée, écrivait Rahel à la nouvelle des désastres de la monarchie ; j'ai pleuré des larmes abondantes d'attendrissement et de dépit. Oh! je n'ai jamais su que j'aimais autant mon pays. » Que de cœurs connurent les mêmes affres et sortirent de leur agonie purifiés et retrempés! Avant même la fin de la guerre, quelques symptômes isolés mêlent au deuil général une aurore d'espoir, le rôle du corps de Lestocq à Eylau, la résistance de Gœtzen en Silésie, l'héroïque défense de Gneisenau à Colberg ; les généraux français signalent le changement qui se produit dans l'attitude des habitants, s'étonnent de la réserve hostile qui a succédé à la servilité complaisante des premiers jours. Au début, cependant, ces velléités de courage sont clairsemées : la secousse a été trop violente, les âmes ont été comme déracinées par la tempête. « La lâcheté, écrit Gneisenau, domine presque partout, et l'époque est si pusillanime que l'idée de tomber avec décence passe pour une exaltation poétique. Non seulement la foule, mais des hommes qui occupent des postes importants, ne s'émeuvent pas à la pensée qu'une nouvelle dynastie régnerait sur la Baltique. Chacun ne songe qu'à se sauver, à ménager ses plaisirs, et pour qui aime l'honneur, il n'y a plus qu'à envier le sort de ceux qui dorment sur les champs de bataille. » Les divisions politiques, suite ordinaire des défaites, contribuent à accroître le désarroi général, détournent l'attention de la question étrangère, et, pour sauver ses privilèges, le parti féodal n'hésite pas à se faire l'allié et le complice du vainqueur.

Deux faits cependant triomphèrent du découragement où l'on glissait, l'insurrection espagnole et l'implacable rigueur de Napoléon. En refusant d'accepter la royauté de Joseph, l'Espagne apprit à l'Europe qu'il était possible de retourner contre la France les idées révolutionnaires et elle dissipa la résignation fataliste qui courbait les courages devant l'invincibilité impériale. Beugnot a très vivement marqué le retentissement extraordinaire de Baylen : jusqu'alors on cherchait de bonne grâce à s'accommoder le mieux possible d'un régime que l'on estimait inattaquable; « dès qu'on vit qu'il était possible de nous vaincre, on ne songea plus qu'à nous combattre ».

L'émotion fut surtout extrême en Prusse, non seulement parce que les gloires passées y rendaient plus amère la douleur de la déchéance, mais parce que la conduite de Napoléon semblait combinée pour exaspérer jusqu'à la fureur le ressentiment des vaincus. S'il eût supprimé la Prusse, morcelé ses provinces en plusieurs états ou décrété, comme il en parla un moment, que les Hohenzollern avaient cessé de régner, l'opposition qu'il eût soulevée, violente sans doute, eût été du moins gênée dans son action et n'eût pas été universelle : les

Conférence des empereurs Napoléon et Alexandre a Erfurth (sept.-oct. 1808).
(D'après le tableau de Gosse.)

ambitieux et les brouillons ne manquent nulle part, des partis se seraient organisés, des intérêts particuliers seraient nés; l'ardeur avec laquelle libéraux et féodaux auraient soutenu ou combattu les réformes introduites sous l'influence française eût, dans une certaine mesure, servi de dérivatif à la passion nationale. — Si, au contraire, il avait rappelé immédiatement ses troupes, il n'est pas impossible que la masse fût bientôt retombée dans son indifférence précédente; les peuples, même si leur éducation politique est avancée, sont trop dominés par les besoins matériels pour ne pas se consoler vite des malheurs publics; la perte de quelques provinces lointaines, la ruine de toute influence au dehors sont des blessures morales qui ne sont incurables que chez les esprits supérieurs. A Berlin alors, le parti pacifique avait pour lui l'inertie du roi chez lequel les derniers événements avaient accru l'horreur des résolutions viriles, et l'égoïsme de l'aristocratie qui s'accommodait d'une abdication humiliante à l'extérieur pour échapper à la nécessité de concessions au dedans. Malheureusement, Napoléon, qui n'avait pas osé détruire la Prusse, ne consentit pas à l'évacuer. Une des pratiques les plus fréquentes et les plus odieuses de sa politique était de ne voir dans une paix qu'un moyen de désarmer ses adversaires, afin de leur imposer ensuite d'intolérables exigences : il « fit suer au traité de Tilsit » tout ce qu'il pouvait rendre; la convention du 12 juillet 1807 subordonnait la retraite de l'armée française au payement d'une indemnité de guerre, dont ni la nature ni le chiffre n'étaient fixés. On a très vivement attaqué à ce propos la sottise du général Kalckreuth, qui avait accepté des conditions aussi vagues, et il est certain que le roi avait commis une lourde imprudence en remettant de tels intérêts à un diplomate aussi novice et aussi niais, qui comptait traiter avec Napoléon « de soldat à soldat ». Mais, en face d'un adversaire tout-puissant et de mauvaise foi, un autre aurait-il été plus heureux?

L'Empereur avait pour principe que la guerre doit nourrir

la guerre : il ne voulait pas augmenter par des exigences financières la désaffection qu'il sentait grandir en France ; c'était bien assez déjà de ses réquisitions en hommes. Lorsque Daru, le payeur général de l'armée, traversa le Rhin en 1806, sa caisse contenait en tout 24,000 francs ; tous les frais de la campagne avaient donc dû être supportés par les vaincus. Après la paix, il leur fallut, sans parler de l'indemnité dont ils avaient été frappés, continuer à entretenir et à solder toute l'armée d'occupation ; la Silésie à elle seule nourrit un moment 100,000 hommes. Les Allemands prétendent que la monarchie, sous des formes diverses, paya au moins 1,200 millions. « La France, — dit M. Max Duncker, que l'on cite toujours comme l'autorité la plus considérable dans la matière, sans doute parce que, dans ses additions un peu fantaisistes, il arrive aux totaux les plus élevés, — a reçu de la Prusse plus d'un milliard, somme qui dépassait treize années du revenu brut de la monarchie. Son crédit fut épuisé, ses établissements financiers dépouillés, son territoire soumis pendant six ans à un régime douanier combiné pour ruiner son commerce, son industrie et son agriculture. » On peut épiloguer sur les chiffres : un jeune écrivain français a récemment montré, sans assez de précision du reste, qu'il y a dans les calculs de Duncker bien des évaluations douteuses et des doubles emplois. Si l'on tient absolument à rapprocher les guerres de 1806 et de 1870, il faut d'ailleurs avant tout se rappeler que les victoires de Napoléon, en frappant de mort l'ancienne société, ont préparé la reconstitution de l'Allemagne, tandis que l'Europe n'a dû aux victoires de la Prusse contemporaine que l'établissement du régime de fer qui pèse lourdement sur toutes les nations civilisées ; il ne faut pas oublier aussi que les idées d'humanité et de justice ont pris, au xixe siècle, un rapide développement et qu'il n'est pas permis de condamner si sévèrement les rigueurs d'un despote si l'on n'a d'autre désir que de s'approprier ses pires procédés. Il est certain, dans tous les cas, quelque impossible qu'il soit d'arriver à un chiffre même approximatif au milieu de comptes que les deux partis ont volontairement embrouillés et faussés, que les redevances payées à Napoléon furent énormes et les souffrances du pays profondes.

L'Empereur cherchait, avant tout, un moyen de prolonger l'occupation. Jusqu'à Baylen, il n'avait pas désespéré d'obtenir de la complaisance du tsar et de la faiblesse de Frédéric-Guillaume la cession de la Silésie; quand il dut y renoncer, il voulut retarder le plus possible le moment où la Prusse recommencerait à exister comme puissance indépendante. Les provinces occupées, c'est-à-dire la monarchie entière moins la Prusse orientale et, à partir du 15 décembre 1807, une petite partie de la Prusse occidentale, relevaient au point de vue financier du comte Daru, qui avait sous ses ordres une véritable administration; les postes inférieurs seuls étaient restés entre les mains des nationaux, tandis que l'administrateur général, les gouverneurs de provinces, les intendants, étaient exclusivement Français. L'Empereur exerçait sur tous ses agents une active surveillance et l'employé le plus éloigné éprouvait, en songeant à lui, le même tremblement que s'il eût été en sa présence; presque tous les hommes qui furent mêlés à cette entreprise de haute spoliation étaient d'une probité scrupuleuse, la plupart modérés et bienveillants. Les écrivains les plus hostiles à la France ne citent guère d'exemples de malversations, reconnaissent qu'ils s'efforçaient le plus souvent d'apaiser le maître, Daru lui-même, sur lequel l'Empereur rejetait volontiers l'odieux de ses exigences.

Mais, quelque pitié secrète que leur inspirât le pays qu'ils étaient chargés d'exploiter, il leur fallait bien exécuter leur mission, et cette mission était de ronger la Prusse jusqu'aux os. C'est pour cela que les plénipotentiaires français suscitaient sans cesse des difficultés, soulevaient des demandes inattendues; puis, quand on leur avait donné satisfaction, l'Empereur refusait d'approuver leurs projets, traînait les choses en longueur, ouvrait de nouvelles combinaisons. Et ce jeu dura jusqu'au jour de la révolte définitive! « Quand même Daru et Stein tomberaient d'accord, écrivait un témoin bien placé pour tout voir, quand même nous payerions tout ce que réclame la France, la Prusse ne serait pas évacuée. » En vain on envoya à Napoléon le prince Guillaume pour fléchir sa colère; il ajourna la discussion, se renferma dans des déclamations oiseuses, finalement n'accorda rien. Quand l'insurrection d'Espagne l'obligea à rapprocher du Rhin son armée, il s'arrangea encore pour garder son ennemie sous le couteau. La convention du 8 septembre 1808, en fixant à 140 millions la contribution de guerre, condamnait la Prusse pendant dix ans à ne pas entretenir une armée de plus de 42,000 hommes et livrait à la France comme places de sûreté les forteresses de Custrin, Stettin et Glogau; des routes militaires assuraient la libre communication du grand-duché de Varsovie, des places de l'Oder et de Dantzig, ville libre occupée par une garnison française, avec Magdebourg, qui était une perpétuelle menace pour Berlin. Encore l'Empereur, en laissant ouvertes certaines questions, se réservait-il le moyen de soulever d'autres difficultés !

Daru (Antoine-Bruno, Comte) — 1767-1829.

« J'ai tiré un milliard de la Prusse, » disait quelques mois plus tard Napoléon à Rœderer. Argent mal acquis et qui lui coûta cher. La guerre est un état violent auquel les peuples se résignent comme à un cataclysme naturel et d'une durée limitée. Mais, une fois la paix signée, de quel droit les réquisitions se prolongeaient-elles? On avait ardemment désiré le repos, le retour à un ordre de choses régulier, la reprise du travail. Quand on s'aperçut que la soumission n'apportait aucune amélioration, un morne désespoir s'empara des âmes et s'aigrit en colère. Il y avait dans les régiments d'occupation beaucoup de recrues, beaucoup d'étrangers aussi, qui, condamnés à la guerre, lui demandaient au moins la satisfaction de leurs appétits brutaux. Les troupes de la confédération, les Wurtembergeois, les Bavarois, les Badois, vraie race de ces lansquenets qui, au début des temps modernes, ont porté si loin la renommée des mercenaires allemands, avaient hérité, comme de leur solidité sur le champ de bataille, de leur rapacité. Ils se montraient d'autant plus exigeants que leur exil se prolongeait dans un pays qui ne leur plaisait guère, et, au milieu d'une population rude et hostile; ils exagéraient par bravade leur insolence naturelle. Les Français eux-mêmes, mécontents de leur sort, blessés par l'attitude des habitants, ne montraient plus cette facilité d'humeur qui, dans le sud, avait réconcilié les vaincus avec leur malheur. Les rapports des généraux et des officiers sont unanimes à signaler l'irritation des peuples soumis à des vexations incessantes : Soult, Rapp, Mortier, Davout, attiraient l'attention de l'Empereur sur les dangers que pouvait à un moment donné créer cette hostilité générale; dans la Prusse orientale, en Poméranie, autour de Blucher, en Silésie où Gœtzen préparait ouvertement l'insurrection et ne parlait de rien moins que de couper la tête aux hommes qui s'opposeraient à une rupture avec la France, on acclamait l'héroïsme des Espagnols et on se vantait d'imiter leur exemple. Le pays foisonnait d'officiers licenciés ou renvoyés en demi-solde; désœuvrés, sans ressources, ils ne pardonnaient pas leurs misères à Napoléon et formaient le cadre naturel de l'insurrection qui, à la première occasion, devait embraser l'Allemagne entière.

Pour les patriotes en effet, le relèvement de la Prusse n'était que le prélude de l'affranchissement de la race germanique. Sous quelle forme s'opérerait la reconstitution de l'Empire? Personne ne le savait. Plusieurs, et non des moindres, bornaient alors leurs désirs à une restauration du passé, plus ou moins modifié; la plupart, tout en reconnaissant la nécessité de changements profonds, dans une généreuse imprévoyance, s'en remettaient aux événements. Tous pensaient qu'il conviendrait de rendre à l'Autriche une influence prépondérante. Cela n'effrayait personne : les vieilles rivalités se fondaient dans une fièvre commune d'indépendance, et les ambitions particularistes s'effaçaient devant la nécessité de faire corps contre l'étranger. Depuis Frédéric II, les hommes qui avaient à cœur la grandeur de l'Allemagne s'étaient habitués à placer leur foi dans la Prusse; leurs espérances n'avaient pas été ébranlées par Iéna et Friedland; mais ce qu'ils aimaient et défendaient en elle, c'était moins la Prusse que l'Allemagne. On a remarqué que la plupart des hommes qui, à Berlin et à Kœnigsberg, sont alors à la tête du parti national, n'étaient pas originaires de la monarchie, Stein vient du Nassau, Arndt de l'île de Rügen, Scharnhorst et Hardenberg sont Hanovriens, Niebuhr est Danois. Certes, leur attachement à la patrie qu'ils avaient choisie par un acte réfléchi de leur volonté libre était sincère, mais ils n'auraient pas compris que dans la crise suprême que l'on traversait elle songeât à ses intérêts spéciaux et qu'elle hésitât à se sacrifier à l'œuvre qu'ils réservaient à son dévouement. Les Vieux-Prussiens en éprouvaient une vague défiance, et leurs craintes trouvaient accès auprès du roi et de la diplomatie officielle, mais elles n'avaient aucun écho dans la masse, qui, par un de ces brusques retours habituels aux foules, entrait, après une longue période d'affaissement et de torpeur, dans une sorte de spasme patriotique.

Précipité et exalté par les violences de l'Empereur, ce revirement n'était d'ailleurs que la conséquence logique et facile à prévoir de tout le développement intellectuel et moral antérieur du pays. Il est vrai que Schlegel et ses amis, en substituant le sentiment individuel au devoir et le caprice à la règle, avaient peu à peu altéré la notion des rapports sur lesquels sont fondées toutes les sociétés humaines et en quelque sorte désarmé la nation devant l'ennemi ; mais ce n'était là que l'erreur d'un groupe de littérateurs qui, dans un premier emportement, avaient poussé à l'absurde les idées de leurs maîtres. Les peuples, avertis par le malheur, rejetèrent avec épouvante les sophismes de l'individualisme mystique dont on avait bercé leurs inquiétudes ; une fierté secrète et un instinct profond de conservation les protégèrent pourtant contre une apostasie qui, en les ramenant au rationalisme du xviiie siècle, eût impliqué un aveu d'impuissance et fermé jusqu'à l'espoir de la revanche. Ils ne s'éloignèrent pas du grand fleuve de la pensée germanique, mais remontèrent vers ses sources. Le romantisme, ramené à ses origines et purifié de ses scories, redevint ainsi une grande école de patriotisme. Il n'était, après tout, malgré ses erreurs et ses outrances, que la conclusion paradoxale de tout le travail du siècle précédent ; les divers éléments dont il représentait la synthèse, le protestantisme, la philosophie idéaliste et l'organisme de Herder, interprétés par des esprits chimériques ou étroits, s'étaient fondus dans une sorte de nihilisme politique et moral, mais il suffit, pour leur rendre leur action vivifiante, de leur restituer leur véritable valeur. S'il n'était pas téméraire de vouloir apporter trop de rigueur dans ces questions, on serait tenté de dire que la part qui revient à chacune de ces trois grandes influences dans le réveil national est en proportion directe de celle qui lui avait appartenu dans les erreurs de la période précédente.

En obligeant les fidèles à chercher en eux-mêmes la solution des redoutables problèmes qui s'imposent à la conscience affranchie, le protestantisme avait certainement contribué à surexciter l'orgueil du sens propre, et le piétisme, avec ses effusions et ses élans, l'avait encore exalté, en même temps qu'il favorisait l'invasion du sentimentalisme qui avait peu à peu ébranlé les cœurs et énervé les courages. Puis, pour retenir dans leurs églises des fidèles chez lesquels le souffle du siècle avait desséché les croyances, des théologiens de bonne volonté avaient essayé de moderniser la religion, et sous leurs mains maladroites, elle s'était flétrie et comme évaporée. Quand de nouveau sonnèrent les heures de deuil et d'épouvante, les yeux, soûls du désespoir de la terre, se levèrent vers le ciel; les plus exaltés, non toujours les plus sincères, se réfugièrent dans le catholicisme, mais l'église romaine était odieuse à la majorité des Allemands et ils refusaient d'acheter la paix de l'âme par l'abdication de l'esprit. A cette foule désorientée et anxieuse Schleiermacher offrit ce qu'elle désirait, une foi qui ne condamnait personne et qui, sans imposer aucun sacrifice à l'intelligence, réclamait du croyant une réforme de la volonté. Peu d'hommes ont eu sur l'Allemagne moderne une action aussi profonde, peu surtout nous permettent mieux de comprendre l'évolution des sentiments et des idées à cette époque; le commentateur de *Lucinde* fut ramené par les désastres de la patrie à ses premiers maîtres, les frères Moraves, mais sa conversion n'eut aucun des caractères d'une palinodie : de même que l'éloquence qu'il mettait au service de l'Évangile était tout imprégnée des souvenirs de Platon, il ne reniait ni la science ni la tolérance ; pour que l'idée religieuse fût puissante, il pensait qu'il n'était pas nécessaire et qu'il eût été dangereux qu'elle sortît de son domaine. Bientôt ses disciples remplirent les chaires et prêchèrent comme lui : pour Dieu et pour la patrie par la liberté [1].

---

1. Schleiermacher (1768-1834). Comparer la vague religiosité des œuvres antérieures à 1806 (*Discours sur la religion*, adressés aux lettrés parmi ses détracteurs, 1799)

Schleiermacher est un orateur disert, insinuant, un peu diffus et traînant ; sa logique, très subtile, n'est pas toujours très serrée ; nous éprouvons à le lire, avec beaucoup d'admiration pour tant de bonne volonté et de souplesse, l'impatience qu'inspire un dilettante de haute allure qui n'aborde jamais franchement les obstacles. Avec Fichte [1], nous sommes sur un terrain autrement solide. C'était une âme héroïque que n'effrayaient aucune vérité ni aucun devoir. L'audace n'était pas médiocre, dans Berlin regorgeant de soldats français, de parler de relèvement ; Fichte savait le danger et il l'acceptait avec la même tranquillité sereine qu'il allait quelques années plus tard soigner les typhiques dans les hôpitaux. Il mourut de son dévouement, et la fortune n'aurait su lui ménager une récompense plus digne de lui. Ce que Fichte prêche dans ses célèbres *Discours à la nation allemande* (1807-1808), c'est la puissance de la volonté : la servitude n'est réelle que du jour où elle est acceptée ; une chose est supérieure à la force d'un tyran, c'est un homme libre qui ne plie pas le genou devant lui. La philosophie de Kant, qui avait paru un moment se dissoudre dans une déification du moi, était ramenée à son dogme fécond, le culte du devoir, l'obéissance à la loi souveraine, « qui pouvait effacer de l'histoire de l'Allemagne une page qui n'était pas glorieuse et faire que ce qui était arrivé ne fût pas arrivé. »

Vous avez à choisir, disait Fichte à ses auditeurs. Si vous persistez dans votre indifférence et dans votre torpeur, tous les maux de la servitude vous attendent, les privations, les humiliations, le mépris du vainqueur ; votre peuple disparaîtra peu à peu. Votre destinée est entre vos mains.

---

au sentiment profond et à la foi vivante que nous révèlent ses écrits plus récents. Son ouvrage capital, *la Foi chrétienne d'après les principes de l'Église évangélique*, ne parut qu'en 1821, mais il avait auparavant répandu sa doctrine par ses sermons et ses discours.

1. Fichte (1762-1814) ; longtemps fidèle à la Révolution française, obligé de quitter sa chaire d'Iéna (1799), comme suspect d'athéisme et de libéralisme.

LE RÉVEIL DU SENTIMENT NATIONAL. 345

Voulez-vous être la fin d'une race méprisable et dont l'histoire, — en admettant qu'au milieu de la barbarie qui se répandra partout il y ait encore une histoire, — enregistrera joyeusement la disparition, ou bien voulez-vous être l'origine et le point de départ d'un temps nouveau, dont l'éclat souverain dépassera toutes les imaginations? Voulez-vous être ceux dont la postérité datera son salut?

Depuis des siècles, tous les liens de notre unité sont rompus ; les fragments épars du corps de l'Allemagne gisent à terre, au hasard, comme les ossements des prophètes dont parle Ezéchiel ; pendant des siècles, les pluies, les tempêtes, les rayons brûlants du soleil les ont blanchis et dévorés; mais l'haleine vivifiante du monde n'a pas cessé de souffler. Et les ossements se réuniront, et le squelette se dressera, et le cadavre recommencera une nouvelle et glorieuse existence. — A une condition : ne compter sur aucun secours extérieur. Chacun de nous tient dans sa main l'avenir ; chacun est responsable devant la postérité de la liberté de la Germanie et du salut de l'Europe ; de la volonté de chacun dépend le succès ou l'échec de la Providence, « qui a besoin, pour que l'œuvre générale du progrès

FICHTE (Jean-Gottlieb) — 1762-1814.

s'accomplisse, que les nationalités ne soient pas étouffées sous un sceptre de fer. » — « Honorez, honorez Fichte..., écrivait Rahel... ; il a fécondé mon âme, l'a prise en mariage ; il m'a crié : Tu n'es pas seule. » A la voix du prophète qui, comme jadis les voyants d'Israël, appelait à la défense des murailles le peuple effaré, un grand frisson courut dans la jeunesse et, de proche en proche, sa parole alla jusqu'au fond des lointaines provinces réveiller les énergies endormies et les cœurs somnolents.

L'influence de Herder et du romantisme, si sensible chez Schleiermacher et Fichte, est plus manifeste encore dans le grand mouvement d'érudition qui est comme la préface immédiate de l'insurrection nationale. « France, insouciante de ton histoire, dit Michelet, que de forces vives perdues par ton ignorance ! » Les savants allemands comprirent que le meilleur moyen de réveiller chez le peuple la confiance dans l'avenir était de lui rappeler la grandeur de son passé. « L'on n'estime et l'on ne craint, disait Gœrres, que l'opposition matérielle et l'on ne suppose pas qu'une autre force de résistance vit encore chez les vaincus. » En attendant de pousser au combat les cohortes reformées, on évoqua de leurs tombeaux les héros des anciens temps. En 1806, Brentano et Achim d'Arnim avaient publié, sous un titre assez bizarre, *le Cor merveilleux de l'enfant*, un recueil de chants populaires ; à leur exemple, dans les années qui suivent, le grand œuvre de reconstitution historique, qui reste le titre d'honneur le plus incontesté de l'Allemagne moderne, commence de tous les côtés à la fois : une foule de travailleurs éminents recherchent et commentent des documents oubliés, publient des poésies populaires, étudient les formes de la vieille langue. Jacques Grimm réunit les matériaux de ses *Légendes des enfants et de la maison* par lesquelles s'ouvre la série de ses admirables travaux ; Raumer, le futur historien des Hohenstaufen, écrit ses premières dissertations ; Savigny transforme les études juridiques et oppose au code Napoléon et au droit latin les coutumes germaniques ; Hagen et Büsching fondent le *Musée pour la littérature et l'art de l'ancienne Allemagne ;* les *Niebelungen,* qui, lors de leur apparition, trente ans plus tôt, n'avaient rencontré qu'indifférence et dédain, sont traduits et commentés.

Si l'on songe à l'immensité du travail entrepris et à l'importance des résultats acquis ou préparés, si l'on se rappelle que c'est aussi le moment où Zacharias Werner, le futur renégat, célèbre dans son drame de *Luther* le héros de la conscience refusant d'humilier la vérité devant l'omnipotence de Charles-Quint, et où Kleist, le plus grand poète dramatique peut-être qu'ait produit l'Allemagne, chante dans sa *Bataille d'Hermann,* la révolte contre Rome, et dans son *Prince de Hombourg* le fondateur de l'état prussien, on comprend l'espèce d'ivresse qui soulevait cette génération. « L'idéologie, écrivait plus tard un des contemporains, c'est-à-dire le nom que Napoléon donnait à la force morale qu'il rencontrait devant lui, c'est-à-dire le sens de la vérité, l'amour et la crainte de Dieu, l'instinct indestructible qui pousse à rechercher l'origine des choses, tout cela était au-dessus des atteintes de Davout et de ses acolytes, et nous pûmes ainsi garder en nous comme un intangible secret jusqu'au moment où apparurent les clartés du matin. » L'action continue et universelle de ces écrivains et de ces érudits, qui presque tous se rattachaient à l'école romantique, d'autant plus puissante qu'elle était comme indirecte et qu'elle s'insinuait sous les formes les plus diverses dans tous les cœurs, entretint l'opinion dans un état de rébellion constante et la disposa à profiter de toutes les circonstances ; ni les individus ni les nations ne peuvent rien sans la fortune, mais la fortune est changeante et elle ne se refuse pas toujours à ceux qui la sollicitent.

Les patriotes ne pouvaient trouver que dans la Prusse la force matérielle qui leur était nécessaire. Seulement, pour que les Allemands acceptassent sa direction, il était nécessaire de lui rendre l'avance qu'elle avait un demi-siècle plus tôt et qu'elle avait perdue par la faute de ses politiques. Parmi les hommes qui préparèrent son relèvement, trois noms surtout ont émergé, Stein, Hardenberg et Scharnhorst, mais ils eurent de nombreux collaborateurs. La réorganisation de l'armée eût été impossible si Scharnhorst n'avait eu pour le soutenir des hommes tels que Grolman, Götzen, Boyen surtout et Gneisenau. Les réformes de Stein et de Hardenberg furent élaborées, amendées et appliquées par des administrateurs éminents, Struensee, Altenstein, Schrötter, qui unissait à une expérience approfondie un esprit souple et juste ; Friese, travailleur acharné, qui rédigea quelques-uns des projets les plus importants ; Wilcken, à qui revient l'honneur de la grande ordonnance municipale ; Vincke, que Stein à son départ de Münster avait désigné comme son successeur, et qui, de tous peut-être, était celui qui entrait le mieux dans la pensée du ministre ; Schön, enfin, esprit ardent, systématique et passionné, que les contemporains estimaient assez pour voir en lui le continuateur naturel de Stein, mêlant à un dévouement profond pour le bien public et à une incontestable hauteur de vues beaucoup d'âpreté personnelle, et dont l'histoire proclamerait plus haut les services s'il n'avait réclamé une trop large part de gloire. Et à côté de ces noms à demi effacés, que de bonnes volontés obscures, de labeurs inconnus ! Si l'on réfléchit à ce que toute mesure qui atteint un peu profondément la vie d'une nation suppose d'études et de discussions et comment le succès dépend de l'action attentive d'une foule presque infinie d'auxiliaires consciencieux et appliqués, on pensera sans doute que ce qu'il y a de plus remarquable dans l'histoire de la Prusse à cette époque et la preuve la plus manifeste de sa force morale, ce n'est pas qu'il se soit trouvé quelques hommes supérieurs pour édicter des décrets retentissants, mais qu'ils aient rencontré et suscité assez de bonnes volontés pour traduire en faits leurs intentions.

LE RÉVEIL DU SENTIMENT NATIONAL. 319

Stein est devenu chez les historiens modernes une sorte de personnification du patriotisme allemand; on le propose à l'adoration des peuples, et toute réserve paraît une injure. Les contemporains étaient moins intransigeants, et tout en louant son énergie, la droiture de sa pensée et la sincérité de ses convictions, ils lui reprochaient une certaine intempérance de la volonté et quelque manque de mesure. C'était un admirable faiseur d'esquisses, plus puissant dans la conception que dans l'exécution : il aimait, suivant les paroles de Raumer, à emporter d'assaut de grandes victoires administratives, mais les détails et les luttes journalières le lassaient vite. Schön l'accusait de « manquer de philosophie », et il est vrai qu'il ne rattachait pas toujours ses actes à des principes

STEIN (baron de) — 1756-1831.

bien définis et que ses réformes étaient plutôt chez lui l'effet d'une poussée généreuse du cœur que d'une conviction claire et précise. Plus d'une fois aussi il se repentit de ses hardiesses et recula devant les conséquences naturelles de ses actes. Ce ministre, en qui l'on salue le libérateur des opprimés et des serfs, était un aristocrate; si Kant lui avait enseigné le sacrifice et la soumission au devoir, il se rapprochait bien plus encore des romantiques par son admiration pour le moyen âge, par son culte de la tradition, par ce qu'il y avait de confus dans ses aspirations et d'incohérent dans ses vues, par ses procédés d'action, enfin, qui sont d'un inspiré plus que d'un homme d'état. Par ces tendances fondamentales de son esprit plus encore que par la rapidité de sa chute ou les soucis de l'occupation française s'expliquent les résultats incomplets de son administration, les traces d'incertitude et de précipitation si frappantes dans les lois qu'il signa, l'opposition que rencontrèrent plus tard chez lui Hardenberg et les hommes qui ne faisaient cependant que continuer son œuvre.

Les trois grandes séries de mesures, relatives à la condition des paysans, à la réorganisation administrative et aux municipalités urbaines, dans lesquelles se résume son ministère, n'en constituaient pas moins de remarquables progrès. La plus radicale, celle qui affranchissait les villes de la lourde tutelle que leur avaient jusqu'alors imposée la royauté ou les seigneurs, n'était, à ses yeux, que l'amorce d'une révolution politique et morale par laquelle il se proposait de rendre à l'état une nouvelle vie en affranchissant les énergies individuelles. « En écartant les propriétaires de toute participation aux affaires, écrivait-il en 1807 dans un document essentiel pour l'histoire de ses idées, on tue l'esprit public, on entretient le mécontentement, on multiplie les fonctions et on rend l'administration plus coûteuse »; pour rattacher le peuple au roi, le détourner de l'égoïsme ou des rêveries creuses, il faut lui donner le goût et l'habitude du *self-government*. L'ordonnance municipale, si elle eût été maintenue dans ses termes primitifs, eût assuré aux communes une véritable autonomie. Stein ne se demandait pas dans quelle mesure les exigences de l'état moderne s'arrangeraient de cette indépendance des villes; son optimisme admettait le concours volontaire de toutes les forces unies dans une même tension de patriotisme. Ses successeurs, moins confiants, accrurent les droits de l'autorité centrale, restreignirent le rôle du peuple dans les élections et mutilèrent à tel point son projet qu'on ne saurait prétendre qu'il ait exercé une action sérieuse sur le développement de la Prusse.

La grande ordonnance sur la réforme administrative contenait d'importantes améliorations. En supprimant le cabinet du roi et en organisant les cinq ministères de la guerre, de la justice, des finances, des affaires étrangères et de l'intérieur, elle facilitait l'expédition des affaires, diminuait les conflits de compétence et permettait d'introduire dans la politique générale cet esprit de suite et de cohésion dont l'absence avait été si funeste; l'unité du royaume était cimentée plus solidement par la disparition des ministres provinciaux, restes gênants d'une tradition pseudo-féodale; les pouvoirs des *gouvernements*, qui remplacèrent les anciennes *chambres des finances et des domaines*, étaient mieux réglés; la justice, séparée de l'administration.

Le décret du 9 octobre 1807, que complétèrent diverses ordonnances, est plus célèbre encore : il proclamait en principe l'abolition de la sujétion héréditaire et affranchissait la propriété foncière des restrictions légales qui en avaient jusqu'alors empêché la libre transmission; la franchise personnelle des paysans était reconnue et le travail affranchi des règles les plus oppressives qui avaient jusqu'alors gêné le commerce et l'industrie. N'oublions pas que les trois quarts du pays étaient alors entre les mains de l'étranger, que Stein était aux prises avec les plus graves difficultés extérieures, qu'il était mal soutenu par le roi, qu'il avait à lutter contre une opposition furibonde. L'homme qui, au milieu de tels orages, conservait les longs espoirs et les vastes pensées, était certainement une âme héroïque. Il est moins certain que ce fût un esprit de tout premier ordre. Non seulement, en effet, la plupart des réformes qu'il accomplissait étaient depuis longtemps sollicitées par l'opinion et elles n'étaient en somme que l'application des principes de la Révolution; mais encore, et M. Cavaignac l'a prouvé clairement, on ne saurait comparer ces décrets incomplets et partiels aux ordonnances libératrices de la Constituante : « Si l'habitant des villes avait obtenu une large part d'action politique, le paysan demeurait non seulement aussi éloigné que jamais de la propriété, mais il demeurait en droit et en fait écrasé par l'oppression sociale et politique de l'aristocratie foncière, et l'édifice féodal était, en dehors du domaine royal, à peine entamé ». (Cavaignac, p. 484.) Il est vrai que l'état social de la France avant 1789 était beaucoup plus avancé que celui de la Prusse en 1806, que la propriété individuelle y était depuis longtemps constituée et qu'il ne restait plus qu'à détruire les privilèges des classes supérieures, ce qui était une tâche relativement aisée.

L'erreur serait grave et l'injustice profonde de mesurer l'action de Stein aux résultats matériels et immédiats de ses édits. Bien que sa sympathie pour les humbles fût sincère, ce qu'il recherchait dans leur libération, c'était avant tout un réveil de l'esprit public. La liberté n'était pour lui qu'un moyen, non un but. Les historiens allemands n'ont pas tort à ce point de vue quand ils se refusent à voir en lui un disciple timoré de la Révolution : très différent de Hardenberg, qui suivait avec tant d'attention les réformes de Montgelas et de Jérôme, et qui porta au vieil édifice féodal des coups mieux assénés, son éducation, ses origines, ses tendances philosophiques l'éloignaient des rationalistes ; ce qui l'intéressait, c'était moins le bien-être de l'individu que la vigueur morale de l'état ; sa conception politique, s'il est permis de se servir d'une expression trop moderne, était essentiellement socialiste. Il y avait évidemment quelque illusion dans l'idée qu'il se formait du patronage des seigneurs et dans son espoir d'obtenir un grand effort d'une nation encore soumise aux corvées et aux justices patrimoniales, mais il y portait une telle chaleur d'âme et une telle générosité qu'il se dégageait de lui comme une flamme de vie et d'espoir. Ses adversaires l'accusaient volontiers de se plaire surtout aux manifestations platoniques, et il ne s'en défendait pas très vivement; ce qu'il fallait avant tout à cette génération si durement éprouvée, c'était une foi et un idéal, et jamais chef n'exerça sur les cœurs une action plus intense. Il fut sans doute heureux pour sa renommée et pour la Prusse qu'il ne conservât pas trop longtemps la direction des affaires, — les prophètes s'usent vite au pouvoir, — mais sans l'élan qu'il donna, la monarchie eût eu grand'peine à sortir de l'ornière où elle s'enlisait.

Scharnhorst, avec la même passion patriotique, avait la tête plus froide et l'esprit plus clair. Longtemps avant les désastres, il avait compris que les institutions militaires de la Prusse ne répondaient plus aux conditions nouvelles de la guerre.

Scharnhorst (Gerhard-David von)
1756-1813.

Les vieux généraux raillaient ce Cassandre, pédagogue manqué, peu soigné de sa personne, courbé, embarrassé et raide dans ses allures et ses discours : il prouva, à Eylau, que sa science n'était pas purement théorique; son expérience et sa hardiesse, l'ampleur de ses vues et sa connaissance des détails, sa puissance de travail et l'ardeur de ses convictions obstinées firent de lui le chef de tous ceux qui réclamaient une transformation radicale de l'armée. Il triompha de la routine des états-majors et des timidités du roi, non pas assez pour réaliser toutes ses idées, assez du moins pour supprimer les abus les plus redoutables.

Une commission militaire rechercha et punit les défaillances de 1806 et de 1807 : innovation grave dans un pays où le code ne prévoyait même pas qu'un officier pût être poursuivi! Le haut état-major fut en grande partie renouvelé, les règles d'avancement modifiées encouragèrent l'esprit de travail et facilitèrent l'arrivée aux grades supérieurs des sujets les plus distingués. On ne créa pas encore une armée véritablement nationale et on n'osa pas supprimer les exemptions des classes supérieures, mais on rendit possible l'établissement du service obligatoire en abolissant les coutumes et les règlements qui le rendaient odieux. Les enrôlements étrangers furent abandonnés et les peines corporelles, plus rares, furent aussi plus modérées; l'armée, qui était devenue un bagne, dut devenir une école où les soldats apprirent l'amour de la patrie et le respect du devoir. Les capitaines cessèrent d'être des entrepreneurs qui spéculaient sur les congés et l'entretien de leurs hommes, et les grades d'officiers ne furent plus la propriété presque exclusive de la noblesse. L'administration militaire fut simplifiée, les bagages allégés, les manœuvres et les exercices mieux combinés en vue d'une instruction sérieuse. La détresse financière d'abord, puis la défiance de Napoléon amenèrent l'adoption du fameux système des *Krumpers;* au lieu de maintenir pendant la période réglementaire les soldats appelés sous les drapeaux, on les envoyait en congé dès qu'ils avaient quelque connaissance du service et on les remplaçait par de nouvelles recrues; chaque année, on détachait dans les cantons des officiers qui, les jours fériés, exerçaient les soldats en permission illimitée et maintenaient chez eux l'esprit militaire. Non seulement on eut ainsi sous la main une masse considérable d'hommes qui pouvaient, au premier appel, constituer une armée redoutable, mais, en imposant aux officiers un labeur acharné, on éleva leur esprit et leur cœur et on réconcilia la nation avec un régime qui ne lui demandait que le minimum indispensable de sacrifices.

Scharnhorst se hâtait, parce que l'heure de la lutte suprême lui semblait prochaine. Dès l'automne de 1808, les chefs de la résistance étaient prêts à accepter le combat. Une rupture entre la France et l'Autriche était imminente : l'Allemagne devait réunir ses forces pour un combat désespéré. On attribue souvent la fermentation qui agitait le pays à la ligue de la Vertu, au Tugendbund. Non seulement les généraux et les administrateurs français, mais, ce qui semble plus étrange, les Autrichiens, étaient fort émus des manœuvres de cette ligue, dans laquelle ils voyaient comme une résurrection du club des Jacobins et à laquelle ils prêtaient les plus noirs desseins et les plus lointaines ramifications. Tout cela était fort exagéré : formé par quelques francs-maçons de Königsberg, le Tugendbund, dans la pensée de ses premiers membres, Lehmann, Bardeleben et Bärsch, devait être « une véritable assemblée populaire dans la main du roi, s'il en a besoin. » Le vague nuageux de ses projets, la puérile et mystérieuse complication de ses statuts, la naïveté sentimentale et déclamatoire de ses principaux adeptes déplurent fort aux hommes d'état auxquels il offrait son appui ; Stein, qui a longtemps passé pour son véritable chef, lui était très hostile, et s'il n'eût tenu qu'à lui, le roi eût refusé d'en approuver les règlements ; Scharnhorst ne lui était pas plus favorable, et les directeurs les plus écoutés de l'opinion n'y adhérèrent jamais. Cet étalage amphigourique de bonnes intentions séduisit Frédéric-Guillaume, et l'esprit romanesque de la reine fut ravi par ce petit jeu de conspirateurs enfantins. L'association se répandit dans la plupart des villes importantes et compta jusqu'à sept cents affiliés ; mais quand, en 1810, le roi, peut-être sur une injonction de Napoléon, la supprima, elle disparut sans protestation. Son influence morale ne fut peut-être pas aussi insignifiante que son action réelle : la terreur singulière qu'elle inspirait aux Français, les allures affairées et importantes des affidés, qui se démenaient maladroitement, répandirent dans la foule ignorante et crédule la conviction qu'elle représentait un pouvoir formidable, et la pensée qu'elle avait assez de puissance pour provoquer un soulèvement général, était à elle seule un encouragement et une consolation.

A côté du Tugendbund s'étaient constituées d'ailleurs, dans une grande partie de l'Allemagne et en particulier en Westphalie, des associations que rapprochaient leurs douleurs et leurs désirs communs. Les officiers en demi-solde, les employés congédiés, les étudiants, en formaient le noyau ; dans presque chaque ville, des conciliabules étaient en relation avec Stein : « L'agitation en Allemagne augmente tous les jours, écrivait-il le 15 août 1808, et il faut la soutenir et la répandre ; je désire beaucoup que l'on conserve les relations avec la Hesse et la Westphalie et que l'on s'y prépare à de certains événements. » La police française, mise sur la voie par le parti féodal, qui reprochait à Stein d'avoir déchaîné sur la Prusse infiniment plus de maux que l'occupation étrangère, arrêta le porteur imprudent de cette imprudente missive. Le prétexte était bon pour Napoléon d'épouvanter par un coup de tonnerre les conspirateurs dont il surveillait depuis longtemps les menées. Le 8 septembre 1808, le *Moniteur* publia la lettre de Stein en l'accompagnant de paroles sévères : Frédéric-Guillaume essaya quelque temps de conserver son ministre, non par affection, — il ne le comprenait ni ne l'aimait, — mais par inertie, horreur du changement, peur des résolutions définitives. Stein se cramponnait au pouvoir, s'efforçait d'entraîner le roi à la guerre. Napoléon n'oubliait ni ne pardonnait : « Il faudrait, écrivait-il le 21 novembre 1808, dans son troisième bulletin d'Espagne, que les hommes comme M. de Stein, qui, à défaut des troupes de ligne qui n'ont pu résister à nos aigles, méditent le sublime projet de lever des masses, fussent témoins des malheurs qu'elles entraînent et du peu d'obstacles qu'elles opposent à des troupes réglées. » Trois jours plus tard, Stein, abandonné par le roi, quittait le ministère et, le 16 décembre, un décret impérial déclarait « le nommé Stein ennemi de la France et de la Confédération; ses biens seraient confisqués et sa personne saisie partout où il pourrait être atteint par les troupes de l'Empereur et de ses alliés. »

Frédéric-Guillaume ressentit cruellement la nouvelle injure qui le frappait, mais il était décidé à tout pour éviter une rupture qu'il jugeait prématurée. Il avait fait un système de ses timidités, résolu à ne reprendre le combat que le jour où il aurait de son côté toutes les chances de succès, se défiant « des honorables passions qui déjà avaient amené la monarchie à sa ruine ». Son âme naturellement médiocre et son cœur sec ne s'élevaient pas au-dessus des combinaisons traditionnelles de la diplomatie et, comme il n'avait aucune ambition grandiose, il se refusait à risquer comme enjeu de l'affranchissement de l'Allemagne l'avenir de sa dynastie : « C'est en vous seul, sire, écrivait-il au tsar le 27 juin 1807, que je dépose toute ma confiance et que j'espère être redevable de l'existence future de ma monarchie. » Ces mots pourraient servir d'épigraphe à l'histoire de sa politique entière. Dès qu'il fut sûr qu'Alexandre ne romprait pas ouvertement le pacte d'amitié qu'il avait renouvelé à Erfurt avec la France, il n'eut plus qu'une pensée, désarmer la colère de Napoléon.

Les plus impatients ne reculaient pas devant la pensée de lui forcer la main, et ils comptaient sur le soulèvement de l'Allemagne pour entraîner la Prusse. L'heure n'était pas encore venue, et les insurrections, si elles prouvèrent le peu de solidité de l'édifice artificiellement maintenu par le génie de l'Empereur, révélèrent aussi les illusions dont s'étaient bercés ses ennemis. Ce premier essai de révolte nationale prit de ses chefs, dont elle refléta exactement les tendances, quelque chose de factice et comme de littéraire. Organisée par deux chevaliers d'empire, Stein et Stadion, préparée par des hommes chez lesquels se combinaient avec des aspirations très hardies des superstitions puériles, n'offrant aux peuples pour prix de leur dévouement que la restauration d'un passé condamné sans retour, la guerre de 1809 n'émut réellement les passions que dans le Tyrol, loyaliste et catholique; l'Allemagne du nord, par une instinctive défiance de l'Autriche, se réserva.

Après le traité de Presbourg, l'empereur d'Autriche s'était séparé de Colloredo et de Cobenzel, et il avait confié à Stadion la haute direction des affaires. Élève de Göttingue comme Stein, généreux et ardent comme lui, Stadion avait essayé de souffler une âme à ce grand corps de l'Autriche qui gisait exsangue sur le sol; il y avait parfaitement échoué. D'abord, comme beaucoup des hommes d'état qui lui ont succédé, il la connaissait fort mal, puis il avait à compter avec le souverain, qui, entouré de confidents aussi médiocres d'esprit que de cœur, avait horreur de toute innovation et dont l'inertie offrait à la paresse ou à l'ignorance des employés un appui discret et sûr. Si Stadion eût essayé d'ailleurs de pousser les choses à fond, le résultat de ses efforts l'eût sans doute très étonné. Ni les Hongrois, ni les Croates, ni les Polonais ou les Tchèques n'avaient intérêt à ressusciter l'Allemagne dont la grandeur s'était fondée sur leur servitude. En dépit des déclamations de quelques illuminés, une guerre de l'Autriche contre la France ne pouvait être qu'une guerre politique et non nationale, gouvernementale et non populaire.

Ce n'est pas à dire que l'Autriche fût un adversaire méprisable. La réorganisation militaire, commencée après Presbourg, avait été précipitée depuis les événements d'Espagne. La tragédie de Bayonne avait terrifié la cour, convaincue que Napoléon avait le dessein arrêté de détrôner toutes les anciennes dynasties, et ni les promesses très sincères de l'Empereur, ni les représentations, beaucoup trop indécises d'ailleurs et caressantes d'Alexandre, ne la détournèrent d'un coup de tête; par crainte d'un péril imaginaire, elle alla au-devant de la plus redoutable des catastrophes. — Comme d'habitude, une fois les vaisseaux brûlés, cette belle ardeur tomba : Stadion, qui voulait précipiter les événements pour surprendre les Français, soulever l'Allemagne et entraîner la Prusse, était fort mal servi par l'archiduc Charles, timide, incertain, qui ne sut pas même profiter des maladresses de Berthier. Ses lenteurs laissèrent à l'Empereur le temps d'arriver et, dans une campagne qui passe à juste titre pour une de ses plus admirables conceptions, après

STADION (1763-1824).

avoir défait l'archiduc Louis et le général Hiller à Abensberg, et avoir rejeté sur Landshut l'aile gauche autrichienne, il se retourna sur le généralissime et le battit à Eckmühl et Ratisbonne (20-25 avril 1809). Pendant que l'archiduc, réfugié en Bohême, engageait son frère à implorer la paix, Napoléon s'emparait de Vienne et entrait en communication avec Marmont et le prince Eugène, qui poussaient devant eux l'archiduc Jean.

Stadion avait commis une faute lourde en dirigeant ses

troupes sur l'Allemagne du sud. Non pas que les éléments de mécontentement y fissent défaut : à Landshut, on avait vu les femmes des professeurs applaudir avec frénésie les régiments autrichiens ; à Nuremberg la population avait arraché les armes bavaroises; à Ansbach, dans nombre d'autres villes, des manifestations semblables s'étaient produites. Détail plus grave : les adversaires de Montgelas avaient l'oreille du prince héritier de Bavière et ils comptaient d'assez nombreux partisans dans l'armée, où des rivalités entre les commandants bavarois et français entretenaient un sourd mécontentement : on parla même de complots, de projets de défection qu'aurait favorisés le débarquement d'un corps anglais à Trieste. Stadion n'en exagérait pas moins étrangement la réalité quand il écrivait avant la déclaration de guerre : « L'invasion ne rencontrera qu'une très faible résistance ; les esprits sont extraordinairement bien disposés. » Il fallait compter ici avec le sentiment particulariste très vif des populations, avec les vieilles rancunes contre les Autrichiens, avec les gouvernements aussi, solidement établis, très vigilants, qui ne pensaient pas, sans doute, que leur alliance avec la France dût être éternelle, mais qui ne voulaient pas se laisser forcer la main et dont l'orgueil se révoltait à la pensée que des sujets prétendissent « faire prévaloir leurs propres opinions sur celles des personnes qui sont appelées à diriger les affaires publiques, manière de penser qui a détruit bien des états, et en détruira bien d'autres ». L'Autriche, en somme, retrouva les sympathies de son ancienne clientèle impériale, les chevaliers immédiats, les princes dépossédés, les nobles qui regrettaient leurs privilèges ; le gros du peuple lut les proclamations lyriques de l'archiduc, hocha la tête et ne bougea pas ; au lieu des soldats de l'avenir qu'évoquait Stadion, des ombres seules accouraient.

L'insurrection du Tyrol, plus grave que les séditions qui éclatèrent çà et là en Bavière et en Wurtemberg, ne fut aussi cependant qu'une grande émeute réactionnaire, dans laquelle

Andreas Hofer. (D'après une gravure allemande de l'époque.)

se mêlaient les haines séculaires des montagnards contre les habitants de la plaine bavaroise, les rancunes des prêtres dépouillés de leur autorité et les vieux souvenirs d'attachement des clans pour leur seigneur. Dans cette combinaison de fanatisme et de féodalité pas la moindre trace de patriotisme allemand. Les révoltés écartent les officiers autrichiens, élisent pour chefs leurs voisins, un aubergiste, André-Hofer ; un capucin Caspinger, qui fut l'âme véritable de la révolte ; un ancien étudiant d'Innsbruck, le major Teimer. Braves gens, à courte vue, d'un héroïsme modéré. L'aubergiste de la vallée du Passyrthal, André Hofer, que la légende a transfiguré et qui mourut bien, victime des promesses au moins imprudentes du gouvernement de Vienne, avait été désigné au choix de ses concitoyens par ses nombreuses relations et sa barbe magnifique. Toutes les fois qu'il voulut sortir de ses montagnes, il suffit de quelques bataillons de dépôt pour le refouler. A plusieurs reprises cependant, il avait réussi à chasser les Bavarois du Tyrol, et il y exerça pendant plusieurs mois une patriarcale dictature. Napoléon raisonnait en tacticien quand, dédaignant ces guérillas, il réunissait toutes ses forces pour frapper au cœur l'ennemi. Mais, sans portée militaire, ces échecs partiels agitaient l'opinion, montraient que derrière le rideau de l'armée impériale il n'y avait plus de réserves, confirmaient la leçon que l'Espagne avait offerte au monde.

Dans les bassins de l'Elbe et du Weser, dans les anciennes provinces prussiennes surtout et dans la Hesse, où les paysans, très conservateurs, gardaient à leur électeur une affection qu'il ne méritait guère, — quand on lui demanda son concours, il offrit une traite de 30,000 thalers, « payable après le succès », — Scharnhorst, Gneisenau, le gouverneur militaire de Berlin, Chazot, Blucher, Götzen, Grüner, ministre de la police, qui tenait entre ses mains tous les fils de la conjuration, avaient préparé une formidable levée de boucliers. Des émissaires secrets parcouraient le pays, répandaient les pamphlets belliqueux, distribuaient les rôles, encourageaient les chefs désignés, annonçaient l'arrivée des Autrichiens et le débarquement des Anglais. Mais les Autrichiens ne parurent pas; les Anglais, malgré les supplications de Gneisenau, n'entrèrent en campagne que fort tard et, uniquement soucieux de leurs intérêts immédiats, mal renseignés, dirigèrent leur attaque vers les bouches de l'Escaut. L'abandon de leurs alliés, les

Exécution d'A. Hofer dans les fossés de Mantoue.

succès foudroyants de Napoléon et l'indifférence de Frédéric-Guillaume déconcertèrent les conspirateurs; au lieu d'une insurrection générale, on n'eut qu'une série d'échauffourées, dont l'échec était fatal et dont la répression fut facilitée par ces imprudences de détail et ces incertitudes d'exécution qu'il est si difficile d'éviter dans de semblables conjonctures; elles n'en jetèrent pas moins la terreur parmi les vassaux de Napoléon et semblent la répétition générale du drame de 1813.

Le 3 avril 1809, avant même que les hostilités eussent

commencé en Bavière, un officier prussien, Katt, entraîna quelques dizaines d'hommes et s'empara de Stendal ; sa bande fut facilement dispersée ; il parvint avec quelques soldats à rejoindre le corps de volontaires que le duc de Brunswick-Œls formait en Bohême. Bercagny, le ministre de la police westphalienne, à qui cet incident aurait dû donner l'éveil, maladroit et tatillon, n'en fut pas moins complètement surpris par les événements. Un colonel de la garde de Jérôme, Gaspard de Dörnberg, était à la tête d'un complot qui avait des ramifications fort étendues et comptait parmi ses affiliés quelques-uns des plus hauts fonctionnaires du royaume ; il voulait entraîner l'armée et enlever Jérôme dans Cassel. La hâte imprudente d'un juge de paix, un certain Martin, dont le courage s'évaporait en paroles et dont le rôle par la suite fut plus que suspect, compromit l'entreprise. Le 22 avril, quelques paysans se rassemblèrent en tumulte dans les environs de Cassel et Dörnberg se mit à leur tête. Bien que cette explosion prématurée eût enlevé aux conspirateurs leurs meilleures chances de succès, pendant les premières heures la confusion fut extrême à la cour : le sang-froid et la présence d'esprit de Jérôme sauvèrent la situation ; les troupes régulières lui restèrent fidèles et la population de la capitale ne bougea pas. Quelques bordées de mitraille dispersèrent la cohue des paysans ameutés. Le gouvernement affecta de ne voir là qu'une alerte sans importance. Confiance de commande que démentaient les lettres confidentielles de Jérôme à son frère ; il avait jugé prudent d'envoyer sa femme à Mayence et le général Éblé écrivait que jamais la Westphalie n'avait été si près d'un soulèvement général.

On commençait à peine à se remettre de cet émoi qu'un autre danger surgissait. Parmi les officiers, qui, au milieu des désastres de 1806, avaient sauvé l'honneur des armes prussiennes, Schill était un des plus en vue. On lui attribuait le mérite de la défense de Colberg, et Gneisenau, qui en était le

LE RÉVEIL DU SENTIMENT NATIONAL. 335

véritable héros, s'était volontairement effacé devant ce jeune homme, « dont la popularité pouvait rendre de grands services à la cause allemande ». Le roi avait récompensé ses services, en réalité assez modestes, en lui accordant la faveur de rentrer le premier dans la capitale, après la paix. Il devint l'objet d'un engouement général : « Les élégantes portaient son portrait ou son chiffre pendant à un collier de fer ; la mode des ornements de femmes en fer date de cette époque. » Toute cette fumée de gloire grisa cette tête légère ; Beugnot nous raconte que, quand il exerçait son régiment sur les places de Berlin, « il indiquait la position qu'il fallait donner au sabre pour couper la tête d'un Français et comment, en reprenant la deuxième position, on coupait encore la tête à un Français ».

Schill (Frédéric).

Quoi qu'il faille penser de l'anecdote, il est certain qu'il se croyait tenu de justifier par un coup d'éclat l'enthousiasme qui s'attachait à lui. Le 28 avril, sous prétexte d'une promenade militaire, il sortit de Berlin à la tête de son régiment de hussards, et, à quelque distance de la ville, il annonça à ses hommes qu'on allait commencer la guerre contre Napoléon ; ses soldats, persuadés qu'il agissait sur l'ordre du roi, répondirent par des acclamations. Sur ces entrefaites arriva la nouvelle de la retraite de l'archiduc Charles :

Schill, trop compromis pour reculer, résolut du moins de mourir glorieusement. Ses qualités militaires étaient médiocres et l'impéritie des généraux westphaliens, dont les troupes étaient d'ailleurs faibles et de qualité inférieure, lui permit seule de tenir quelque temps la campagne. Il occupa un moment les capitales des ducs d'Anhalt, traversa Hall, Halberstadt et porta la terreur dans Cassel; sur son passage il rencontra quelques sympathies, mais de très rares adhésions. Il s'empara de Stralsund, dont il avait juré de faire une nouvelle Saragosse; mais Gratien, qui accourait avec 6,000 Hollandais, enleva la ville et Schill fut tué pendant l'assaut (31 mai).

Ces prises d'armes incohérentes servirent en définitive Napoléon. Quand, en effet, la nouvelle se répandit que les 21 et 22 mai il avait subi à Essling un sérieux échec et qu'on le vit, pour la première fois, reculer devant l'ennemi, les courses de Katt, de Dörnberg et de Schill avaient déjà débarrassé le pays des éléments les plus turbulents et laissé le reste de la population dans cet état de prostration qui suit toujours les efforts malheureux. Un corps autrichien d'une dizaine de mille hommes tenta bien une diversion vers la Saxe et la Franconie; mais si les Franconiens restaient favorables à la Prusse, les Saxons n'avaient aucune raison de se plaindre de la France, et nulle part l'ardeur belliqueuse n'était aussi tiède : l'extrême timidité des généraux autrichiens permit d'ailleurs à Jérôme de protéger ses frontières jusqu'à Wagram. Même après l'armistice de Znaym, le duc de Brunswick refusa de désarmer; à la tête de la légion Noire, dont les uniformes noirs à revers blancs et les shakos agrémentés de têtes de mort séduisaient les jeunes romantiques et que les débris des bandes de Dörnberg et de Schill portèrent à environ 2,000 hommes, il pénétra dans Brunswick, l'antique capitale de ses ancêtres, et, grâce à la lenteur et à la désunion des généraux qui le poursuivaient, atteignit la côte, où des vaisseaux anglais les recueillirent. Cet incident fut plus particulièrement désagréable à Napoléon, mais à ce moment l'Autriche gisait abattue à ses pieds.

Malgré Wagram et l'armistice de Znaym, Stadion s'obstinait à ne pas croire la partie perdue ; il prolongea les négociations

MORT DE SCHILL.
(D'après une gravure allemande de l'époque.)

dans l'attente d'incidents favorables, une victoire des Anglais en Espagne, un débarquement dans l'Allemagne du nord, surtout un revirement dans les dispositions du roi de Prusse : mais les Anglais étaient forcés de se replier en Portugal, l'expédition de Flessingue avait échoué ; Frédéric-Guillaume, un moment ébranlé par Essling, mais justement froissé de la réserve inexplicable de l'Autriche à son égard, s'entêtait dans une neutralité morose. François se rendit à l'opinion de l'archiduc Charles, qui recommandait la paix, et Stadion passa la main à Metternich, plus souple, moins impatient. Napoléon, de son côté, faisait quelques légères concessions plutôt que de braver les difficultés d'une nouvelle campagne.

La bataille de Wagram avait été très sanglante, chaudement disputée; l'Empereur avait été frappé de cette victoire sans trophées: « On voit bien que vous n'étiez pas à Wagram », disait-il un peu plus tard à un de ses ministres qui prétendait que l'Autrichen'existait plus comme puissance militaire. Si son génie n'avait pas faibli, il n'avait plus avec lui les soldats d'Austerlitz et d'Iéna : pour remplacer les régiments que dévorait l'Espagne, il avait appelé trop de recrues, trop d'étrangers aussi, et s'il obtenait de ses soldats improvisés des efforts prodigieux, ils sortaient épuisés de ces brusques élans; avec de pareilles troupes, il fallait prévoir de redoutables surprises, des défaillances imprévues qui compromettaient les plus admirables manœuvres ou en diminuaient les résultats. Le pillage et la maraude ruinaient les régiments : « La terreur nous précédait, la dévastation nous suivait, écrit un témoin oculaire, favorable d'ailleurs à l'Empereur. Sur le pays ennemi, plus de distri-

METTERNICH (prince de) — 1773-1859.

butions aux troupes. Tout appartient au soldat, fourrage, linge, vêtements, vivres, or, argent ; il prend tout ce qu'il trouve. On n'ordonne pas le pillage, mais on le tolère. L'avant-garde s'empare du meilleur, le centre glane, l'arrière-garde tire la langue et incendie de colère toutes les maisons où elle ne trouve rien ». La guerre, qui depuis longtemps n'était plus populaire en France, commençait à ne plus l'être autant dans l'armée ; si l'entrain se maintenait parmi les officiers inférieurs, les généraux, rassasiés de gloire et gorgés de titres, aspiraient au repos. Le témoignage formel de Marbot ne permet plus de croire que Lannes mourant ait supplié l'Empereur de renoncer à son système de conquêtes perpétuelles ; le bruit en courut, du moins. On racontait aussi que les maréchaux s'étaient rendus

LANNES (Jean) — 1769-1809.

en corps auprès de Napoléon et lui avaient déclaré qu'ils ne le suivraient pas dans une nouvelle campagne. Le fait seul que de semblables anecdotes trouvassent quelque créance prouve qu'une modification grave s'était produite dans l'esprit des troupes : elle se manifestait aussi par des tiraillements entre les officiers supérieurs, des rivalités entre les Français et les Confédérés.

Symptômes d'autant plus redoutables que la résistance devenait plus tenace. Les soldats autrichiens avaient fait preuve d'une solidité singulière. A Vienne, où les passions ne sont pas violentes et où le gouvernement avait évité tout ce qui aurait pu les exalter, la déconvenue causée par les défaites s'était traduite surtout en railleries contre la cour : les bourgeois se racontaient que François, après avoir suivi de loin la bataille de Wagram, quand, à la fin de la journée, il avait vu Davout reprendre l'offensive, tandis que Masséna après une héroïque résistance, refoulait l'archiduc et enlevait Essling, s'était retourné tranquillement vers ses compagnons en disant : « La bataille est perdue, allons dîner »; ils se passaient une caricature où l'on voyait une vieille femme qui, une lanterne à la main, fouillait les décombres des remparts que Napoléon avait fait sauter avant d'évacuer la ville : « Que cherchez-vous par là? — L'archiduc Régnier, qui avait promis de s'ensevelir sous les ruines de la capitale. » Et cependant les Français constataient avec inquiétude que l'attitude des habitants était tout autre qu'en 1805. « L'esprit des Viennois est détestable, écrit un officier; ils insultent nos militaires qu'ils voient se traîner sanglants à l'hôpital; les capucins excitent les femmes à maudire les Français. » Marbot, que l'on ne suspectera pas de pessimisme, raconte que le 6 juillet, « lorsque les Viennois, qui du haut des remparts assistaient à la bataille, virent l'aile droite de l'armée autrichienne refouler notre aile

Masséna (1758-1817).

gauche qui perdait beaucoup de terrain, une joie frénétique éclata parmi eux ; des milliers d'hommes et de femmes agitaient leurs chapeaux et leurs mouchoirs pour exciter encore le courage de leurs troupes victorieuses sur ce point. » Héroïsme facile sans doute, mais dans un tel milieu les moindres manifestations prennent un sens plus grave. Varnhagen dans ses *Souvenirs* nous raconte la joie avec laquelle on saluait au milieu des uniformes étrangers son uniforme autrichien.

Si de pareils sentiments se révélaient dans un pays de races mêlées, où la conscience publique était comme nouée par des siècles de servitude, on devine sans peine l'état d'esprit des contrées véritablement allemandes. Le 12 octobre 1809, comme l'Empereur passait une revue à Schönbrunn, un jeune homme mit une telle insistance à se rapprocher de lui que Rapp et Berthier s'inquiétèrent; arrêté, on trouva sur lui un long couteau de cuisine : il déclara que son intention était de tuer Napoléon : « Pourquoi vouliez-vous m'assassiner ? — Parce que vous êtes le malheur de ma patrie. — Si je vous faisais grâce ? — Je recommencerais. » Il avait dix-huit ans, très pieux, l'air très doux. On le fusilla, en recommandant à tous le plus grand silence sur l'incident. « Il est inouï, disait l'Empereur à Rapp, qu'un jeune homme de cet âge, un Allemand, un protestant, de bonne éducation, ait voulu commettre un tel crime. » Il en éprouva un trouble durable : « Hâtons-nous de sortir d'ici, aurait-il dit; autrement, nous serons entourés de mille Vendées. » L'anecdote est suspecte, mais s'il avait trop d'orgueil pour avouer le péril, il avait assez de perspicacité pour ne pas le méconnaître. — Que de jeunes gens, à l'heure où Staps expiait son enfantin projet, récitaient les vers de Kleist : « Écoutez, frères : à travers la nuit, quel est ce roulement de tonnerre ? Est-ce toi qui te lèves, ô Germanie ? Le jour de la vengeance est-il arrivé ? Aux armes ! aux armes ! Que les mains saisissent au hasard ce qui s'offre à elles ! Avec des pierres, avec des bâtons, précipitez-vous dans le flot de la bataille ! Soyons libres sur le sol allemand, comme le furent nos ancêtres, ou qu'il soit notre tombeau! » Et dans les conciliabules d'étudiants, dans les châteaux et dans les chambrées, on apprenait par cœur le catéchisme des patriotes : « Qui sont tes ennemis, mon fils? — Napoléon, et, tant qu'il sera leur chef, les Français. — Qu'est-ce que Napoléon? — Un être horrible, le commencement de tout mal et la fin de tout bien, un pécheur que la langue humaine ne suffit pas à flétrir, le père du meurtre, échappé de l'enfer, qui erre dans le temple de la nature et ébranle toutes les colonnes sur lesquelles repose le monde. — Quand t'es-tu répété ces paroles? — Hier soir en me couchant et ce matin en me levant. — Et quand te les répéteras-tu? — Ce soir en me couchant et demain matin en me levant. »

Pour se venger de ses craintes, pour s'assurer contre de nouvelles attaques, Napoléon avait durement frappé l'Autriche; la paix de Vienne (14 octobre 1809) lui enlevait un quart de sa population; elle perdait tout contact avec la mer, devait payer une contribution de 85 millions, adhérait au blocus continental et s'engageait à ne pas entretenir plus de 150,000 hommes. Mais ce traité par lequel l'Empereur avait compté désarmer pour longtemps l'Allemagne, en facilita la reconstitution; comme il est arrivé souvent dans l'histoire, la France, en écrasant l'Autriche, n'avait travaillé que pour la Prusse. Même après Presbourg et la ruine de l'ancien empire, les Habsbourgs n'avaient pas abdiqué leurs ambitions surannées et c'était sur eux qu'avaient tout d'abord compté les chefs du parti national. Erreur grave qui avait paralysé leurs forces et qui, même en cas de succès, eût frappé leurs succès de stérilité. Après la paix de Vienne, l'Autriche cesse presque d'être une puissance germanique; elle ne le redeviendra jamais réellement et désormais son divorce avec l'Allemagne est définitif. Bien qu'aucune puissance n'ait autant contribué qu'elle à la ruine de l'empire napoléonien, elle ne poursuit dans sa querelle avec la France que ses intérêts particuliers et elle n'en retire que des avantages dynastiques. Il devient dès lors évident pour tous que sa cause ne saurait se confondre avec celle de l'Allemagne et c'est sans elle d'abord et bientôt contre elle que les partisans de l'unité devront chercher à fonder la grandeur de la patrie. En face des Habsbourgs, instruments dociles de la réaction et d'ailleurs détournés de la Germanie par leurs intérêts complexes et affaiblis par le caractère composite de leur monarchie, et des Wittelsbach, dont les ressources sont médiocres et qu'a discrédités leur longue connivence avec l'étranger, les Hohenzollern sont comme la carte forcée des pangermanistes, et bien qu'ils ne fassent pas toujours grand effort pour les gagner, c'est à eux que viennent fatalement les sympathies flottantes et les forces sans emploi.

TABLE DES MATIÈRES

CHAPITRE PREMIER
L'ALLEMAGNE AU XVIIIe SIÈCLE

Pages.

La guerre de Trente Ans et ses conséquences. — Relèvement de l'Allemagne. — Causes profondes et nécessaires de son unité. — L'influence française. — Réaction contre le rationalisme. Une nouvelle conception du monde et de l'humanité : l'organisme. Ses origines, son développement, son action. Herder et Gœthe. — Obstacles à l'unité. La Constitution impériale. Le particularisme. L'Autriche et la Prusse. — État du peuple. L'opinion publique. La Révolution française. Comment elle facilite l'unité allemande 1

CHAPITRE II
L'ALLEMAGNE ET LA RÉVOLUTION FRANÇAISE

Enthousiasme provoqué en Allemagne par la Révolution française : premières désillusions. — La propagande. — Les difficultés diplomatiques : l'émigration, l'Alsace. — Les cabinets et la situation politique en 1789 : la Prusse, Frédéric-Guillaume II, M. de Hertzberg et les Rose-Croix. — L'Autriche, Joseph II et Léopold II. — La guerre de Turquie et la convention de Reichenbach. — La rupture avec la France : les responsabilités. — L'armée prussienne, le duc de Brunswick et la bataille de Valmy. 65

CHAPITRE III
FIN DU SAINT-EMPIRE ROMAIN GERMANIQUE

Les provinces du Rhin. Facilité et légitimité des conquêtes françaises : attitude des habitants ; indifférence de l'Allemagne. — Causes des défaites de la coalition ; affaires de Pologne ; le traité de Bâle (1795) et la neutralité de la Prusse. — Rivalité de la France et de l'Autriche; le traité de Campo-Formio et le congrès de Rastadt. La deuxième coalition, la bataille de Hohenlinden et le traité de Lunéville. L'Autriche perd la domination de l'Allemagne. — Chute du Saint-Empire : les sécularisations et le recez de 1803. — La politique napoléonienne : en quoi elle se rattache à la politique révolutionnaire et comment elle en diffère ; ses contradictions, ses excès et ses dangers; appui qu'elle trouve tout d'abord dans les petites cours et l'opinion publique. — Les avant-coureurs de la résistance : Gentz. La troisième coalition............................ 123

CHAPITRE IV

L'AGE D'OR DE LA LITTÉRATURE ALLEMANDE. LE ROMANTISME. CHUTE DE LA PRUSSE

L'opinion publique vers 1806 : Arndt et Palm. — Éclat de la littérature allemande : triomphe définitif des doctrines de Herder, Goethe et Schiller. Le cosmopolitisme et l'idéalisme. L'école romantique : son caractère, son influence et sa décadence. — La Prusse depuis 1795 : désorganisation politique et affaissement moral. Frédéric-Guillaume III. Hardenberg et Haugwitz. Le Hanovre et la Confédération du Nord. La guerre de 1806 et le traité de Tilsitt............................ 190

CHAPITRE V

L'ALLEMAGNE FRANÇAISE ET LE RÉVEIL DU SENTIMENT NATIONAL

La domination napoléonienne en Allemagne : les provinces rhénanes, la Confédération du Rhin, la Bavière et le royaume de Westphalie. Influence des idées françaises. — Apogée de la puissance impériale : entrevue d'Erfurt. — Le romantisme et le réveil national. — Les réformes en Prusse : Stein et Scharnhorst; le Tugenbund. — La guerre de 1809; les premières insurrections et le traité de Vienne........................ 267

9672. — MAY & MOTTEROZ, Lib.-Imp. réunies
7, rue Saint-Benoît, Paris.

9672. — MAY & MOTTEROZ, Lib.-Imp. réunies
7, rue Saint-Benoît, Paris.

www.ingramcontent.com/pod-product-compliance
Lightning Source LLC
Chambersburg PA
CBHW050755170426
43202CB00013B/2429